Originally published in English as
The New Military Humanism : Lessons from Kosovo
by Common Courage Press, P.O. Box 702, Monroe ME 04951, U.S.A.

アメリカの「人道的」軍事主義

ノーム・チョムスキー

益岡賢ほか訳

アメリカの「人道的」軍事主義

コソボの教訓

ノーム・チョムスキー＝著
益岡賢／大野裕／ステファニー・クープ＝訳

現代企画室

アメリカの「人道的」軍事主義

コソボの教訓

目次

凡例

一、本書は、Noam Chomsky, *The New Military Humanism : Lessons from Kosovo*, Common Courage Press, Monroe, USA, 1999 の全訳である。「エピローグ　一九九九年を振り返って」は、翻訳権取得後、日本語版のための補論として、著者から送られてきたテクストに基づいて翻訳した。

二、原注は、本文中の該当箇所に★印と数字を付したうえで、各章の末尾にまとめた。訳注をつけた語句には☆印を付し、見開き奇数頁に注を記した。

三、カバーに用いたチョムスキーの写真は、トルコのクルド系新聞『オズギュル・ポリティカ』(Özgür Politika) の提供による。イスタンブールの出版社、アラム・ヤユンラル社は、二〇〇一年、チョムスキーの著書で、本書と内容を同じくすると思われる『米国の介入主義』を出版したが、社主は「反テロリズム法」によって起訴された。自らの言説を裁く裁判を傍聴するために、チョムスキーは二〇〇二年二月、トルコを訪れたが、この写真は、検察側が起訴を取り下げ、被告が無罪放免となった公判を傍聴した後に、裁判所の前で撮影されたものである。

はじめに　ユーゴスラビア背景

益岡賢

本書は、一九九九年に大きなニュースとなったコソボ紛争を巡る、主として米国の対応を主題としている。ここでは、本文を読み進めるに当たって最低限必要となる「旧ユーゴスラビア連邦」（の解体）を巡る背景知識を、ごく図式的に整理しておく。特に一九九〇年代のユーゴを巡る紛争について基本知識をお持ちの読者は読み飛ばして下さって結構である。なお、国際社会の関与については大幅に省いた。また、コソボ問題の記述は、第二章との重複をある程度避けるために簡潔にし、詳細は巻末の年表に記載することとした。

「旧ユーゴスラビア連邦」

一九九〇年代に解体したいわゆる旧ユーゴスラビア連邦（旧ユーゴ）は、一九四五年十一月、第二次世界大戦中にナチスドイツに対するパルチザンを主導したチトーを中心として成立した。当時の正式国名はユーゴスラビア連邦人民共和国、一九六三年から連邦が解体した一九九一年までの国名はユーゴスラビア社会主義共和国連邦であった。総人口は一九九〇年当時で約二三〇〇万人である。

旧ユーゴは、六つの共和国から成っていた。北西部から南東部へ向けて、順に、スロベニア、クロアチア、ボスニア・ヘルツェゴビナ、セルビア、モンテネグロ、マケドニアである。セルビア共和国には、さらに、北部のボイボディナ自治州と南部のコソボ自治州という二つの自治州があった。旧ユーゴでは数度にわたって連邦憲法が改訂されてきたが、一九七四年憲法以降、各共和国に大幅な権限と自律性が認められていただけでなく、自治州にも共和国に非常に近い権限と自律性が認められていた。

旧ユーゴの国勢調査によると、主要「民族」は、スロベニア人、クロアチア人、ムスリム人、セルビア人、モンテネグロ人、マケドニア人の六民族で、全体では三十近い民族が暮らしていたという。特定の民族に属さないユーゴスラビア人と言われる人びともいた。セルビア共和国北部のボイボディナ自治州にはハンガリー系の人びとが、また、南部のコソボ自治州にはアルバニア系の人びとが多数暮らしていた。

公用語は、セルボ・クロアチア語、スロベニア語、マケドニア語の三言語であった。また、少数民族の多い地域では、少数民族の言語も公用語とされていた。例えば、コソボ自治州のアルバニア語やボイボディナ自治州のハンガリー語などである。主要六民族のうち、クロアチア人、ムスリム人、セルビア人、モンテネグロ人は主にセルボ・クロアチア語を、スロベニア人はスロベニア語を、マケドニア人はマケドニア語を用いていた。ちなみに、最近、特にクロアチア民族主義者は、クロアチア語とセルビア語とは別であると主張し、セルボ・クロアチア語を一つの言語に括ることを認めない傾向があるという。

各共和国ごとにごく簡単に民族構成等を整理すると次のようになる。

■スロベニア

一九九〇年頃の人口約二百万人。九割近くがスロベニア人で、一人当たりGNPで見るとコソボの約八倍と、旧ユーゴの中では圧倒的に裕福な共和国であった。

■クロアチア

人口約四八〇万人。八十パーセント近くがクロアチア人であるが、セルビア人も十パーセント以上おり、ボスニア・ヘルツェゴビナ国境近くのクライナ地方に多く住んでいた。一人当たりGNPはコソボの五倍弱。

■ボスニア・ヘルツェゴビナ

人口約四四〇万人。四十パーセント以上がムスリム人、三十パーセントほどがセルビア人、二十パーセント弱がクロアチア人であった。一人当たりGNPはコソボの約二・五倍。

■セルビア

人口約九八〇万人。全体では約六十五パーセントがセルビア人で、十七パーセントほどがアルバニア人。自治州を除いた地域の人口は約五八〇万人。セルビア人が九十パーセント近くを占める。ボイボディナ自治州は人口約二百万人。セルビア人が五十五パーセントほどで、ハンガリー人が十七パーセントを占める。また、コソボ自治州は人口約二百万人。八十パーセントから九十パーセントがアルバニア人で、セルビア人は約十パーセント。自治州を除く地域の一人当たりGNPはコソボの約三・三倍。また、ボイボディナ自治州は約五倍。ボイボディナ自治州は旧ユーゴ内でも相当裕福な地域であった。

■モンテネグロ

人口約六十万人。六十パーセントほどがモンテネグロ人で、十五パーセントがムスリム人、また十パーセント近くがセルビア人。一人当たりGNPはコソボの約二・五倍。

■マケドニア

人口約二百万人。マケドニア人が六十五パーセント近くを占め、次いでアルバニア人が約二十パーセント。一人当たりGNPはコソボの二倍強。

旧ユーゴ解体

全体として旧ユーゴの「生活水準」はきわめて高かったが、一九八〇年にチトー大統領が死去してから、経済問題が表面化し始めた。対外債務の返済が始まり、インフレが顕著となり、失業者が増大した。一九八九年の実質給与平均は十年前より四割も減ったという。旧ユーゴ全体で経済状態が悪化するなか、各共和国それぞれの異なった思惑が噴出した。旧ユーゴ連邦の財政は共和国や自治州の分担金と、関税等の直接収入でまかなわれていたが、一九八〇年代の後半から、連邦議会で実質上の拒否権を持っていた各連邦の思惑がずれ、予算編成が難しくなってきた。

こうした中で、一九八九年からの東欧諸国の激変が起こる。旧ユーゴで一党制を維持していたユーゴ共産主義者同盟は、こうした周辺諸国の流れの中で複数政党制を認めたが、一九九〇年になし崩し的に解体し、各共和国単位でさまざまな名前を持つ政党として再編されてゆく。一九九〇年には、各共和国議会選挙が複数政党制選挙のもとで行われた。それぞれの共和国で多数派となった政党は、政治的立場としてはさまざまであったが、いずれも共和国内の多数派民族を中心とする民族主義的傾向を帯びていた。

一九八〇年代後半からユーゴ共産主義者同盟が解体に向かい、また一九九〇年の共和国選挙で民族主義的政党が勝利を収め、旧ユーゴ自体が解体に向かって行く背景の一つには、一九八七年からセルビアの政治シーンにスロボダン・ミロシェビッチが登場したことがあるという。ミロシェビッチは、一九八七年にセルビア共和国幹部会議長に就任後、セルビア人中心主義をとり、一九八九年にはセルビア共和国憲法を修正し、一九七四年の連邦憲法で保証されたコソボ自治州の諸権限を剝奪した。また自らセルビア共和国大統領となった。スロベニアやクロアチアを初めとする他の共和国は、これを、セルビア覇権主義への第一歩ととった。

民族主義的傾向を持つ政党が政権の座についた各共和国では、連邦離脱・独立への動きが始まった。スロベニア共和国は、一九九〇年十二月に行われた国民投票で、独立宣言を行う決定をした。また、クロアチア共和国でも、時を同じくして「連邦からの離脱権」を明確にした新憲法を採択した。こうした中、六共和国の交渉が始まったが、連邦制維持を主張するセルビア共和国と、主権国家連合を主張し、それが受け入れられなければ完全独立すると述べるスロベニア・クロアチア両共和国との間で対立が激化し、武力衝突の緊張が高まった。

スロベニア共和国は一九九一年六月に独立を宣言する。六月末からユーゴ連邦軍とスロベニアとの間に戦闘が起こるが十日間ほどで終了（十日間戦争）。ＥＣ（現ＥＵ）は初めのうち旧ユーゴ統一を支持したが、その後まもなく独立を支持、バチカンや他の多くの国もスロベニア独立を承認し、翌一九九二年五月にスロベニアは国連に加盟した。

クロアチア共和国も、同じ一九九一年六月に独立を宣言。これに対してクロアチア内のセルビア人たちは武装し一九九一年十二月にクライナ・セルビア人共和国を宣言する。クロアチア人とセルビア人との間で武力衝突が激化し、連邦軍も介入。国連やロシアの仲介により休戦が成立し、一九九二年には国連の保護軍が派遣された。これと前後して一九九二年一月にはドイツの強い主張によりECがクロアチア独立を承認、スロベニア同様、一九九二年五月には国連に加盟した。国連加盟後も続いていたクライナのセルビア人「問題」を解決するため、クロアチア大統領フラニョ・トゥジマンは、一九九五年八月、「嵐」作戦を決行し数十万人にのぼるセルビア人をクライナから追放した。

マケドニア共和国は一九九一年十一月に独立を宣言したが、国名を巡ってギリシャの反対にあい、一九九三年、旧ユーゴスラビア・マケドニア共和国という暫定的な名前で国連に加盟した。

ボスニア・ヘルツェゴビナは一九九二年三月、セルビア人のボイコットの中で行われた国民投票に基づき独立宣言を行った。ECはその後まもなくボスニア独立を承認し五月には国連に加盟した。一方、一九九二年四月にはセルビア人が、ボスニア・セルビア共和国を宣言。翌一九九三年八月にはクロアチア人がヘルゼグ・ボスナ・クロアチア共和国樹立を宣言した。こうした中で多数派のムスリム人を加えた三つどもえの内戦が始まった。内戦下で膨大な難民が発生し、また「民族浄化」という言葉で表されるような莫大な人権侵害が行われた。当初はセルビア勢力が優勢であったが、一九九四年以来、NATOが介入し、一九九五年以降はセルビア勢力が劣勢となった。一九九五年十二月には米国の介入でボスニア和平協定（デイトン協定）が締結され、ムスリム人とクロアチア人を中心とするボスニア・ヘルツェゴビナ連邦が五十一パーセント、セルビア人共和国（スルプスカ共和国）が四十九パーセントとする領土分割の上で双方からなるボスニア・ヘルツェゴビナ共和国を維持することで合意した。その後も、

NATO軍を中心とする「平和安定化部隊」が駐留している。

こうした過程を経て、現在、旧ユーゴは、スロベニア、クロアチア、マケドニア、ボスニア・ヘルツェゴビナ、新ユーゴスラビア連邦（セルビアとモンテネグロで構成）という五つの国に分かれている。

コソボ紛争・コソボ危機

旧ユーゴでは、多くの労働者が西欧諸国に出稼ぎに出ていたが、中でも出稼ぎ労働者の比率が最も多かったのは、旧ユーゴで最も貧しいコソボ自治州であった。コソボではまた、一九八〇年のチトー死後顕在化した経済問題が最も顕著なかたちで現れた。コソボの失業率は一九八〇年代に五割近くなっている。一九八一年には、経済的な不満を主な原因としてアルバニア系のコソボ住民が決起した。これは、政治的・民族的な要因とも重なり、アルバニア人を中心とする共和国化を求める動きと繋がってゆく。

これに対して、一九八九年、当時セルビア共和国幹部会議長だったミロシェビッチは共和国憲法を改訂しコソボ自治州の権限を大幅に縮小した。アルバニア人の公職からの追放や高等教育でのアルバニア語の禁止等の政策も行われ、さらにこれに対するアルバニア人からの反発が高まった。

一九九〇年には、アルバニア系の人びとからなる非合法のコソボ議会が独立を決定した。その後、一九九一年のスロベニアを皮切りとした共和国の独立とその情勢はコソボをも刺激し、一九九一年末、コソボ議会は「コソボ共和国」独立を宣言、一九九二年にはコソボ民主同盟のイブラヒム・ルゴバが大統領に選ばれた。コソボ自治州では、その後、セルビア共和国の支配とコソボ共和国の並行政府との二重権力体制が続いた。ルゴバは武力ではなく、政治的社会的手段により時間をかけてコソボをアルバニア人のものとする意図を持っていたと言われる。

一方、一九九〇年代後半から、武力闘争を掲げるコソボ解放軍（KLA／UCK）の活動が活発となった。一九九八年からは武力衝突が活発化し、こうした状況で国連安保理は九月に停戦決議を採択し、十月には停戦が合意された。これに基づき、全欧州安全保障協力機構（OSCE）がコソボ検証使節団（KVM）を派遣した。けれども、十二月から再び戦闘が悪化。一九九九年二月には、フランスのランブイエで新ユーゴ（セルビア人側）とアルバニア人側との和平交渉が行われたが決裂した。NATO軍は、一九九九年三月後半、国連決議なしにセルビア共和国への爆撃を開始。一九九九年六月、新ユーゴは和平案を受諾した。この間、膨大な数の難民が発生した。

参考文献

岩田昌征著『ユーゴスラヴィア民族戦争の情報像』（御茶の水書房、一九九九年）
柴宣弘著『バルカンの民族主義』（山川世界史リブレット、一九九六年）
千田善著『ユーゴ紛争：多民族・モザイク国家の悲劇』（講談社現代新書、一九九三年）
千田善著『ユーゴ紛争はなぜ長期化したか』（勁草書房、一九九九年）
町田幸彦著『コソボ紛争：冷戦後の国際秩序の危機』（岩波ブックレット、一九九九年）
山崎佳代子著『解体ユーゴスラビア』（朝日選書、一九九三年）
ポール・ヴィリリオ著『幻滅への戦略』（河村一郎訳、青土社、二〇〇〇年）
フアン・ゴイティソーロ著『サラエヴォ・ノート』（山道佳子訳、みすず書房、一九九四年）
カトリーヌ・サマリ著『ユーゴの解体を解く』（神野明訳、柘植書房、一九九四年）

他に、インターネット上の情報源及びいくつかの雑誌記事を参照した。

第一章

「原則と価値の名のもとで」

コソボ危機はまれにみる熱狂と非現実的なまでの高揚をもたらした。この出来事は、「国際関係上の画期的な事件」であると言われ、これにより、「非人間的な行いを終わらせるために精力を傾ける理想主義的な新世界」たる米国の導きのもとで、世界史上前例のない道徳的な新時代への扉が開かれたとされた。(★1) 新たな千年紀とともに訪れたこの「新しい人道主義」は、過去の、邪悪な精神に満ちた粗野で視野の狭い政治に取って代わるであろう。新世界秩序の新たな構想が、人道問題とグローバルな社会に関する教訓とともにできあがりつつある。こうした新たな構想は腐ちつつあるこれまでの世界秩序メカニズムに取って代わるだろう。それというのも、過去のメカニズムは「破滅的な失敗」であることが明らかになっており、したがって、これまでの規範とは違う、「革新的で正当な」新たな考えの前に捨て去らなくてはならないからである。過去の世代に見られた理想主義は愚か者にとってのものであり、それに対して、現在訪れつつある展望は本当にすばらしいものなのである。

さて、このような説明が真実ならば、あるいはほんのわずかでもそこに真実が含まれているならば、われわれの前途にはすばらしい展望が開けていることになる。わずかな善意さえあれば、恐ろしい悲惨をほとんどコストをかけずに乗り越えることができるほどの物質的・知的資源を今やわれわれは手にしている。また、苦しんでいる人びとのためになすべき仕事のリストを作るにあたって、想像力や知識はほとんどいらない。とりわけ、コソボに見られたような性質と規模の犯罪を見つけだすのはいとも簡単であり、その多くは、一九九九年前半に西洋有力諸国とその知的風土を覆ったコソボに関する努力と熱意のほんのわずかでもあれば、避けることができたか、少なくとも大幅に緩和することができたであろうものである。

そこで、少し注意を傾けて、こうした問題を考えてみることにしたい。コソボの解放という崇高な精神に少しでも信憑性があり、高らかに宣言されたように真に人間的な「原則と価値の名のもとで」(バーツラフ・ハベル☆) 指導者たちが行動しているならば、今後、決定的に重要な問題に対し、現実的かつ速やかな行動をとる大きな可能性が出てくる。仮に現実が自讃しているほどのものでないとしても、聞き心地の良い言葉が単なる皮肉なご都合主義的発言ではないと考える人びとにとって、こうした検討は、これから何をなすべきか考えるための助けになるだろう。

そこで、実際に何が起こったのか、それがわれわれが目にしたように描きだされているのはどうしてか、また、「欧州連合とNATOの指導者たち」、そしてそれを賛美するコメンテータたちによって「擁護されている普遍的原則と価値」を適用することにより、どんな新たな冒険がきわめて簡単に可能になるのかを検討し理解することを試みてみたい。議論の範囲を絞るために、本書では、一九九九年の最初の数カ月に大きな同情と行動を引き起こしたコソボの悲劇と基本的に似通った事例を考慮することにする。本書で扱う事例は、コソボの例において喧伝された「新しい人道主義」に対する公正な検証の役にたつと同時に、基本的な道徳的基準のもとでは、それ自身としても重要なものである。

誤解を避けるために言っておかなくてはならないが、私の本書での目的は、コソボで何をすべきか、あるいはすべきだったかについて（付随的に触れるにしても）その論争に参加することではない。そうではなくて、沢山の人的な犠牲を伴う結果となっていった過程を検討し、また、実際に起こったことと、それに対する描写や解釈が示唆することについて考察することである。そのためには、他の重要な問題を脇へと追いやり、数カ月間にわたってわれわれの関心を独占することになったバルカンの一地域のみでなく、他の場所にも目を向ける必要がある。すでに述べた理由で、本書で目を向ける問題は、バルカンの出来事と似通ったものに狭く限るが、本来は、より広い範囲で検討しなくてはならないものである。

「正義かつ必要な戦争」

一九九九年三月二十四日、米国主導のNATO軍は、ユーゴスラビア連邦共和国（FRY）[★2]の標的に巡航ミサイルと爆撃による攻撃を加えた。米国の新聞によると、これによって「アメリカは、クリントン大統領が、民族浄化を阻止し東欧に安定をもたらすために必要と主張する戦争に突入した」。クリントンは、米国民に対して、ユーゴ爆撃は、「われわれの価値を掲げ、利益を守り、そして平和の大義を推し進めている」と説明した。「われわれはあらゆる場所での悲劇に対応できるわけではないが、民族対立が民族浄化に転化したとき、われわれが事態を変えることができるならば、そうしようとすべきであるし、コソボはまさにそうした状況なのだ」。彼が演説で「正義かつ必要な戦争」と呼んだこの戦争に「躊躇していたならば」、「結果は道徳的かつ戦略的な破滅となっていたであろう」。「アルバニア系コソボ住民は祖国を失い、ヨーロッパの最も貧しい国々で困難な状態で生きることになっていたろう」。苦痛に喘ぐ人びとのこうした運命を米国は我慢することができないというわけである。マドレーヌ・オルブライト米国国務長官は、すでに一九九九年二月一日、次のような警告を発していた。「こうしたことは見過ごせない。一九九九年にこうした野蛮な民族浄化が行われることを見過ごすことはできない。このような邪悪に対して民主主義が立ち上がる必要がある[★3]」。

欧州におけるクリントンの仲間たちも同意した。「新しい世代は基準線を引く」という宣言のもと、英国のトニー・ブレア首相は、この戦争は新たな性格のものであり、われわれは「価値のため」、「あるエスニック・グループ全体に対する残虐な弾圧を放置することはしないという新たな国際主義」のため、そして、「そうした犯罪の責任者にはもう隠れるところがない世界を造るため」に戦うのだと述べた。「われわれは、独裁者が権力の座に居続けるために人びとを残酷に処罰することがこれ以上起こらないような、新しい世界のために戦っている」。そして、われわれは、「独裁者が、民族浄化や人びとの弾圧を行いながら処罰を受けずにすますことは不可能であると理解するような、新しい千年紀」に入りつつあると言われた。ドイツの外相ヨシュカ・フィッシャーも、「人権の擁護は作戦の一形態であるとしてオルブライト国務長官が擁護し」、「ドイツの知識人ウルリヒ・ベックが「NATOの新

バーツラフ・ハベル
一九三六年生まれ。チェコの政治家・劇作家／演出家。共産主義に対する批判活動を行い、チェコ市民フォーラム代表として一九八九年から九〇年のビロード革命の中心人物となる。一九八九年十二月、チェコスロバキア大統領。一九九三年のチェコとスロバキア分離後はチェコ大統領。

たな軍事的人道主義」と呼んだ概念の熱心な提唱者となった」(★4)。「新しい介入主義」は、「制約の強い昔のルール」を捨てて「正義の現代的観念」に従い、少なくとも「正しいと思う」限りは「文明国家」が武力に訴えることができるという、世界問題における新時代を提唱してきた知識人や法律専門家によって称賛された。「コソボ危機は……国際法に妨げられることなく正しいと思うことを実行する米国の新たな意欲を示している」(★5)。冷戦の足枷と古くさい世界秩序の制約から自由となった現在、文明諸国は、人権を掲げて、あらゆる所の苦しんでいる人びとに、必要なら武力に訴えてでも正義と自由をもたらすために全力を尽くすことができるというのである。

このような文明諸国の代表は、米国とその盟友の英国であり、さらに正義と人権の聖戦に名を連ねる他の国々も含まれることになろう。これらの国々の使命に抵抗するのは、「頑固で怠惰で、邪悪な」、「無法」分子だけである(★6)。文明国家であるかどうかは、あらかじめ決められているので、ここで言われる文明国家と無法分子の決定的な区別を示す証拠や議論を――特に歴史に――探し求めても、徒労に終わる。いずれにせよ、確かに過去にわれわれは単純さや誤った情報から過ちを犯したが、今は正しい道に戻っている、という「成り行きの変化」(★7)なるお馴染の教理のもとで、常に歴史的事実は、議論には無関係なものとみなされる。「現われつつある規範」の最も強力な提唱者の一人がわれわれに示すように、歴史の記録を検討することは「ワシントンの過去の悪しき外交政策に関する中傷スローガンと誹謗」に過ぎないので「無視してもよい」。このため、意思決定構造とそれを支える組織構造がもとのままであるにもかかわらず、過去から何を学べるか考えることは無意味だというわけである。

意図的な無知

一九九九年六月三日、NATOとセルビアは和平協定に調印した。米国は「ミロシェビッチに「参った」と言わせるための十週間に及ぶ闘い」を成功裡に終えたとして、高らかに勝利を宣言した。勝利を収めたことと平和が回復されることは別である。和平協定が勝者たちの解釈に沿って実行に移されるまで、鉄の拳は振りあげられたままにされている。コソボ戦争を巡る一般的了解については、ニューヨーク・タイムズ紙の国際アナリストであるトマス・フリードマンが次のように述べている。まず彼は、「コソボ問題は、最初から、重要でない場所で何か悪いことが起きたときにどのように対応するかに関するものであった」とする。そして、この現代における深刻な問題に対し、文明諸国は、「難民追立てが始まって以降、コソボを無視するのは間違っており……それゆえ目的を限定した大規模な空中戦が唯一妥当な方策[★8]」であるという道徳的原則を実行することで答え、新たな千年紀の始まりとしたという。

時間的前後関係を調べるだけで、このような一般的見解が、正確とは言いがたいことがわかる。「大規模な空中戦」は、大規模な「難民追立てが始ま」る前に行われ、空爆によって急速に難民追立てやその他の残虐行為が激化したという点は、フリードマン自身が所属する新聞や他の情報源でもはっきりと報道されている議論の余地のない事実である。このことは一般に認められており、これを否定できるのは、米国の雇われ国家の残虐行為とそれに対する米国国務省の反応に関して鋭い報告書を書いたグレノン（彼はまた「新たな介入主義」の提唱者でもあるのだが）の言葉を借りるならば、「意図的な無知」を全面的に決め込むものだけである[★9]。

意図的な無知については、前例に事欠かない。ジョージ・オーウェル☆は、『動物農場』の序文で、この点、すなわち、自由社会で「公式に禁ずることなしに、いかにして少数派の見解が沈黙させられ、また不都合な事実が闇に葬られるか」について、古典的な考察を加えている。オーウェルによると、この「不吉」な検閲は「概ね自発的に」なされる。一つには、優れた教育制度によって、「これこれの事実に言及するのは「作法にかなわない」という一

ジョージ・オーウェル
一九〇三年～一九五〇年。英国の小説家。英国植民地下のベンガルで生まれ、ビルマで官吏として勤めた後、小説を書き始める。『動物農場』『一九八四年』の他、スペイン共和国政府（一九三一年に成立し一九三九年ファシストのフランコに倒された）義勇軍に参加した経験に基づく『カタロニア賛歌』などがある。

般的な暗黙の合意」を刷り込まれるからである。このような意図的な無知の結果、「正統的見解に挑戦する者は皆、驚くほど効果的に沈黙を強いられることに気づく」。ちなみに、『動物農場』はオーウェルの代表作であるが、序文はほとんど知られていない。この部分は当初出版されず、三十年経ってようやく出版されたが、その後再び忘れ去られた。(★10)

フリードマン自身の(と同時に広く行きわたっている)見解は検討に耐えうるものではない。その一方で、フリードマンの見解がニューヨーク・タイムズ紙に発表されたと同じ日に、同じ新聞で、より信頼のおける見解が、間接的にではあるが示されている。アンカラの特派員、スティーブン・キンザーは、「トルコの最も有名な人権活動家(アキン・ビルダル)は」、「トルコ政府に対して、クルド人反逆者との間の平和的な問題解決を求めた」ことに対する刑により「入獄した」と報告している。(★11) あまり情報量の多くない、誤解を生みやすいニュース報道や解説記事の背後をきちんと見るならば、この勇敢なトルコ人権協会代表の逮捕は、民族浄化と国家テロリズムにより彩られた一九九〇年代における最も残忍な虐殺を調査報告し対立の平和的解決を呼び掛けてきた人権活動家たちに対する、トルコ政府による脅迫と嫌がらせキャンペーンのほんの一例に過ぎないことがわかる。トルコ政府によるこのキャンペーンは、クリントン大統領の言葉によれば「われわれの価値を掲げ、利益を守り、そして平和の大義を推し進めている」文明国家の後押しのもとで大規模に進められてきた。意図的な無知を決め込まない人びとにとっては、お馴染の事態である。

詳細は後に検討するが、ここでは、NATOの内部そして欧州連合の司法権下で続けられているこの事件が(これが唯一の例というわけではまったくないが)、「重要でない場所で何か悪いことが起きたときにどのように対応するか」という問題に対して文明国家が出した答えをいささか劇的に示していることを確認しておこう。すなわち、「虐殺行為がエスカレートするように対応する」という回答である。これは、コソボでも達成された。現実世界のこうしたさまざまな事態は、われわれが「成り行きの変化」なる教理を受け入れ、歴史を抹殺し、やりたいことを自由にやる権力機構に関する歴史の教訓を抹殺することに同意したとしても、「新しい人道主義」に関していささか深刻な問題を投げ掛ける。

たまたま、コソボ戦争の終結時に、ワシントン・ポスト紙は、二つの社説を発表している。それらを見ると、フリードマンが提起した問題に対する答えが確認できるし、「新しい人道主義」の輪郭もわかる。一つは「コソボのがたがた道」、もう一つは「トルコのクルド人の始まり」である。前者はNATOへの助言であり、後者は「トルコの友人たち」への「期待」を表したものである。[★12]

コソボに関して、ワシントンは、NATO空爆下で野蛮な民族浄化や他の残虐行為を行った相手に対して「いかなる同情も示すべきでない」。そうではなくて、「妥協できない」原則を守るために、「強情な反抗」の兆しが見られたら、「NATOは爆撃を強化すべき」である。妥協できない原則の一つは、国連安全保障理事会により設置される平和維持軍は、「国連職員でもEUでも全欧州安全保障協力機構（OSCE）☆でもどこでもなく、NATOの将軍を司令官とす」べきことである。[★13] これはすなわち、その直前にNATO自身の主導により調印された安保理決議を頑固に拒絶することであった。というのも、決議には「国連主導で」「NATOによる相当の参加を伴う」「国際的な平和維持部隊」を派遣するとあるのみであり、それ以上NATOについて言及はないのだから。そして、NATOの一方的な主張に「強情な反抗」を試みるならば、新たな暴力によって教訓を与えねばならないとされる。

一方、トルコについては、話はまったく異なる。トルコでは、NATOの空爆に対する復讐という要素すらない中で、コソボでのセルビア人の犯罪と確実に同等の野蛮な民族浄化と虐殺がクルド人に対して行われているが、これを行っている犯罪者に対して、ワシントンは、もちろん「共感を示す」必要があるとされる。これはそれほど驚

全欧州安全保障協力機構（OSCE）
一九七五年、ヘルシンキで、冷戦の緊張緩和を目的とし、アルバニアを除く全欧州諸国に米国とカナダを加えた三十五カ国による全欧州安全保障協力会議（CSCE）が開催された。全欧州安全保障協力機構は、その会議で設立された全欧州安全保障協力会議を前身とし、一九九五年に設立された機構で、欧州の「安全保障」を主たる目的とする。

くべき結論ではない。というのも、ワシントンはこうした犯罪者の中でも主席の地位を保っているのだから。トルコとクルド人の問題に関しては、「数千人（より正確には数万人）のクルド人の死に責任があると広く信じられているのは」「クルド人分離運動の囚われの指導者」、アブドゥラ・オジャラン☆ということになる。「広く信じられている」範囲にはワシントンとアンカラが含まれるが、国際的な人権団体や独立した研究者は含まれない。同様に、ベオグラードとそしておそらくモスクワでは、NATO空爆前のアルバニア人とセルビア人の戦争における何千人もの犠牲者に「責任があると広く信じられてい」たのはアルバニア分離運動のゲリラたちである。実際に、この時期に虐殺が行われたのは事実である。これに関するワシントンの認識については後に検討する。けれども、その規模は、真面目に分析するならば、決して「NATO指向のトルコ軍」（これはワシントンによって武器を供給され訓練を受けたトルコ軍を指す、前記社説の執筆者の言葉である）により行われた虐殺に比するものではなかった。ワシントンは、トルコによるクルド人虐殺が激化している間もトルコへの武器輸出を増加させることで、クリントン言うところの「正しいと思うことを行うアメリカの新たな決意」を示していたのである。

ワシントン・ポスト紙社説がアンカラやワシントン爆撃を提唱することはなかった。その代わりに、和平合意へ向けた「オジャラン提案を誠実に発展させるべくトルコが視野を広げることを、トルコの友人として希望すべきである」と主張していた。「囚われの指導者」オジャランによるこの和平提案はトルコとそのワシントンの友人により、七年間拒否されてきたものであり、社説が出た数日前に「トルコの最も有名な人権活動家」が身をもって知ったように、未だに拒否され続けているものである。社説は次のように続く。トルコが「不満を抱いたクルド人マイノリティという国の癌を治療しようと」するならば、「トルコが味方にしたいと思っている西洋諸国の人道的民主的価値と対立する」ことはもはやないだろうと。この「人道的な価値」のもとで、ワシントンは望み通りに、トルコが「国の癌を治療」するために必要な武器を、大規模に供給し続けている。社説執筆者たちは「トルコ人にとってクルド人を受け入れるのは容易ではなかろう」と理解を示す。クルド人は、これまで否定されてきた「文化と言語の権利」（これはコソボのアルバニア人には認められていた）を要求しており、また「中には」、（コソボのアルバニア人が何年にもわたって求めてきたように）「自治と自決を求める」ものも出るかも知れない。こうした状況なので、トルコの首脳に対してワシントンは共感をもった理解を示す必要があるというわけだ。

　文明国家、特にその指導者である米国の賛意と援助のもとで行われる国家テロと、文明国家の要求に合わないために悪逆とされ厳重に処罰されるべき国家テロとを、より広い範囲にわたって見るならば、その相違はいっそう明確になる。そして特に新しいことが起きているわけではないことがわかる。例えば数年前にワシントン・ポスト紙の社説は、米国政府に対し、「ニカラグアを中米の作法に戻し」☆、「地域の基準に従った妥当な振舞い」を強制するためのより効果的な方法を提案していた。ニカラグアをワシントンが後押しする虐殺テロ国家の作法に引き戻し、ニカラグアにいるワシントンの敵が行ったいかなる犯罪をもはるかに越える虐殺を行ってきた中米諸国の「地域の基準」を受け入れさせる方法である。米国にとって、ニカラグアの最大の犯罪は、西半球の指導者に従わないこと

アブドゥラ・オジャラン

トルコ南東部（北クルディスタン）生まれ。一九七八年にクルディスタン労働者党を設立。一九八一年に亡命。一九八〇年代からシリアを拠点にトルコに対する武装抵抗運動を開始。九〇年代にはトルコ政府に交渉を呼びかける。一九九八年シリアを追放され、ケニア滞在中の一九九九年二月にトルコ秘密部隊に拉致され（トルコ側からは国家反逆罪による逮捕）、一九九九年六月二十九日にトルコ法廷（審理は国家公安裁判所で行われた）で死刑を宣告された。トルコは欧州人権条約に加盟しているが死刑を廃止していない。

ニカラグア

米国は二十世紀初頭以来長い間ニカラグアを占領していたが、一九三二年、国家警備隊の創設を条件に撤退。警備隊の初代長官アナスタシオ・ソモサは一九三六年に、クーデターで当時の自由党政権を打倒。米国の全面的な支援の下でニカラグアの全権を握った。以後、ソモサ一族の専制支配の下、治安部隊による大規模な人権侵害が続いたが、一九七九年ついにソモサ支配はサンディニスタによって打倒された。米国はすぐさま治安部隊をコントラとして再編、援助を与えニカラグアに対する大規模なテロ攻撃を開始、また「経済制裁」を行った。一九八四年にはニカラグア初の自由選挙でサンディニスタが勝利を収めるが米国はこれを無視してコントラを使ったテロ及び「経済制裁」を強化した。ニカラグアは世界法廷（第三章75頁訳注参照）に提訴し世界法廷は米国の武力行使を違法とする判決を下すが米国はこれを無視した。一九九〇年、サンディニスタが勝てばテロ攻撃と経済封鎖を続けるという米国の警告のもとで行われた「自由」選挙で、右派国民野党連合（ＵＮＯ）のビオレタ・チャモロが大統領に当選した。ノーム・チョムスキー著『アメリカが本当に望んでいること』（益岡賢訳、現代企画室、一九九四年）を参照。

であった。(★14)

こうした態度は実際、文明国家の指導者たちにとってのみでなく、その敵たちにとってもありふれたものである。以前のソ連公式新聞プラウダもまた、自分の味方によるテロとそれ以外との区別を同じように設けていた。歴史の中でこれはお馴染のものである。

こうしたことが、一九九九年のコソボ戦争を巡って検討されるべき最も重要な問題であるのだが、少なくとも「文明国家」において、これらは検討の視野から除外されていた。他の場所では、さまざまな人びとが、こうした問題を認識していた。一例をあげるならば、ある著名なイスラエルの軍事戦略評論家は、文明国家を「世界に対する脅威」と見なした。彼はこの「ゲームの新たな規則」を、裕福で力をもった側が「自分たちにとって正しいと思える」ことを、「道徳的正義の装いをまとった」暴力に訴えて行う、植民地時代への回帰であるとみなしている。中道党代表で元幕僚長の妻である別の評論家は「力が勝利し平和は敗北した」と書いている。「ゲームの規則はまったく変っていない。ここにあるのは、善と悪ではなく、極悪と多少の悪のみである」。西洋お気に入りの発言をしていたためにかつては彼らのアイドルだったアレクサンドル・ソルジェニーツィン☆は、まったく別の立場に立っているが、「新しい人道主義」の簡潔な定義を次のように与えている。「攻撃者たちは国連を脇に蹴りやり、力が正義であるという新たな時代の幕を開いた」。最後の例として、ミロシェビッチの戦争方針に反対し平和的抗議を唱えたためにミロシェビッチにより追放された、ヴーク・ドラシュコビッチ☆をとりあげよう。彼は、西洋では良きセルビア人、政府内での理性と独立の声、ポスト・ミロシェビッチ時代のセルビア民主主義の希望として称賛されていた。その彼の抗議は、ソルジェニーツィンと同じ立場に立つものだった。「現在の世界は法による統治ではなく力による統治のもとに置かれがちであることを認識しなくてはならない。われわれは勇気をもって妥協点を探さなくてはならない(★15)」。

世界人口のかなりの部分を占めると思われるより広い範囲を考えるならば、人びとの多くは、著名で影響力の強い急進的平和主義者A・J・ミュストの、次のような言葉に同意するであろう。

戦争後の問題は勝者の側にある。勝者は戦争と暴力がコストに見合うことをまさに証明したと思いがちである。そのとき誰が勝者に教訓を与えるのだろうか。(★16)

ソルジェニーツィンは「NATOがコソボ住民の防衛を目的としているという幻想に耽るべきではない」と述べる。「もし抑圧された人びとの防衛に彼らが関心を持っているならば、例えば、過去四、五十年にわたって異なった国の間に分断され、民族絶滅の危機にさえある悲惨なクルド人を守ることができたはずである」。民族絶滅というのは誇張であるが、その誇張も、NATO空爆後のセルビア人による虐殺をヒトラーのホロコーストに譬えるような、真面目にとるならば大問題の修正主義的比較ほどではない。ソルジェニーツィンは、加えて、NATOがトルコによる民族浄化を見過ごしているのは、トルコがNATOの「利害同盟者」だからであると述べている。西洋はまた、トルコが、まさに自ら行なっていると同様のコソボの虐殺行為を巡って、裕福で権力を持った「道徳的正義」の側に加わったために、「コソボ危機においてトルコが良い姿勢を示した」と評価していた。これらは、西洋の態度をよく示している。(★17)

こうした点は注目されなかった。注目されなかったこと自体、文明諸国の道徳的・知的風土に純粋な関心を持つ

アレクサンドル・ソルジェニーツィン
一九一八年生まれ。ロシアの作家。一九四五年にスターリン批判で逮捕。一九七〇年ノーベル文学賞を受賞。一九七四年『収容所群島』第一巻をパリで刊行後逮捕されスウェーデンそして米国に亡命。一九九〇年にはソ連市民権を回復。代表作に『イワン・デニソービッチの一日』、『ガン病棟』など。

ヴーク・ドラシュコビッチ
セルビアの政治家・作家。セルビア再生運動の党首で、一九九一年までは戦闘的な姿勢をとっていたが、一九九一年秋に訪米後、平和路線に転換した。

人びとの注意をひくであろう。

新しい介入主義

ユーゴスラビア解体戦争の最後の段階でいっそう浮彫りになった一般的な問題は、冷戦終了とともに注目されだしたものである。問題の中心にあるのは、文明国家・同盟が、人道的見地から介入権を持つとして、軍事力の合法的利用範囲を拡大しようという主張である。この問題が議論の対象となってきた時期について意見は一般に一致しているが、「人道的介入」という考えを巡っては、「正当な介入の新たな基準(★18)」の意図と、それが導くであろう結論に対する見方の違いを反映して、異なった場所で異なる評価がなされている。

拡張版の介入主義においては二つの選択肢がある。第一は国連の主導下で、第二次大戦後国際法の基盤として合意された国連憲章☆に従って行われるものであり、もう一つは国家群や同盟諸国(米国やNATO、あるいは以前のワルシャワ条約機構など)により、一方的に国連安全保障理事会の議決なしに行われるものである。後者の国家群や同盟が、十分に強大で傲慢であり、かつ内部規律が行き届いているならば、(米国や、時にNATOが行っているように)自らを「国際社会」とみなすであろう。第一の選択肢にも問題はあるが、本書で扱う話題ではない。ここでは、国際社会の許可を求めたり与えられたりすることなしに、「正しいと思う」から武力に訴えるという、国家群や同盟諸国による「正当な介入の新たな基準」に関心を向けている。実際のところ、これは「正しいと思うことを行うアメリカの新たな決意」と等価であり、世界を統治するスーパーパワーとは無縁の、「重要ではない諸国」での介入(例えば、西アフリカ諸国への平和維持的介入、これは国連によって遡及的に追認された)とは別のものである。

実は、この拡張版介入オプションは、これまでもずっと正当で、好ましいものと考えられてきたのであるが、冷戦のもとでは、米国の使命に抵抗する「頑固で怠惰で、邪悪な」ものたちは、世界征服を目論んで転覆に力を入れていた共産主義諸国の援助を頼ることができたため、妨害されていた。[☆★19] 冷戦が終わったため、「反抗的な」ものたちはもはや文明国家の善き仕事を妨害することができず、それゆえ賢明でフェアな指導者たちのもとで「新しい人道主義」が花開いたとされている。

逆に言うと、「新しい介入主義」は古い実態を再現しているだけである。それは、二極化された世界システム下で邪魔されてはいたが常に意図されていた昔の方針を改訂したものに過ぎない。過去の二極化された世界では、非同盟である余地が多少はあったが、それも一方の極が消滅してなくなってしまった。[★20] ソ連と、そして時に中国は、自らの伝統的支配範囲下での西洋諸国の行動を、軍事的抑止効果のみによってではなく、しばしばいかにご都合主義的なものだったとはいえ、西洋諸国（そのほとんどは実際には米国主導のものだったが）による転覆の標的に軍事援助を与えることによって、多少なりとも抑制してきた。ソ連の抑止効果がなくなり、冷戦の勝者は、善き意図の装いのもとで、けれども実際には文明国家以外ではお馴染みのように、自らの利益追求のために、やりたいことをより自由に行うことができるようになった。

自称文明国家は、なぜか裕福で強力な国家であり、植民地主義・新植民地主義的な世界支配体制の継承者、すなわち「北」の第一世界である。一方、治安を乱す悪漢たちはその対極にいる。彼らは「南」の第三世界、「発展途

国連憲章
国連の目的と原則、構成と任務、国際紛争の解決方法などについて定めた条約。全体で一一一条からなる。本書の議論の背景に関連する規定として、第二条四項の武力による威嚇と武力行使の禁止、第三十九条から第四十二条の侵略等の行為に対する国連の対策措置、第五十一条の国家の自衛権に対する規定がある。

拒否権の発動
一九七〇年から一九八九年（冷戦終了時）までの国連安保理議決に対し、米国は単独で四十五議決に、英国と一緒に十一議決に、英国・フランスと一緒に四議決に拒否権を発動した。英国は二十六議決（十一は米国と共に、四つは米国・フランスと共に）に拒否権を行使。フランスは十一議決（七議決は単独で）に、ソ連は八議決（一つは中国と共に）に拒否権を発動している。一九九〇年に米国はパナマとイスラエルを巡ってさらに二つの拒否権を発動した。

上国」、「低開発国」、「移行的経済」といったイデオロギー的な装飾を施された言葉で表現される国々である。この分割は明確なものではないが、傾向としては厳然と存在しており、ここから、「正当な介入の新たな基準」に対して解釈の相違が存在する理由がある程度わかる。

歴史的事実は無関係であるという宣言のもとで、好ましくないイメージは隠したまま公の敵の邪悪なイメージを伝えるという、文明国家が作りあげたフィルターを介してのみ現状が把握される限り、こうした解釈の対立を解消することは難しい。例えば、ベオグラードが犯した残虐行為は、正確に、また時に増幅されて伝えられるが、アンカラとワシントンの手になる残虐行為は伝えられない。こうした規制が問題を調べる際にも機能しているならば、問題の解釈としても文明国家が望むものがまかり通ってしまうかもしれない。

一般的な諸問題は本書の最後（第六章と第七章）に扱うが、それら諸問題は、コソボのアルバニア人やトルコのクルド人といった特定の人道的危機の、そう遠くない背後にも見え隠れしている。世界について理解しようとするならば、これら特定の出来事ごとに、自らの判断と意思を執行する力を持った国々が、それぞれの場合に応じて軍事介入を行ったり行わなかったりの決定をするのはなぜなのか考える必要がある。こうした疑問は、「正しいと思う」ときには文明国家は武力を用いるべきであるという教理が「再生」——というのも、これはよく知られているようにまさに「再生」なのだが——した当初から呈せられていた。一九九三年の「現れつつある規範に関する米国学士院会議」で、国際関係の最も著名な学者であるアーネスト・ハースが簡にして要を得た、すぐあとに明確で興味深い回答を与えられることになる質問を提起した。彼はNATOがその時イラクとボスニアでクルド人とイスラム教徒を守るために介入していることを確認した上で、「もしトルコがクルド人の反乱への対策を強化したら、NATOは同じような介入主義の見解をとるのだろうか」という問題を提起した。この質問は「新しい人道主義」なるものが権力の関心に導かれたものなのか、人道的関心からくるものなのかをはっきり試している。武力行使は、言われているように「原則と価値の名のもと」で行われているものなのか。それとも、もっと粗野な、これまでにもお馴染のものをわれわれは目撃しているのか。

このテストは有効なものであり、回答はさほど待たずに与えられた。ハースがこの問題を提起していたときに、トルコは、文化と言語の権利を認める平和的な問題解決案を拒絶し、南東部のクルド人への弾圧を強めていた。トルコ政府の行為は、ほどなく民族浄化と国家テロの規模に達した。NATO、特にその指導者である米国ははっきりとした「介入主義」の態度をとったが、それは、トルコによる残虐行為が激化するようなかたちで介入するものであった。イデオロギーを担当する諸機関は、これまでと同様のやり方で、この状況に対処した。

こうした事例がより一般的な問題に関して示唆していることは明らかである。特に、トルコにおける「介入主義」を、コソボ危機において適用された介入主義と比べてみると明白である。道徳的見地からは、後者の弾圧は前者と比べて（ユーゴスラビア空爆前は決定的に）規模が小さかったし、NATOの権力と機構の内部に位置づけられているトルコによる弾圧と比べて、後者は、NATOと米国の責任範囲外であったという点で、より責任の軽いものであった。この二つの事例にはまた、セルビアは米国が支配する世界システムにおいて治安を乱す悪漢であったのに対し、トルコは忠実な雇われ国家として米国の世界支配に貢献していたという相違がある。ここでも、政策決定の要因となっているものを見分けるのは難しくないし、また、より一般的な問題とその解釈を巡る「南北」の分断も、図式にうまく当てはまる。

ここで扱っている主要な問題は、一つの事例だけによって結論を求めることができるものではないし、また、一つの事例についてさえ、綿密な検討を要する。それにもかかわらず、これまで考えてきた最も自然な結論は、とりあえず妥当であるように思われる。そして、より詳しく検討すればするほど、この結論は明らかになり、かつ信憑性を増すことになる。軍事介入に限らずに、国際的な金融体制、貿易協定、技術・物資・人材の統制といった、権力の集中と組織化のためのあらゆる道具とその適用のされかたを、さらに広い範囲で検討するならば、これらの結論はますます否定しがたいものとなっていくだろう。

これらは、エリートたちにとっては「重要でない場所」に目を向け、そこで何がどのような理由で起きており、とりわけ、権力体制がそれに関して特定の選択をしたのはなぜか、そしてそれに対して何をすべきかを問うていくときに前提として考えなくてはならない事柄である。

ポスト冷戦時代の人道主義

「新しい人道主義」は、国家安全アドバイザーでありクリントン政権の指導的学者であるアンソニー・レイクにより、クリントン・ドクトリンの中で説得力のある表現を与えられている。「冷戦の間中、われわれは市場民主主義に対する世界的脅威を封じ込めてきた」が、今やわれわれは「民主主義と自由市場の勝利を強固なものにしていくことができる」。マスコミでは、評論家たちはすでに「冷戦の終了により、介入主義は報いられたので」、残された問題は、政策立案が、ブッシュ式の力のバランスに基づくリアリズムによって行われるか、あるいはクリントン＝レイクのように、「民主主義を促進すべく他の国々に介入するために力の独占を用いる「新ウィルソン型」の見解をとるか」という点にあると述べていた。(★21)

数年間のクリントンによる「新ウィルソン主義」により、米国の外交政策が「後光のさした」「崇高な段階」であると確信する批評家たちがいる一方、より「冷静な」声は、「われわれの外交政策をほとんど全面的に理想主義の手に委ねてしまったことにより」他の人びとへの貢献の中でわれわれ自身の利益が無視されてしまうと警告した。ほとんどの議論は、これら両極の間で行われた。(★22)

教義によると、新たな時代は一九八九年十一月のベルリンの壁崩壊から始まったのだが、実際に新時代の輪郭が明確になったのは、その十年後、NATOがコソボのアルバニア人を民族浄化から守るために介入したときである。それゆえ、NATOによる空爆は世界情勢における決定的な瞬間であり、尊敬すべきコメンテータたちによると「明白に」かつ「はっきりと」(★23)、米国の政策の「後光」がすべての人びとに見えるように輝いた歴史上最初の時であった。この記念すべき新時代がキリスト教歴第三千年紀の始まりと時を同じくしているのは象徴的である。懐疑的な人びとすら、コソボの出来事以前に「明らかに何か重要なことが進行している」ことを認めていた。(★24)これは確かであり、一九九九年のNATOのコソボへの介入に伴う熱烈なレトリックの洪水がこの重要性を強調している。

この問題を検討するにあたっては、二つの質問を明確に区別しなくてはならない。第一は、本来何がなされるべきなのかであり、第二は、何が実際になされ、それはなぜなのかである。第二の点は行為選択の意図に関連しているが、それを決定するものではない。冷笑的な、あるいはさらに悪い意図から採用された行動が、もっともらしく予期された、好ましい結果に結びついた例を歴史から探すのは難しくない。こうした場合、動機や目的が何であれ、とられた行動を支持するのは妥当かも知れない。一方、人道的な理由で行われた国家の行動の例を見つけるのはより難しく、仮にそのようなことがあったとしても、それが、（予期された通り）好ましい結果を導くこともあれば、好ましくない結果となることもある。当たり前のことではあるが、現在扱っている問題に関しても、他の場合と同様に、これらの区別は心に留めておく必要がある。

上記第二の質問は、現在の「新しい人道主義」及びNATOのバルカン介入というその現れに対して、政治指導者たちやコメンテータたちが、声高にレトリックを叫んでいるときにはとりわけ重要である。本書で私が問題とするのはこの点である。そしてこうした事例は今後も繰り返し起こることが予測される。新たな千年紀に向けた「新しい人道主義」が提起するより広い範囲の問題を背景として、第二の質問を検討することにより、貴重な教訓を得ることができよう。

ちょっと検討しただけでも、「新しい人道主義」の合唱が非常に疑わしいことがわかる。NATOのコソボへの

ブッシュ
ジョージ・ブッシュ。一九八九年から一九九二年まで米国第四十一代大統領。この間、パナマ侵略・湾岸戦争を決行した。

介入ということに限って考えても、崇高な主張を論駁するには十分である。現在の世界をより広く眺めるならば、このことはさらに明らかになるし、掲げられている「価値」の本当のところが明らかになる。われわれがワシントンとロンドンからの命令に背いて過去の歴史を議論の中に持ち込むならば、「新世代」が実は旧世代のままであり、「新国際主義」は過去の不快な記録を再現しているに過ぎないことはすぐにわかる。著名な先祖たちの行為とそれに対する正当化、そしてその効果もまた、われわれを立ち止まらせるに十分である。それに加えて、少なくとも知ることを選択した人びとには入手できる、新千年紀に向けた上級政策立案文書は、提唱されている価値に真剣に取り組んでいる人びとへのさらなる警告となろう。

英国のメディアによると、NATOのコソボ空爆における英国主導部分は「アグリコラ作戦」と名付けられていたという。[★25] これが本当ならば、その名前の選択はまさにぴったりであり、英国の古典教育のすばらしさを示している。アグリコラは、国をケルトの感染から救済する助けをした犯罪者であると同時に、タキトゥスの義父でもあった。タキトゥスは、「一度暴かれた犯罪をかくまう場所は厚顔さ以外にない」ことを観察し、また、ローマ帝国を「世界の強盗であり、廃虚をもたらしてそれを平和と呼んだもの」と記述した人物である。[☆]

価値ある犠牲者と価値なき犠牲者

われわれは、本書の検討を、セルビア人によるコソボでの残虐行為という、実際に起きた恐ろしい出来事に注意を向けることから始める。すぐさま気づくのは、空爆が、文明国家の指導者たちが言うように、民族浄化への「対応」としてなされたのでも、それを「阻止する」ためになされたのでもないことである。[★26] クリントンとブレアは、民族浄化の激化といった否定的結果が導かれる可能性が高いと知りながら、戦争に突入する決断をしたのである。

NATOの情報源によると、空爆前年の一九九八年に、コソボで約二千人が殺され、数十万人が国内難民となった。この人道的破局に責任があるのは主にユーゴスラビア警察と軍であり、主要な犠牲者は一九九〇年代にはコソボ人口の九十パーセントを占めると見られていたアルバニア人である。

空爆以前、そして空爆後二日間に関しては、国連難民高等弁務官事務所（UNHCR）☆は難民に関するデータを発表していない。空爆の前、何年にもわたって、アルバニア系もセルビア系も含めた多くのコソボ人が、バルカン戦争の結果、あるいは経済上その他の理由でコソボを出たりまた戻ったりしていた。(★27) UNHCRは、空爆開始から三日後の三月二十七日に、四千人が隣国アルバニアとマケドニアに逃げだしたと報告している。UNHCRは四月一日までは難民についての日ごとのデータを発表していないが、四月五日にニューヨーク・タイムズ紙は、「三月二十四日以来三十五万人以上がコソボを脱出した」と、UNHCR発表に基づいて述べている。一方、空爆と地上での攻撃の激化を逃れて北方のセルビアに脱出したコソボのセルビア人の数はわかっていない。戦争が終わってから、「NATOの爆撃が始まったときに」セルビア人の半数がコソボを脱出したと伝えられた。NATOによる爆撃前のコソボ内の難民数についてはさまざまな見積もりがある。ケンブリッジ大学法学部教授で一九九九年のランブイエ会議でコソボのアルバニア人代表団の法律顧問を勤めたマーク・ウェラーは、国際監視団（コソボ検証使節団：KVM）が一九九九年三月十九日に撤退してから「数日のうちに、撤去させられた人びとの数は再び二十万人以上に増加した」と報告している。米国議会情報委員会議長ポーター・ゴスは、米国情報局の情報に基づき、国内難民数を二十五万人と推定している。UNHCRは三月十一日に「二十三万人以上がコソボ内で自宅から撤去させられている」(★28)と報告している。

アグリコラ・タキトゥス
アグリコラ（三七年〜九七年）はローマ帝国の将軍。
タキトゥス（五五年〜一二〇年）はローマ帝国の歴史家。『年代記』、『同時代史』、『ゲルマニア』が代表作。また『アグリコラ』は義父の伝記。

国連難民高等弁務官事務所（UNHCR）
一九五一年、母国で保護を受けることができなくなった難民に対する国際的な保護を任務として設立された国連機関。ジュネーブに本部を置く。UNHCRが対象とする難民についての法的地位は一九五一年の難民条約により規定されている。

UNHCRの報告によると、一九九九年六月三日の和平協定までに、モンテネグロに行った七万人と他の国々に行った七万五千人の他に、新ユーゴ連邦国境の外に六七万一五〇〇人の難民が発生した[★29]。これらの数字に加えて、空爆の前年に二十万から三十万人と見積もられ、空爆後にはるかに増加したコソボ内での難民と、ユーゴスラビア赤十字によれば百万人以上と言われるセルビア内の難民[★30]、そしてセルビアを去った人びとの数が加わる。

　コソボから伝えられる難民のこのような数は、不幸にして、これまでにもお馴染のものである。一九九〇年代の「われわれの価値」を示す参考として二つだけ例をあげるならば、まず、NATOによる空爆前の難民数は同じ年のコロンビアにおける難民の米国国務省の見積もりとほぼ同じであり（この比較は印象的なので後程立ち戻ることにする）、空爆後のUNHCRによる難民合計数は、一九四八年に逃げだしたか強制撤去させられたパレスチナ人の数とほぼ同じである。このパレスチナ問題は未だに解決を見ていない。パレスチナにおいては難民の数は七十五万人、人口の八十五パーセントに上り、巨大な暴力により四百以上の村が跡形もなく消し去られた。イスラエルの報道はこの類似を見逃さず、コソボを、一九四八年のパレスチナの、TVカメラつきの再現と述べた（ギデオン・レーヴィ）。イスラエルの外相アリエル・シャロンは、「NATOの攻撃」が「正当化される」ならば、それは、アービング・ハウ言うところの「過疎のガラリヤ」（すなわちユダヤ人が少なすぎアラブ人が多すぎる）におけるパレスチナ自治につながりかねないと警告を発した。また、例えばNATOによる空爆の熱心な支持者であるイアン・ウィリアムスのように「セルビア人は一九四八年にイスラエルが村落破壊作戦でとった戦略をまるで学んできたかのようだ。違いはといえば、もちろん、パレスチナ人にはNATOの後ろ楯がなかったことだ」と述べるものもいた[★31]。

　むろんパレスチナ人は、彼らの帰還あるいはそれに代わる賠償の権利を保証した国連の決議に訴えることができる。一九四八年十二月十一日のこの国連決議一九四[☆]は、前日に決議された世界人権宣言[☆]の十三条二項にのっとったものである。けれどもこうした保証は、大国、特に米国の意思に依存しており、その米国は、国連決議はかたちばかりのものに過ぎないと考えている。世界人権宣言十三条二項は、敵国ソ連がユダヤ人の国外脱出を拒否していたことに対するイデオロギー上の武器として、条項末尾の帰国保証に関する部分を常に省略したかたちで、憤りと情熱と「道徳的正当性」をもって使われてきたので、おそらく人権宣言中最もよく知られたものとなった。ソ連に対する非難は、毎年、眉をひそめることすらなしに繰り返された。これは、タキトゥスも感銘するような厚顔さであり、オーウェルの格言に関する興味深い事例である。そうであるとはいえ、人権宣言十三条二項を支持することは、クリントン大統領が、価値のない犠牲者は「祖国なき民となり」、ヨーロッパ諸国よりもはるかに「貧しい国で困難な状況に生きる」べきであるという立場を明確にするまで、少なくとも公には、米国の政策的立場であった[★32]のである。

クリントンが公に人権宣言第十三条を拒否したことはまったく注目を浴びなかった。米国が国連で孤立するのはまったくいつものことなので、報道する価値がなかったのであろう。そしてよくあるように世界が歩調を合わせなかったときに、米国がどう振舞っていたのかが伝えられることはない。それゆえ、レバノンに住むパレスチナ人亡命者の惨状にまで原因を遡ることができるレバノンでの暴力について、ニューヨーク・タイムズ紙は、「(レバノン)当局は、これまでずっと、パレスチナ人が一九四八年に逃げだした土地へ戻ることを許されるべきと主張してきた」と報告することができる。むろんレバノン当局はそう主張してきた。けれども、イスラエルと米国（特にクリントン政権以来）の二国のみが、国連決議一九四と世界人権宣言とを拒絶してきたことを報道する方がはるかに有

国連決議一九四
一九四八年十二月に第三回国連総会が採択した決議で、一九四八年の第一次中東戦争により追放されたパレスチナ難民の帰還権を認めている。

世界人権宣言
一九四八年十二月第三回国連総会で、すべての国が達成すべき人権の共通の基準として採択された宣言。全三十七条からなり、大きく、自由権的諸権利、参政権、社会権的諸権利を定めている。

益であったろう。同じような歴史の捏造によって、ニューヨーク・タイムズ紙は、いかにして「パレスチナ人民兵によるイスラエルへの越境攻撃が一九八二年のイスラエルによる（レバノン）侵略を引き起こしたか」を述べている。これは、いつもながらの、米国における事実歪曲である。実際には、イスラエルによるレバノン侵略のはるか前に、パレスチナ人民兵による攻撃行為は停止しており、当時起こっていたのは、米国の支援のもとでイスラエルが計画していた侵略の言い訳を作りだす目的でパレスチナ人によるテロ行為を引き起こすべくなされていた、イスラエルからレバノンへの攻撃である。むろん、この報告で記者が述べていることは長い間米国の公式見解だったのであるから、記者のみを非難するわけにはいかない。一方、イスラエルでは、これは一九八二年のレバノン侵略開始日から公に認められていた事実であった。[★33]

こうした無数の例は、陰に隠されるべきものではなく、歴史の次の章が繰り広げられるにあたって見やすいように棚の前面に陳列されるべきものである。

取るに足らない犠牲者と取るに足る犠牲者との区別は、その根拠と同様に伝統的なものであり、道徳的な原則とはまったく関係ない。これを示す文書はとても沢山あるが、オーウェルの格言通り、礼儀正しい人びとの仲間内では、目に触れないよう隠されている。[★34]

すでに述べたように、クリントンが大規模な民族浄化の犠牲者たちの帰還の権利に反対したため、ワシントンは国際社会で孤立するといういつもながらの立場にたった。さらにワシントンは、価値のない犠牲者であるパレスチナ人や他の多くの人びとを巡っては人権宣言の原則を拒絶しながら、同時に現在のコソボのアルバニア人のような価値ある犠牲者に関しては人権宣言を掲げるといういつもながらの立場をとっている。この状況に気づくならば、これが権力者の利害に合致して行われていることは明らかであるが、尊敬すべき共同体の内部では、この区別は「二重基準」とか「間違い」と言われている。事実に注目するならば、そこには強大な権力を持つものがいつも従うただ一つの基準があるだけであり、また、（攻撃者が負けたり等）しばしば予測通りにいかないことがあるとはいえ、「間違い」のほとんどは、計画的になされていることがわかる。

価値があるかないかの区別は複雑であり、時に応じて変化する。例えばサダム・フセイン☆は、クルド人に毒ガスをばらまいたり、反体制派を拷問したりといった犯罪を犯している限りは、米英他の文明諸国の友人・同盟者として巨額の軍事援助その他の援助を受けることができた。ところが一九九〇年八月に文明諸国からの命令に背いたため、とたんにフン族のアッチラの再来となり、次いで、一九九一年三月、湾岸戦争が終わって、彼が南部のシーア派イスラム教徒と北部のクルド人への弾圧を米国の暗黙の了解のもとで開始したときには、再び米国お気に入りの地位に戻ったのである（コメンテータたちの慎重な言葉遣いによると、ワシントンの立場は「安定」を維持するためということで正当化された）。さらに、米国の政策がイラク社会を破壊することに変ったときに、サダム・フセインは再び悪魔になった。[★35] こうした政策変更に追随するために、オーウェルの格言に従う人びとには非常な機敏さが要求される。

空爆とその効果

コソボに話を戻そう。難民たちによると、NATOの空爆直後から、テロはこれまで穏やかだった州都プリシュティナにも広まり、大規模な村の破壊、残虐行為、そしておそらくはアルバニア系の人びとを追いだす作戦の結果として、難民が急増したという。概ね非常に信頼できる同様の報告は、メディアや雑誌で、しばしばぞっとするよ

サダム・フセイン
一九三八年生まれ。バース党入党後、一九六〇年、当時の首相を暗殺しようとして失敗。その後カイロに亡命。一九六八年イラク革命に参加し、一九七九年にイラク大統領就任。一九八〇年イランに侵攻。米国の援助を受けて一九八九年までイラン・イラク戦争を続けた。一九八九年三月、イランと共同行動をとるクルド人が制圧したイラク南部の都市から退却する際、イラク政権は化学兵器でその都市を攻撃し、五千人にのぼるクルド人が殺され一万人以上の負傷者が出たという。この間、イラクは米国の援助を受け続け、また恵国待遇国であった。一九九〇年に隣国クェート侵略。米国はイラクに対して湾岸戦争を開始。その後も現在までサダム・フセインはイラク大統領の地位にいるが、この間、米国を初めとする国際的な過酷な経済封鎖により、特に子どもを初めとする多くの一般市民が死亡している。

うな詳細とともに沢山報告されてきた。公の敵によってなされた価値ある犠牲者の場合における、通常の扱いである。

「大規模な空中戦」の効果について、ピッツバーグ大学ロシア東欧研究所のロバート・ハイデンは次のように述べている。「空爆の最初の三週間におけるセルビア人犠牲者は、空爆前の三カ月間のコソボにおけるセルビア・アルバニア双方の犠牲者数より多いが、人道的な意味での破局とされているのは空爆前の三カ月の方である」(★36)。セルビアに対する戦争で喚起された好戦的ヒステリーの中では、セルビア人犠牲者はほとんど考慮する価値のないものだった。けれども、空爆開始後最初の三週間におけるアルバニア人犠牲者数も、当時数百と考えられていたが、おそらくはそれよりもはるかに多く、その前の三カ月や、もしかするとその前数年の犠牲者数よりも多いかも知れない。

一九九九年三月二十七日に、米＝NATO司令官ウェスリー・クラークは、NATO空爆によりセルビアによるテロ行為が激化することは「完全に予想できること」だったと述べている。同じ日に、米国国務省のジェームズ・ルービン報道官は、「セルビア人による、コソボのアルバニア系市民に対する」、今や大部分が準軍組織によるものとされる「攻撃が激化しているという報告に深く憂慮している」と述べた。その後まもなく、クラークは再び、セルビア人によるテロが空爆後急激に悪化したことに驚きは感じていないと述べている。「軍当局は、ミロシェビッチが行うであろう残虐な行動を、彼がそれを効果的に行うであろうこととともに、全面的に予測していた」(★37)。

クラーク将軍が「完全に予想できること」と言ったのは言い過ぎである。人間に関することで「完全に予想できること」は何もない。特に極端な暴力の効果については予想しにくい。けれども、実際には、やはり、非常に高い確率で起こると思われていたことが起こった。元ブッシュ政権下の国家安全保障アドバイザーだった、フレッチャー法律外交学校のカーンズ・ロードは、「敵は撃たれたらしばしば報復行為に出るものであり」、「西側の官僚たちは否定し続けているが、空爆キャンペーンが、セルビア人に対して、当初考えられていたよりもより広範囲の残忍な作戦に出る動機と機会を与えたことは疑いない」(★38)と述べている。

ワシントンでも結果は予想されていた。三月五日にワシントンを訪れたイタリア首相マッシモ・ダレーマは、クリントンに対し、ミロシェビッチの力をすぐに削げないならば、「三十万から四十万の難民がアルバニア」とイタリアに「流れ込む結果となるだろう」と警告している。クリントンは国家安全保障アドバイザーのサンディ・バーガーに話を振り、バーガーは、その際に、結果がどれほどひどいものであろうと「NATOは空爆を続ける」とダレーマに語っている。議会情報委員会のポーター・ゴス委員長は報道陣に対し「われわれの情報源は、何カ月も前に、[空爆により]昨年の[空爆前]に見積もられていた二十五万人をはるかに越える難民の爆発があるだろうということ、そして、セルビア人の決意がより頑なになり、対立が広がり民族浄化が始まるだろうことを警告していた」と述べた。一九九二年の時点ですでに、マケドニアにいた欧州の監視員たちは「対立がコソボに及んだらアルバニア系の人びとの難民が急激に増加すると予測」していた(★39)。

こうした予測の根拠は明らかである。人びとは「撃たれた」ときには、敵に花輪を送るのではなく「報復行為に出」るが、報復は敵の強いところにではなく、自らが強いところで行われる。セルビアの場合、ワシントンやロンドンに戦闘機を送って空爆するかわりに、地上で報復を行うことになる。この結論を得るにあたって天才も秘密情報へのアクセスも必要ない。NATOが直接侵入すると威嚇したため、残虐な報復行為の可能性はさらに高まったが、その理由をクリントンやブレア、その仲間たちやコメンテータたちが知らないわけはなかった。このこととの対比として、第二次世界大戦において日本の攻撃の脅威がまだなかった中で、米国がどのような対応をとったか☆思いだすのも良いかもしれない。実際米国には一八一二年の戦争以来脅威となるものはなかったのである。

証拠はあまりないが、空爆の脅しを発した段階で、すでにコソボでの虐殺が増加したと思われる。空爆に備えて

第二次世界大戦における米国の振舞い
米国では、一九四一年十二月、日本が真珠湾を攻撃するしばらく前から日系人や日本人が治安上の理由で拘束され、財産を没収されだしていた。こうした人びとは、一九四二年に強制収容キャンプへと移された。

三月十九日、米国主導のコソボ検証使節団（KVM）が撤退したことも、同じ理由でやはり虐殺を促したと思われる。ワシントン・ポスト紙は当時を回想して、「[KVMの]監視員たちは、ユーゴ軍にとって最後の歯止めとみなされていた」と述べている。歯止めをはずすことにより、破滅へと向かうことはわかっていたはずである。別の分析も同じことを述べている。ニューヨーク・タイムズ紙も当時を回想して、「セルビアは、コソボ解放軍本拠地への攻撃を三月十九日に開始したが、NATOがユーゴスラビアへの空爆を開始した三月二十四日にさらにそれを加速した」と結論している。(★40) この事実を偶然の一致とみなすためには「意図的な無知」を強く決め込む必要がある。

セルビアは、監視員の撤退に公式に反対していた。NATOのランブイエ最後通告に対する三月二十三日の決議で、セルビア国民議会は「われわれはOSCEのコソボ調査使節の撤退も非難する。この撤退は、われわれの国に対する脅迫という以外にまったく理由がないものである」と述べている。(★41) セルビア国民議会の議決は、米国の主要メディアでは、ランブイエ合意と同様、報道されなかった（ランブイエ合意は戦争中ずっと正義のものとみなされていたのであるが）。ランブイエ合意こそが（真の）「和平プロセス」とされていたが、本当のところ、この「和平合意」という言葉は（しばしば外交的解決をなきものにする）ワシントンの立場を指すものであった。中東や中米における「和平プロセス」の実情は示唆的である。(★42)

米英が「新しい国際主義」の名のもとに爆撃を決めた時期に外交的解決の可能性を提案していたランブイエ合意とセルビア国民議会議決という二つの文書については、後に改めて検討する。ここでは、それらが、これまで普通の人びとの目の届かないところに隠されたままになっていたこと、（空爆後の）「和平合意」により「民主主義の脅威」に該当しなくなってから、いくつかの重要な事実は公開されたが、そのときに、ランブイエ合意の要求事項には「致命的な欠陥」があり、「野蛮な暴力」の恐ろしい人道的結果を伴わずに「達成することができたかもしれない」外交的解決を阻害したものと見なされすらしたことを前もって指摘しておこう。

監視員たちが撤退してから五日後、空爆の「結果」虐殺と民族浄化が激化しアルバニア系住民の「急激な」流出が起こるであろうという明白な予測のもとで、空爆が開始された。実際に予期されていた通りのことが起きた。規模があまりに大きかったことで驚いたものもいたかもしれないが、NATO軍司令官にとっては、それも予測の範囲内であった。

原注

★1　ここで引用した文献は、以下でそれぞれの文脈で改めて引用するときにあげる。

★2　ユーゴスラビア共和国連邦（FRY）はセルビアとモンテネグロからなる。NATOとFRY政権はコソボをFRYの一部とすることで合意し、コソボはセルビアの一部として曖昧な位置づけがなされることとなった。コソボの多数派であるアルバニア人たちはそれよりはるか前に、独立要求を明確にしていた。コソボの地を指すアルバニアの言葉は「コソバ」であるが、ここでは、米国とNATOが用いており、また国際的に標準として使われているコソボという用語を用いる。これが好ましいか好ましくないかについても議論の余地があり、この問題は、紛争の基盤に関わっている。「コソバ人（Kosovars）」という言葉は、しばしばアルバニア系コソボ住民を指すために用いられる。私は、「コソボのアルバニア人」という言葉を使うが、どんな用語を選んでも、誤解の余地が残る。

★3　Ann Scales, Louise Palmer, Kevin Cullen, *Boston Globe*, March 25; William Jefferson Clinton, *New York Times*, May 23, 1999. オルブライトの発言は、Barton Gellman によってワシントン・ポスト紙に引用されたもの。"The Path to Crisis: How the United States and Its Allies Went to War; The Battle for Kosovo, A Defining Atrocity Set Wheels in Motion," *International Herald Tribune*, April 23, 1999.

★4　Blair, *Newsweek*, April 19; Roger Cohen, *NYT*, May 16, 1999.

★5　カリフォルニア大学法律学教授 Michael Glennon, "The New Interventionism," *Foreign Affairs* May/June 1999.

★6　*Ibid.*

★7　Thomas Weiss, *Boston Review*, February/March 1994.

★8　Friedman, "Foreign Affairs," *NYT*, June 4, 1999.

★9　Donald Fox and Michael J. Glennon, "Report to the International Human Rights Law Group and the Washington Office on Latin America," Washington D.C., April 1985, 21. 他に Glennon "Terrorism and 'intentional ignorance'," *Christian Science Monitor*, March 20, 1986. この報告は意図的な無知の対象とされた。これに関しては、私の *Necessary Illusions* (South End, 1989) 78ページも参照のこと。

★10　*Times Literary Supplement*, Sept. 15, 1972. にオーウェルの伝記作者 Bernard Crickにより発表され、Everyman's Library 版

に再掲された。Crickの伝記にはこの問題についてこれ以上の言及はない。

★11 Kinzer, *NYT*, June 4, 1999.

★12 Editorials, *WP National Weekly Edition*, June 14, 1999.

★13 全欧州安全保障機構（OSCE）は、ヨーロッパのほとんどの国、トルコ、カナダ、米国から構成される。

★14 Editorial, *WP Weekly*, March 1, 1986.

★15 Amos Gilboa, "NATO is a Danger to the World," *Ma'ariv*, May 9；われわれは彼の分析に後ほど立ち返る。Tali Lifkin-Shahak, "Power Won, Peace Lost," *Ma'ariv*, June 10；Solzhenitsyn, AP, April 28；Igor Veksler, TASS, April 27. ドラシュコビッチの言葉は Steven Erlanger, "A Liberal Threatens Milosevic With Street Protests," *NYT*, April 27, 1999.

★16 "Crisis in the World and in the Peace Movement" in Nat Hentoff, ed., *The Essays of A. J. Muste* (Bobbs-Merrill, 1967). また、私の *American Power and the New Mandarins* (Pantheon 1969)に再掲された、"Revolutionary Pacifism of A. J. Muste" も参照。

★17 Hugh Pope, "Turkey Again Is a Key Strategic Ally of the West," *Wall Street Journal*, May 25, 1999.

★18 この言葉はこれに関する研究の中で最初のかつ最も優れた次の著作から借りている：Laura Reed and Carl Kaysen, eds. *Emerging Norms of Justified Intervention* (American Academy of Arts and Sciences, 1993).

★19 関連する議論として、過去においては、ソ連の拒否権が英米の人道的努力を阻害していたが、「冷戦の終焉」以後の「すばらしい変化」により、もはや邪魔されることはないというものがある（ニューヨーク・タイムズ社説）。この見解を維持するためには、一九六〇年代に、国連が米国にとって制御不能になって以来、さまざまな議題に関して、米国が、安保理の拒否権発動回数では他を引き離して筆頭にいることを無視したり否定する必要がある。ちなみに、拒否権発動回数第二位は英国、フランスは、大きく引き離された第三位である。これを隠す一つの手は、時代区分を行わずに拒否権の回数を数えることである（初期には国連は米国のいいなりだったので、ほとんどの拒否権はソ連によって行使された）。米国は、非植民地化が進み、国連が世界のより広い見解を反映するようになってから拒否権発動を頻繁に行うようになった。これに関する教義と現実に関しては、私の *Deterring Democracy* (Verso, 1991；Hill & Wang, 1992)第六章を参照のこと。

★20 逆の事態はまた別の問題である。悲惨で残虐であったが西洋の介入よりもはるかに限られていたソ連の介入に対する米国の抑止力については、米国の転覆と侵略の標的に対するソ連の援助などもソ連の介入とした（しばしば学者も参加した）プロパガンダによって水増しされている。いずれにせよ、ここで議論の対象としている冷戦後の時期においては、世界無秩序に関するソ連という要素は目立ったものではない。

★21 Lake, *NYT*, Sept. 26, 1993；*NYT*, Sept. 23, 1994. また、Marc Trachtenberg による新介入主義の歴史的先例に関するレビュー "Intervention in Historical Perspective," (Reed and Kaysen の前掲書（原注18））に引用されている Steven Holmes, *NYT*, Jan. 3, 1993

★22 Sebastian Mallaby, "Uneasy Partners," *NYT Book Review*, Sept. 21, 1997. また、上級政策立案者の言葉は Thomas Friedman, *NYT*, Jan. 12,1992 からの再引用。

★23　Glennon, "New Interventionism". これに関する報道解説については後ほど検討する。

★24　Trachtenberg, *op. cit.*

★25　Thomas Fleming, *Independent*, March 7, 1999.

★26　Clinton, "A Just and Necessary War".

★27　難民流出と歴史一般に関する詳細については、Miranda Vickers, *Between Serb and Albanian : A History of Kosovo* (Columbia, 1998) を参照。

★28　Carlotta Gall, *NYT*, April 5. NATOとUNHCRによる四月一日以来の要約については、*NYT*, May 29, 1999 付け記事。これには、John Kifner による経緯紹介がある。セルビアについては、Guy Dinmore, *Financial Times*, April 1; Kevin Cullen, *BG*, June 12, 1999. Weller, "The Rambouillet Conference," *International Affairs*, 75. 2, April 1999. Goss, BBC, "Panorama : War Room" , April 19, 1999. UNHCR press release, March 11, 1999.

★29　UNHCRの数字は *BG*, June 5, 1999 で引用されている。アルバニアに四四万三一〇〇人、マケドニアに二三万八四〇〇人。モンテネグロ及びその他の国に関しては、John Yemma, *BG*, June 6.

★30　Yugoslav Red Cross, "Report on the Humanitarian Situation," May 8, 1999.

★31　クリントンは勝利宣言演説の中で、コソボでは五百の村が破壊されたと述べている (*NYT*, June 11, 1999). Levi, "Kosovo : It is Here," *Ha'aretz*, April 4 : シャロン他のイスラエル官僚については Samdar Peri, *Yediot Ahronot*, April 9 ; Judy Dempsey, *FT*, April 12. レーヴィとシャロンについては、Amnon Kapeliouk, *Le Monde diplomatique*, May 1999 に引用されている。Williams, *Middle East International*, April 23, 1999. 他に、Peretz Kidron, "Israel : from Kosovo to 'national unity'" *MEI*, April 9. 同社説 "Kosovo—1948 revisited,"; *Economist*, April 10, 1999. ハウは、彼が書評している本にあるように一九八二年の領土占領はイスラエル社会を「腐敗させる効果」はなかったにせよ「品位を下げる効果」があったことにショックを受けている (*NYT Book Review*, May 16, 1982)。

★32　私の *World Orders Old and New* (Columbia, 1994 ; 米国とイスラエル、パレスチナの関係について改訂した増補版は 1996)。

★33　現代史のこうした再構築に関しては、私の *Fateful Triangle* (South End, 1993 ; 増補版1999) ; *Pirates and Emperors* (Claremont, 1986 ; Amana 1988, Black Rose 1988) ; *World Orders* を参照。他に、Norman Finkelstein, *Image and Reality in the Israel-Palestine Conflict* (Verso, 1995)。他の情報源については、*World Orders* (1996) のあとがきを参照。

★34　包括的な議論については、Chomsky and Edward S. Herman, *Political Economy of Human Rights* (South End, 1979) 全二巻 ; Herman and Chomsky, *Manufacturing Consent* (Pantheon, 1988) ; Herman, *The Real Terror Network* (South End, 1982) ; Alexander George, ed., *Western State Terrorism* (Polity, 1991) ; William Blum, *Killing Hope* (Common Courage, 1995) ; 他を参照。時折なされる弁明については、*Necessary Illusions* 及び Edward Herman, "The Propaganda Model Revisited," *Monthly Review*, July-August 1983 を参照。

★35　政治状況の変化に応じたイラクや他の場所の扱いに関する揺れについては，私の *Deterring Democracy* (“Afterword,” 1992)；*World Orders；Powers and Prospects* (South End, 1996) を参照。サダムが不服従という犯罪を犯すまで，ワシントンとロンドンが彼を「甘やかしちやほやしていた」ことについては，Miron Rezun, *Saddam Hussein's Gulf Wars* (Praeger, 1992) を参照。その中では，クウェート侵略数カ月前にジョージ・ブッシュからの挨拶をサダム・フセインに伝えに来た上院議員団のサダムに対するへつらいが描かれており，特に注目に値する。他に，Mark Phythian, *Arming Iraq : How the U.S. and Britain Secretly Built Saddam's War Machine* (Northeastern U., 1997) ; *United States Export Policy Toward Iraq Prior to Iraq's Invasion of Kuwait, Hearing Before the Committee on Banking, Housing, and Urban Affairs*, U. S. Senate, One Hundred Second Congress, Oct. 27, 1992. 特にこの中の Gary Milhollin, “Licensing Mass Destruction,” pp. 102-120.

★36　Haydenの，Doug Henwood とのインタビュー，WBAI, April 15, 1999. 編集されたものが，Henwood, *Left Business Observer*, #89, April 27, 1999. にある。

★37　Clark, “Overview,” *NYT*, March 27, 1999. 他に一般市民に対する「おぞましい」影響については，*Sunday Times* (London), March 28 : “Nato's supreme commander, Wesley Clark was not surprised at the retaliatory upsurge : ‘This is entirely predictable at this stage’, he said,” . Rubin, “Overview.” Clark, *Newsweek*, April 12, 1999.

★38　*BG*, April 4, 1999.

★39　Elaine Sciolino and Ethan Bronner, *NYT*, April 8, 1999. Goss, *op. cit.*, Vickers, *op. cit.*, p. 273. 報道はあとになって Goss の報告を確認した。監視員たちは全欧州安全保障会議（Conference on Security and Cooperation in Europe : CSCE）から参加したもの。

★40　Jeffrey Smith and William Drozdiak, *WP Weekly*, April 19; John Kifner, *NYT*, May 29, 1999.

★41　BBC Summary of World Broadcasts, March 25, 1999, Thursday SECTION : Part 2 Central Europe, the Balkans ; FEDERAL REPUBLIC OF YUGOSLAVIA ; SERBIA ; EE/D3492/A, ユーゴスラビア国営タンユグ通信を引用して。

★42　最近の中東については，私の *World Orders* 及び *Fateful Triangle* 及び Finkelstein の前掲書（原注23）を参照。また，中東と中米については，*Necessary Illusions* を参照。

第二章

爆撃前

チトー元帥☆の支配下、特に一九六〇年代から、コソボの人びとはかなりの自治を手にしていた。一九七四年憲法の下では、反体制派のセルビア人学者が述べたように、「自治領と連邦構成国との間」にあるような曖昧な地位を得ていたのである(★1)。自治領と連邦構成国との違いは重要である。というのも、後者は分離する権利を少なくとも技術的には持っているのであるから。

一九八一年には、プリシュティナ大学のアルバニア人教授は、自ら広範に旅行し調査を行った上で、「社会主義ユーゴスラビアでアルバニア民族が手にしているほどの権利を得ている少数民族は、世界に一つもない」と結論している(★2)。しかしながら、この状況は、一九八〇年五月にチトー大統領が死去してから崩れ始めていた。一九八九年に、スロボダン・ミロシェビッチの指導下で、セルビア政府は、憲法改訂と行政措置により、コソボの自治を実質上廃止した。これらによって一九六三年の連邦憲法の状態が再現し、セルビアの直接支配が復活した。同じことが、ハンガリー系少数派の住むボイボディナでも起きていた。

コソボのアルバニア人は、第二次世界大戦後の状態への後戻りに強く反対したが、それに比例して、セルビア人はこれを支持したようである。著名なユーゴスラビアの反体制派でチトー独裁に対し勇気ある反対の声をあげていたため西洋で尊敬を集めていたミロバン・ジラス☆は、「セルビアとその地方との関係を整理し」、ユーゴスラビア「最大の民族」セルビア人に「すべての少数民族が享受していると同じ地位」を与えるものとして、ミロシェビッ

ヨシプ・ブローズ・チトー

一八九二年〜一九八〇年。第一次世界大戦中はロシアで捕虜となり、ボルシェビズムを支持するようになる。一九二〇年ユーゴ共産党政治委員。一九三六年からユーゴ共産党書記長。一九三六年から一九三九年まではスペイン内戦でユーゴからの国際旅団責任者。第二次世界大戦時、ナチスドイツのユーゴ占領に対するパルチザン部隊を率い、ユーゴはほぼ独力で自らを解放。一九四五年ユーゴスラビア連邦人民共和国成立後、一九四六年ユーゴ首相、一九五三年から一九八〇年の死去まで終身大統領を務め、非同盟諸国の中心的存在として国際的にも大きな影響力を持っていた。

ミロバン・ジラス

一九一一年生まれ。一九三六年以来チトーと協力し、一九三七年からユーゴ共産党中央委員。一九五三年ユーゴスラビア連邦議会議長となるが翌年すべての職を解任され一九六六年まで投獄される。その後もユーゴの反体制知識人として活動。

チの政策に賛意を示している。彼は「セルビア人の心からコソボを消し去ってしまうならば、セルビア人ではなくなってしまう」と述べている。一方、アルバニア国営通信は、「コソボなしにアルバニアはなく、アルバニアなしにコソボはない」のだから、「アルバニア人とアルバニア人を隔てている国境を廃止」すべきであると宣言していた。コソボのアルバニア人の大多数はこの感情を共有している。一九八九年以降とられた復古政策の「政治的目的」は、「コソボの分離を防ぎ、かつセルビア人のコソボへの帰還をはかるもの」だったとコソボ史の研究者であるビッカーズは書いている。多くのセルビア人たちが、セルビア人が言うところの「アルバニア分離主義者による絶滅作戦」によってコソボから逃げだしていた。「「コソボ」という言葉は、セルビア人とアルバニア人のどちらにも、混乱した歴史の中で自らの民族に長い間加えられてきた「苦難と不正義」の比喩として使われてきた」[★3]。

セルビア人による計画の結果は「コソボのアパルトヘイト」（ビッカーズ）あるいは「セルビア人版アパルトヘイト」（ジェームズ・フーパー）などと呼ばれた[★4]。けれども、コソボのアルバニア人は「民族解放闘争を避け、代りにコソボの知識人イブラヒム・ルゴバ☆が提唱した非暴力のアプローチに徹した」ため「国際社会を困惑させた」とフーパーは述べる。彼らはこれにより「西洋諸国から慇懃な共感と言葉での激励」を受けたが、それ以上のものを受け取ることはなかった。英国政府と国連が主催したバルカン危機に関するロンドンの会議では、「コソボの新たな政治エリート全員が姿を見せたが、彼らは別室のテレビで会議進行を見ることに甘んじなくてはならず」、「ひどい侮辱を受けた」[★5]。

さらにフーパーは、一九九五年十一月のボスニアに関するデイトン協定☆後、非暴力の戦略は「信憑性を失った」という専門家たちの標準的な結論を述べている。米国は、クロアチア版ミロシェビッチであるフラニョ・トゥジマン☆の軍隊に武器を提供し訓練してテロのバランスをとり、彼がクライナから何十万人ものセルビア人を暴力的に追放☆するのを支援した後、デイトンでボスニア・ヘルツェゴビナを将来の大クロアチアと大セルビアとの間に実質的に分割した。クライナからのセルビア人追放は、悲惨なユーゴスラビア解体戦争の中でも最も過激な民族浄化事件であるとされているが、未だに国際的な訴追の対象とはなっていない。(★6)仮に訴追されたとしても、この政策の根にあるものを考えるならば、対象範囲は非常に限られたものになるだろう。クライナを追放されたセルビア人のうち数千人はコソボに送られた。

クロアチアとセルビアのバランスが一応とれ、双方とも疲弊した後、汚い仕事を請け負ったヨーロッパ人たちの困惑を尻目に、米国が乗りだしてきた。米国は、「ミロシェビッチに敬意を表して」、デイトン交渉から「コソボのアルバニア人を除外し」、「コソボ問題を話すことを避けた」とフーパーは書いている。アルバニア人の「非暴力に与えられた褒美は、国際的な無視」、特に米国からの無視であった。フーパーは、その結果、「コソボ解放軍（KLA／UCK）☆ゲリラが誕生し、武装独立闘争への人びとの支持が広がった」と結論している。一九九九年五月、実質的にNATOの地上軍と化していたKLAは、その司令官にクライナ民族浄化作戦の立案者アジム・チェ

イブラヒム・ルゴバ
一九四四年コソボ生まれ。作家。非暴力主義でコソボの独立を目指している。

デイトン協定
一九九五年十二月十四日パリで、ボスニアとクロアチア、セルビアとの間に交わされた停戦協定で、正式にはボスニア和平協定という。これにより、ボスニア・ヘルツェゴビナ共和国の存続と、ボスニア連邦五十一パーセント、セルビア人共和国（スルプスカ共和国）四十九パーセントの領土分割とが合意された。和平交渉が同年十一月米国オハイオ州デイトンで始められたため、この名前がある。このときに、ミロシェビッチに配慮しコソボは「現状維持」（すなわちセルビア支配下）という合意がなされた。

フラニョ・トゥジマン
一九二二年〜一九九九年。元パルチザンで元ユーゴ共産党員。一九七一年以降民族主義であるとして処罰される。クロアチアの対ナチ協力を擁護する発言を行いクロアチア民族主義の立場をとる。一九九一年には、独裁的体質を持ったクロアチア民族同盟の党首として新たに独立したクロアチアの大統領となった。

クライナからのセルビア人追放
一九九五年八月四日、クロアチア共和国軍が「嵐」作戦を開始し、十万の大軍がセルビア人居住地クライナに侵攻する。翌五日にクライナの中心都市クニンが陥落し、数十万のセルビア系住民が難民となった。

クを指名した。英国の特派員ロバート・フィスクはNATOの報道官である同じ英国のジェーミー・シーアにこれに対するNATOの見解を求めた。「シーア氏は、ノー・コメント、というのも「NATOとKLAに直接の接触はないからだ」と述べた」とフィスクは報告している。[★7]

直接の接触があるかないかは別にして、NATOは公にKLAの越境攻撃を支援し、ゲリラを使ってセルビア軍部隊を開けたところに追いやり、容易に米国の爆撃で殺せるようにしていた。あるときには、越境攻撃を撃退するために「集まっていたところを捉えた米国のB—52爆撃機により」、四、五百人かそれ以上のユーゴスラビア兵士が殺されたと報告されたが、これは大きな賞賛を呼び起こした。「B—52は、大量のクラスター爆弾を投下するよう命令を受けていた」。クラスター爆弾は国際規約で禁止されているが、米国はそれへの署名を拒んでいる。この爆弾は、これまでに沢山の一般市民犠牲者を生みだしている。[★8]

一九九〇年九月、非合法のコソボ議会はコソボを独立国家と宣言し「カチャニク憲法」を採用したが、その当時はまだ「ユーゴスラビアの枠組みの中で、コソボの位置づけを巡る問題を解決することを模索していた」(ビッカーズ)。その一年後、スロベニアとクロアチアがユーゴスラビア連邦を離脱し、西洋諸国がすぐにそれを承認したため、状況は変わった。クロアチア離脱の際には、セルビア人少数派[☆]の権利は配慮されず、広く認められているように、このことが破局への第一歩となった。こうした流れの中で、コソボ議会は一九九一年九月、「コソボの独立と主権に関する議決」を採択した。その数日後、この決定は、有資格者の八十七パーセントが参加した秘密住民投票でほぼ百パーセントの支持を得た。この投票はセルビア当局から見れば非合法であったが、中断されることもなかった。同年十月十九日、コソボ議会は独立を宣言した。その一週間前に、コソボのアルバニア人諸政党は「すべてのアルバニア人の統一」を唱う宣言に署名していた。アルバニアは、十月末、「コソボ共和国」を主権を持った独立国家として承認した。一九九二年五月のコソボ大統領及び議会選挙では、唯一の大統領候補者だったルゴバが投票数の九九・五パーセントの支持を得て大統領に選ばれ、彼の政党であるコソボ民主同盟(LDK)が議会で七十五パーセントの議席を獲得した(★9)。

ジャーナリストで歴史家でもあるティム・ジュダは、ルゴバのLDKを「セルビア政治において長い間支配的だったミロシェビッチのセルビア社会党（SPS）と奇妙な鏡像関係にある」と述べている。LDKには「反対者への寛容がほとんどなく、LDKに挑戦したものは出版物の中で罵倒され、また緊密なアルバニア人共同体から村八分にあう可能性すらある(★10)」。また、「コソボの徴税人に税金を払おうとしないアルバニア人家族や商店、企業家に災いをふりまく」。一方、「コソボのアルバニア人にとって、セルビアによる支配は占領である」。多くのアルバニア人やセルビア人が、弾圧や経済的苦難のために土地を離れた(★11)。現地を取材していたニューヨーク・タイムズ紙の特派員クリス・ヘッジスによると、「一九六六年から一九八九年の間にアルバニア人多数派による嫌がらせや差別のためにコソボを去ったセルビア人の数は十三万人と見積もられる(★12)」。

「セルビア人は、コソボが強圧的な体制のもとに置かれてきたのは、LDKが分離主義政党であるからだと言っている」とジュダは報告している。LDKが分離主義政党であることは、LDKが「声を大きくして明白に提唱しており、また、アルバニア人の大多数の支持のもとに「国家独立」を宣言したことからもわかる事実である。ルゴバの政策は、「コソボからセルビア人がいなくなるか、あるいはセルビア人の数が無視できるくらいまで減少し、熟れた果実のようにコソボがアルバニア人のもとに落ちてくるのを待つ」ものだった。「単純化を求める多くの西洋人がコソボ問題を」単なる「人権の問題」とみなしたがっているが、実際はそうではない。コソボのアルバニア

KLA／UCK
コソボ解放軍（55頁以降で後述）。UCKはコソボ解放軍のアルバニア語の略称。

セルビア系住民
ECによるスロベニア、クロアチアの独立承認を強硬に押し進めたドイツは、それにあたって旧ユーゴを構成する共和国国境を将来の独立国家の国境として固定するという前提にたっていた。クロアチアのセルビア系住民はこれにより民族主義クロアチアの中に「取り残され」ることとなり、また、さらに民族構成が複雑なボスニア・ヘルツェゴビナでも同じことが起きた。

人指導者たちは、ボスニアやクロアチアでは、セルビア人の勝利を望む態度をとり、「クロアチア人やボスニアのムスリム人のために立ち上がることはまったくなかった」。ジュダによると、これは、「ユーゴスラビア旧共和国の境界が新たな不可侵の国際的国境になりうるという原則が国際社会により提唱されるのを彼らが望まなかった」からである。それというのも、こうなると、チトー時代には少なくとも理論的には分離の権利を持っていた共和国と等しい地位にあったコソボが、「セルビアに捕えられた」一地方として取り残されるからである。コソボのアルバニア人は一九九二年のユーゴスラビア選挙を棄権した。ＬＤＫはこの選挙に参加した人びとを「裏切り者」として非難した。ビッカーズは次のように結論している。

アルバニア人の百万票は確実にミロシェビッチを退陣させていただろうが、コソボの指導者たちが当時認めていたように、彼らはミロシェビッチ退陣を望んでいなかった。セルビアが深刻な悪であるとされ続け、それに対して、反セルビアであることにより自分たちが善者であるとされ続けないと目標を達成しにくいと彼らは考えた。［対立候補だった、ミラン・］パニッチのような平和主義者が人権状況を改善していたら、彼らにとっては破滅的だった。なぜなら、その場合、国境線の変更は政策によるしかなくなっていただろうからである。

一九九二年から一九九三年に、ユーゴスラビアのセルビア人大統領ドブリツァ・チョシッチ☆は「コソボのアルバニア人指導者たちとの慎重な接触」の中で、「いくつかのセルビア人飛び地」を除き、コソボをセルビアから分離する提案を行った。けれども、この提案はルゴバを初めとする「コソボ共和国」の「アルバニア人指導者たちにより却下された」(★13)。前述のように、コソボ共和国はすでに独立を宣言しており、また並行的に作られた教育医療体制はセルビア人による弾圧下でも機能し続けていた。この間、ルゴバは、独立へ向けたロビー活動のために海外を旅行し、亡命政権☆に参加していたが、パスポートを失ったり逮捕されることはなかった。ジュダは、おそらくこれは、彼が「戦闘的な分子を掌握している」ことをセルビア当局が望んでいたためではないかと述べている。

デイトンで米国に裏切られ、ワシントンが理解するのは武力のみだとコソボのアルバニア人が認識するまで、ルゴバのこうした行動は続いた。ルゴバの政策を拒絶し「セルビア人への戦いを提唱する」「KLAと呼ばれるゲリラ兼テロリスト組織がコソボに出現し始めた」（ジュダ）のはそれからである。

KLAの登場

コソボ解放軍（KLA）の起源と発展及び将来についての分析の中で、クリス・ヘッジスは、KLAが一九九一年に設立され、「メンバーは、概ね、コソボの若干の氏族たちと亡命アルバニア人の急進主義者たちからなり」、一九九三年五月に最初の武装攻撃を実行してセルビア人警察官二人を殺害し五人に怪我を負わせたと書いている。(★14)ヘッジスによると、KLAという組織は「ファシズムの傾向を持つものと共産主義の傾向を持つものとに奇妙にイデオロギー的に分断されている。前者は、第二次世界大戦でファシスト民兵及びナチによって集められた親衛隊のスカンデンベッグ志願兵の後継者たち及び八十年前にセルビア人に対して反乱を起こした右派アルバニア人のカチャク反乱軍の後継者たちによって指導されている」。一方、「KLAのもう一つのグループは、亡命指導者たちからなり、一九八五年に死亡したアルバニアの排外主義独裁者エンベル・ホッジャから資金援助を受けていたこともある古いスターリン主義者からなっている」。ヘッジスは、NATOの暴力によってその地位を回復したのち、

ドブリツァ・チョシッチ
一九二一年生まれ。パルチザンに参加し、戦後もセルビア共産党中央委員だったが、一九六八年に解任。その後反体制・民族主義に転じた。一九九二年新ユーゴの初代大統領となるが、ミロシェビッチと対立して一九九三年五月に解任。

亡命政権
経済的・政治的理由でコソボを離れ、ドイツを始めとする西欧諸国に暮していたコソボのアルバニア人が組織していた「政権」。

KLAがコソボを支配するだろうと予測している。さらに彼は、KLAの指導者たちは「西洋の魔法から完全に解かれ、これまでの冷酷さでは足りないかのように、正教派キリスト教徒に対するイスラム教徒のさらなる戦いを支援するイスラム急進派となっていく」可能性があると述べ、「すでにそのための連絡体制が作られた兆候」に注意を促している。KLAの二つの派閥が合意する唯一の信条は、「コソボをセルビア人支配から解放する必要がある」ということだけである。「他のすべてはあとで決めればよいというが、どのように決めるかは未定である」。ジュダが言うように、「勢力配置が変化し、「敵」の共同体が優位に立つかも知れない」。形勢の逆転は過去にも起きた。最も近いところでは、ナチ支配下で、ナチに組織されたアルバニア人民兵が「コソボのセルビア人とモンテネグロ人を無差別に殺害し」、何万もの人びとを追放したときである（ビッカーズ）。

最近の報道によると、KLA内部の派閥間の分断も、新興のアルバニア系コソボ住民指導者とルゴバの元並行政府との間の分断も、ともに大きいという。さらに加えて、NATOの軍事行動により、対立の性格も参加者も大きく変化した。(★15)

他の観察者同様、ヘッジスも、コソボのアルバニア人は、彼らの「平和的な市民の抗議」を西洋が「無視」し支援しなかったことに「深い深い裏切りにあったという気持」を感じていると述べている。そしてデイトンで彼らは（KLA司令官の言葉を引用するなら）「苦痛に満ちた真実を教えられた。自由が欲しい者たちは戦い取らねばならない」。「その結果、女性や老人にも見られるようになった絶望とフラストレーションの増大により、アルバニア抵抗勢力は、消極的な政策に代わってより攻撃的な戦略をとるようになった」。そうした傾向は「一九九六年二月半ば、コソボのいくつかの街のセルビア人難民住宅キャンプが五カ所同時に爆撃されたこと」にも現われているとビッカーズは書いている。ここにいたセルビア人難民は、分割準備として行われた米国お墨付きの民族浄化作戦によってクロアチアのクライナから撤去させられた人びとで、この作戦の現地立案者が、一九九九年五月にKLAの司令官となった前述のアジム・チェクである。

ビッカーズの報告によると、ゲリラたちは一九九〇年代半ばには、四個連隊四万人の兵士からなる実質的な軍隊へと成長し、アルバニアに本拠地を置いてコソボの国境地帯に展開するようになった。彼らは裕福な亡命コソボ人やおそらくは中東の戦闘的なイスラム集団から資金援助を受けて十分に武装し、アルバニアやイラン、パキスタンで訓練を受けていた。一九九五年から、散発的な殺害ではなく組織的な攻撃を開始し、警察署その他の標的への攻撃を増加させた。一九九六年四月、セルビア人警察官と一般市民何人かを殺害した後、KLAは、公式に、「セルビア人侵略者に対する武装攻撃を展開」したこと、そして「コソボ解放闘争を行っており、その闘争は完全独立達成まで続けられること」を発表した。セルビア警察やセルビアへの協力者と見なしたアルバニア人に対する攻撃は一九九七年にも続いた。一九九七年十二月、セルビアの治安部隊に殺されたアルバニア人教師の葬儀の際、KLAは、初めて公に姿を表した。十二月七日、コソボ共和国の報道官は、非暴力運動が完全に失敗だったとし、次のように述べた。

国際社会がアルバニア人の大義を軽視し、ほとんど無視し、馬鹿げた枠組みのもとでセルビアとの間の問題解決を求めている少数民族の問題に矮小化している一方、セルビア人が暴力と犯罪によってのみアルバニア人と接している状況で、自らの苦悩を終わらせることを決意し、コソボとそこに住む人びとの運命を自らの手で決めようとする人びとが現われても驚くべきではない。(★16)

一九九八年二月には、ゲリラ戦はさらに大規模になり、KLAは「セルビア軍や内務省警察部隊と戦うだけでなく、市民にまで銃口を向け、セルビア人郵便配達人などのベオグラードに結び付いている人びとを殺害し始めた」(★17)。これに対して、セルビア軍と警察の対応も激化し、KLA支持者と見なされた市民への残虐な復讐が加えられた。ヘッジスは、セルビアが、米国の公式見解を、セルビアのこうした行動に対する「青信号」と取ったのではないかと解釈している。一九九八年二月にプリシュティナで、米国のバルカン特使ロバート・ゲルバードは、米国はKLAを「疑問の余地ないテロリスト集団」と見なし「コソボでのテロ活動を非常に強く非難」していると発表した。それから二週間のうちに、セルビア軍は「反乱初期にKLAのほとんどを構成していた」ヤシャリ氏族の本拠地である小さな街に残虐な攻撃を加え、百名もの人びとを殺害している。[☆]この行為は「蜂起を爆発させた」。

ジュダによると、この蜂起はKLAにとってもセルビア人にとっても予期せぬものであったが、KLAはすばやく対応し、武器を配り、民兵を組織し、「セルビア人への戦い」を決断し、沢山のコソボのアルバニア人が参加した。数カ月のうちに、KLAはコソボの多くの地域を配下に治めた。一方「セルビア人は、どうすべきか決めかねたまま、反撃しなかった」(★18)。一九九八年夏、「セルビア人が復讐を開始し村々を焼き払い人びとを追い出しはじめると」、KLAは「山間部へ撤退した」。ニューヨーク・タイムズの記者は、一九九八年夏までにKLAはコソボの四十パーセントを統制していたと、その翌年に発表した記事の背景紹介の中で書いている。これに対して、ミロシェビッチは、NATOの爆撃(★19)に対して「数週間のうちに数十万人の人びとを追放した」ときと同じように、「大規模な攻撃をもってこれに応えた」。

例えば、プエルトリコ独立のため、あるいは膨張主義の北米の巨人に征服された南西部地域をメキシコが再び取り戻そうとして、外国の基地と供給とを得たゲリラが四十パーセントの地域を統制下に治めたときに、米国がどのような反応を示すかは明らかである。

セルビア人指導者たちがなぜ米国の公式見解を「青信号」として受け取ったかは理解に難くない。彼らは、クライナでのクロアチアによる民族浄化を米国が支持したことに気づいていた。ジュダによると、米国はまた、人口交換というより包括的な計画の一部として行われ、七千人の犠牲者を出したといわれる、セルビアによるスレブレニツァ攻撃[☆]にも青信号を出したという。米国は、セルビアが攻撃準備をしていたことを知っていたにもかかわらず「それを回避する手だてをまったくとらず」、さらにスレブレニツァ虐殺を「そのとき起きていたクライナからの全人口の追放から注意をそらすために」用いた。一年後に米国国務長官ウォーレン・クリストファーが述べたように、クライナでの民族浄化は「問題を単純化した」のである。(★20)

セルビア人指導者たちの念頭には、レバノンの事例もあったかもしれない。レバノンでは、シリアが一九七六年レバノンにいたパレスチナ人を攻撃したときも、そして、それ以前および以後にイスラエルがパレスチナ人とレバノン人に対して攻撃を繰り返し、大量の死者と難民を出したときも、米国は実質的にこれらに支持を与えてきた。けれども、ノーベル平和賞受賞者であるシモン・ペレスのもとで最大規模に達したイスラエルによるレバノンでの虐殺は、対比として最適というわけではない。一九八〇年代半ばから今日まで、イスラエルによるこれらの攻撃行為は、長年にわたる安保理の撤退要求に反してレバノンに居座っているイスラエル軍に対する攻撃への報復であるとされてきた。けれども、イスラエルはしばしば復讐であるという言い訳なしに攻撃を行っていた。例えば五十名の死者を出した一九七五年十二月の空襲は、おそらく、その時イスラエル・パレスチナ対立に対して二国家共存による和解案を検討していた国連安保理への「復讐」であった。この和解案は世界中のほとんどすべての国の支持を得ていたのだが、米国が拒否権を発動したため、米国版「和平プロセス」に反した他の沢山の出来事とともに歴史から消し去られた。米国の支持を受け、一九八二年にイスラエルはレバノンを侵略し、これによりレバノンの大部分が破壊され二万人にのぼる市民が犠牲になったが、この侵攻の理由も同様であった。このことはイスラエルの研究者やメディアにはよく知られているが、米国では別な解釈が好まれている。

ヤシャリ氏族の本拠地攻撃
一九九八年三月、セルビア治安部隊が、コソボのドレニツァ地区のKLA責任者だったアデム・ヤシャリとその家族や部下を急襲し殺害、女性や子供を含む四十名以上が犠牲となった。ドレニツァ攻撃と言われる。

スレブレニツァ攻撃
スレブレニツァはボスニア東部セルビアとの国境近くにある街。一九九五年七月、国連安全地帯だったこの街をセルビアが攻撃して陥落させた。

一九九〇年代に入っても米国の支持のもとでこうした状況は続いた。最もひどい例は、米国が常により好ましいとしていたイスラエル労働党政権下で起こった。一九九三年のイツハク・ラビン政権による侵攻では五十万人の人びとが家を失い、またその再来ともいえる一九九六年のペレスによる侵攻も同様の惨状を引き起こした。このときの惨状を国連は「恐るべき人道的危機」と呼んだ。この侵攻は、カナの国連難民キャンプで百人の難民が虐殺されたために大きな国際的抗議の声が上がり、クリントン政権が虐殺の正当化を撤回せざるを得なくなったあとにようやく終了した。(★21)

一九九〇年代半ばに行われたパレスチナ人に対するこれらの虐殺は、「民族対立が民族浄化に転化したとき」(クリントン)の行動基準に関するさらなる説明となっている。

戦闘の激化から空爆へ

コソボに話を戻そう。一九九八年に戦闘はさらに激化した。虐殺の規模は、暴力に用いることができる手段に概ね対応していた。ワシントン・ポスト紙の回想によると、「約一万の内務省治安部隊が反乱軍と戦い、地方の反乱軍支持基盤で市民を弾圧したりしばしば虐殺した」。NATOの匿名の情報によると、一九九八年末までには、軍もこれに参加していた。米国特使リチャード・ホルブルックとミロシェビッチとが(形式上の、しかし実際には守られなかった)合意に達した一九九八年十月、米国諜報部は「コソボ反乱軍は、セルビア軍によるさらなる虐殺を引き起こすことによって、NATOを独立への戦いに引き込もうと意図していた」と報告している。四十五名の市民が殺された一九九九年一月十五日のラチャク虐殺は広く報道された。ラチャク虐殺はまた、ワシントンとその同盟諸国がこうした虐殺がさらに起こることを恐れて戦争への準備を始めるに至った決定的な契機であると見なされている。ワシントン・ポスト紙特派員のバートン・ゲルマンは「危機へ至る道」を辿る中で「ラチャクという一事件は、西洋諸国のバルカン政策を変化させた」と捉えている。これが「行動開始」につながる「決定的虐殺」であった。これにより「米国政府とNATOの同盟国は」戦争せざるをえないと「確信する」に至り、その後すぐに「コソボのアルバニア人の命と家とを守ることを主な目的とした軍事作戦」が展開された。そして、この軍事作戦は、予想された通り「彼らへの虐殺と追放を激化させた」のである。(★22)

ラチャク虐殺が西洋諸国に対してここでいわれているような衝撃を与えたというのが本当かどうかは容易に検証できる。最も簡単なテストを行ってみよう。

一九九八年十月の停戦合意により二千人の全欧州安全保障協力機構(OSCE)監視員(KVM☆)が現地に赴いた。その後、米国とミロシェビッチの交渉決裂によって、新たな戦闘と虐殺が起こった。新たな残虐行為は、予期された通り、NATOが爆撃の脅しをかけ監視員が撤退したときにすでに激化しつつあったと言われている。(★23)国連の難民担当官やカトリック援助サービスは、NATOによる爆撃の脅しは「森に隠れている何万もの人びとの命を危機にさらすことになり」(★24)、「NATOの威嚇によりわれわれがコソボに滞在できなくなったら」「悲劇的な」結果が予想されると警告していた。

一九九九年三月二十四日、NATOによる空爆が開始されたことで「動機と機会」が与えられたため、残虐行為は急激にエスカレートした。これは「完全に」ではないにせよ、確実に「予想できること」であった。

空爆は、コソボのアルバニア人にひどい災難を直ちにもたらしたというだけではなかった。ユーゴ中に死と破壊がもたらされた。例えばボイボディナ自治州、特にその州都ノビサドはすぐさまひどい攻撃を受け、橋やインフラ、水道供給、電気が破壊された。ボイボディナ州はハンガリー系少数民族の居住地で、コソボから遠く何百マイルも離れており、NATO軍が爆撃するまでは平和的な地域であった。空爆開始の数日前に、国際機関からユーゴスラビアを退去するよう言い渡され、ボイボディナを通過した信頼できる監視員たちによると、彼らが通過した時にも

OSCE監視員(KVM)
「ユーゴスラビア背景」を参照。またOSCEについては第一章23頁訳注を参照。

戦闘や騒乱の気配はなかったという。[★25]

報道によると、ボイボディナは「スロボダン・ミロシェビッチ政権に対する抵抗のシンボル」であり、「反対派の政治指導者たちが西洋型の改革を提唱し、少数民族が調和を保って暮しており、住民の大部分がベオグラードからのより広範な自治を支持していた」地域であった。けれども「NATOのユーゴ空爆作戦により一瞬にして灰塵に帰した」ため、人びとの「親西洋感情はほとんど消え去った」。「かつてはユーゴの政治における輝ける一団であったボイボディナ州の民主的な反対派は、NATOに対する強硬な敵となった」。ノビサド市議会の議員で「進歩的な対立政党」の指導者は、「NATOは、暴力の政治しか理解しないことを自ら示した」と語っている。彼は、ユーゴの農業生産中心地であり一九九八年にはGDPの半分近くを生産していたボイボディナ州が「かくも頻繁に攻撃を受けた」のは、「セルビア経済を破壊するため」であったと結論している。最初に破壊された二つの橋は「ノビサドの人びとの大好きな散歩道」であり、「軍事的価値はまったくなかった」。「一つはバスを支えるのがやっとなくらいの橋であり、もう一つは主要交通網からはずれた小さな村とノビサドを繋ぐものであった」。数週間のうちに水の供給は止まり、電気もほとんど働かなくなった。さらに、医療体制、そして医薬品や動物治療薬の輸入も止まったと見られている。空爆により、「毎日を生き延びることに集中せざるを得なくなった」ため、人びとは「NATOの条件を受け入れるよう政府に圧力をかけること」もしなかった。これも予測できた結果であるが、空爆の目的が社会を破壊することにあるのであれば、別に問題とはされないのだ。[★26]

独立の情報源（原注25参照）によると、中央セルビアでは、ミロシェビッチに対する反対の中心だったところ（ニシュ、クラグイェバツ[☆]、チャチャク、バリエボ）が、空爆で最も大きな被害を被った。ニシュ市長で民主党副党首のゾラン・ジブコビッチは、ミロシェビッチとその破滅的な政策を強く非難していた。ユーゴスラビアの独立系ベータ通信社（ユーゴの通信社であるがタンユグと違い、国営ではない）は九九年六月上旬にボイボディナ当局が見積もったNATO空爆による被害を報告しているが、それによると、被害額は四十八億ドルにのぼり、三六五〇軒の家と八十二の企業が被害を受けたか完全に破壊されたという。この統計はセルビア当局が伝えたものであるため注意しなくてはならないが、全体の破壊規模について疑問の余地はない。

ボイボディナに限らずユーゴ全体で、ミロシェビッチに反対する民主的勢力が衰えたことも、ＮＡＴＯ空爆が導いた結果であり、これも予測できたことであった。われわれはこの他にも空爆の結果とそれに対する文明国家の対応について後に検討する。

当然のことであるが、米国そしてその同盟諸国のプロパガンダは、武力行使の結果を観察することにより得られる結論から人びとの注意をそらすためにあらゆる努力を払った。一つの方法は崇高で人道的な情熱を持っている振りをすることで、これには沢山の追随者が現われた。さらに、爆撃の結果が明らかになってから初めて知るに至ったとされる、セルビアの「蹄鉄作戦」は、セルビアが空爆後に実行した残虐行為を綿密に計画していたことを示しており、それは虐殺がいずれにせよ起こっていたことを証明しているという説明がなされた。われわれは公の情報源が提供した詳細な証拠を後に検討する。けれども、「蹄鉄作戦」に関する証拠などなくても、セルビアがそうした計画を持っていたことについては確信できた。歴史を簡単に振り返ればこれは明らかであり、また理由もよくわかる。平和的で安全な状況下ですら、米国は核攻撃（第三世界の核非保有国に対する先制核攻撃は米国の公式政策の一つである。これについては第六章を参照）からより小規模な作戦に至るまでの緊急対応作戦を整えている。おそらく米国は、カナダ侵略の計画まで整えているだろう。(★27) 仮にその計画がなかったとしても、カナダがワシントンを爆撃するならば、それをすぐさま作り行動に出るであろう。そのときカナダが、米国によるカナダ侵略はいずれにせよ計画されていたのだと言ってもあまり説得力はない。ミロシェビッチがアルバニア人をコソボから追放す

ニシュ、クラグイェバツ
ニシュは対トルコ抵抗独立運動の聖地で、ナチスドイツの強制収容所があった都市。クラグイェバツは、ナチスドイツ侵略に対する抵抗の拠点で、一九四一年ナチスにより多数の人びとが虐殺されたところ。

る計画を立てていたことは、彼のそれまでの行為とコソボにおけるアルバニア人とセルビア人との関係の歴史、そして米国の威嚇を考えると、米国のカナダ侵略計画よりもはるかにありそうなことである。NATOがこれに感づいていなかったとすると、それは驚くべきことである。

クリントンとブレアそして他の同盟者が、もしも現在彼らが述べているように、セルビア人による大規模な残虐行為が進められているか今にも起こりそうであることを知りながら、当然予測される難民の洪水に対して何の準備もしていなかったのであれば、それは驚くべき無知というよりも大きな犯罪である。さらに、もしクラーク司令官が言うように、彼らがクラークにその件を説明していなかったのであれば、彼らの罪はさらに重い。空爆開始後一カ月たって、クラーク司令官は「蹄鉄作戦」についての情報を「私は知らなかった」と述べている。さらに犯罪的なことに、「政治指導者たち」が計画したNATOの作戦は、

セルビア人による民族浄化を防ぐためのものではなかった。また、セルビアとコソボのMUP（内務省警察部隊）に対する戦争を行うためのものでもなかった。まったくそうではなかったのである。こうした意図はまったくなかったのだ。それが目的ではなかった。(★28)

とクラークは言っている。つまり、NATO軍総司令官は、セルビア人による民族浄化は「完全に予想できる」ことであったにもかかわらず、虐殺の引金となった空爆を命令した政治指導者たちの関心事では「まったくなかった」と考えているのである。これは言い過ぎであろうが、理性的な人びとがここから一定の結論を導きだせる程度には現実を反映したものであろう。

難民を担当する国連機関は国連難民高等弁務官事務所（UNHCR）である。一九九八年十月、UNHCRは、資金難のため、一九九九年一月までに職員の五分の一を削減すると発表した。一九九八年に財源が十五パーセント

減ったためである。これは国連の全般的資金難の一つであるが、その大きな原因の一つは、米国が分担金支払いを拒否していることにある。これは新しい人道主義のもとで特に顕著な、米国による多数の条約違反の一つである。難民担当職員の大規模な削減が発表されたのは、クリントンが、コソボで辛い冬を過ごすことになる難民への大きな憂慮を表明したとき、そして米英が共同で、安保理の議決と国連事務総長の報告に従って「空爆を開始する十分な権威」を自分たちは備えていると発表した時期に一致していた。難民問題はこの空爆により悪化したのである。(★29)

実際の出来事に関するこれらの経緯から、心からの喝采を引き起こした「原則と価値」が本当はどういうものであったかさらに理解することができる。

原注

★1 Jasmina Teodosijevic, "Kosovo: Background," ms., April 1996. 詳細な検討については Vickers, *op. cit.* を参照のこと。

★2 *Ibid.*, 193.

★3 *Ibid.*, 235, 239, 213, 228, xif.

★4 *Ibid.*, 277; Hooper, "Kosovo: America's Balkan Problem," *Current History*, April 1999. NATOの軍事行動を強く主張したフーパーは、国務省のバルカン問題担当副主任を務め、次いでワルシャワ使節の副代表を務めた。

★5 Vickers, *op. cit.*, 265.

★6 「ユーゴスラビア戦争犯罪国際刑事法廷」の検事に対して、クライナに関する二つの「調査と起訴を求める苦情と要請」が公式に提出された。そのうち一つは、カナダの法律家たちとアメリカ法律家協会とによるものである。Alexander Cockburn, June 21, 1999. 私はこれについて何らかの措置がとられたという報告を見つけることができなかった。

★7 Fisk, *Independent* (London), May 15, 1999.

★8 William Drozdiak, *WP-BG*, June 9, 1999. クラスター爆弾に関する一九九〇年代の例については、第三章②も参照。

★9 Vickers, Teodosijevic, *op. cit.*

★10 Judah, *The Serbs: Historoy, Myth & the Destruction of Yugoslavia* (Yale, 1997).

★11 ジュダは、アルバニア人と「同じくらいの数のセルビア人」と言っているが、人口統計と権力の不均衡を考えるとこれは疑わしい。Vickers による人口流出のより詳細な検討でもこの点は曖昧である。

★12　Hedges, "Kosovo s Next Masters," *Foreign Affairs*, May/June 1999.
★13　Vickers, *op. cit.*, 268.
★14　*op. cit.* 他に Hedges, "Victims Not Quite So Innocent," *NYT*, March 28, 1999 ; Ray Bonner, "NATO Is Wary of Proposals To Help Arm Kosovo Rebels," *NYT*, April 4, 1999.
★15　ジュダの最近の見解については、"Inside the KLA," *New York Review*, June 10, 1999. を参照。
★16　Vickers, *op. cit.*
★17　Gellman, *op. cit.* 他の考察によると、弾圧実行の主役であると同時にゲリラの攻撃対象であるのは、軍ではなく内務省警察部隊だった。
★18　Judah, *Wall Street Journal*, April 7, 1999.
★19　Sciolino and Bronner, *op. cit.*
★20　Judah, *op. cit.*, 300f.
★21　この事件とそれに対する反応や解釈については、*Fateful Triangle*（1999 年版), 528f. 及びそこで引用されている情報源を参照のこと。他に Human Rights Watch, *Israel/Lebanon : "Operation Grapes of Wrath,"* Sept. 1997. ペレスによる一九八〇年代半ばの「鉄拳」作戦については、*Pirates and Emperors* を参照。その後、イスラエルではなく米国において都合の良い歴史が上手く作られたことに関しては、他に Finkelstein, *op. cit.*, *World Orders*（第三章及びあとがき）を参照。
★22　Gellman, *op. cit.*; Smith & Drozdiak, *op. cit.*
★23　証拠はないが、こう考えるのは自然である。三月十九日に監視員が撤退してから残虐行為が増加したことについては Kifner, *op. cit.* を参照のこと。米国政府が提示したさらなる証拠については後に検討するが、これは一九九九年のものに限られる。
★24　Colum Lynch, *BG*, Oct. 8 ; Susan Milligan, *BG*, Oct. 9, 1998.
★25　数年間国際機関に所属しユーゴスラビアで働いていた *Boston Globe* 紙の元編集者ランドルフ・ライアン、及びセルビア人反体制派の学者、Jasmina Teodosijevic ; pc.
★26　Justin Brown, "NATO hits Serbia's northern province hard," *CSM*, April 22 ; Carlotta Gall, "No Water, Power, Phone : A Serbian City'sTrials," *NYT*, May 4, 1999.
★27　Floyd Rudmin, *Bordering on Aggression : Evidence of U. S. Military Preparations Against Canada*（Voyageur, 1993). 著者はカナダ人の歴史家。
★28　BBC, April 19 ; また、第一章原注41も参照。
★29　国際スタッフFrances Williams, *FT*, Oct. 7, 1998. 国連の承認がなかったことに関しては、Weller, *op. cit.* を参照。ただし、Weller は、それにもかかわらず、空爆は「人道的介入」として正当なものであったと述べているが、その理由は説明していない。

第三章

「人道的意図」の検討

NATOの爆撃は人道的な意図のもとで行われたものであり、超大国とその弟分のこれまで隠されていた崇高さが明らかになったとして、これらの国の主導のもとで、人道主義と正義の新時代への扉が開かれたと言われている。しかし、コソボの事例のみを考えても、武力行使の際に使われたこのような高揚した議論はまったく成り立たないことがわかる。

バルカン半島での出来事を巡る証拠以外にも、公的に喧伝されたこれらの主張を検討する簡単な方法がある。他の場所で、文明諸国がどのように振舞ったかを観察することである。このためには、文明国家の公式の敵の犯罪のみに注目するという習慣を破らなくてはならない。とりあえずここではこの習慣を破ることをよしとしよう。ただし、もう一つの大切な作法、すなわち、「成行きの変化」というお馴染の教義が述べている、過去の事例は議論を混乱させるので持ち込まないという基準には従うことにしよう。現在のところ、このことは、どうしても過ちが起こりがちだった冷戦時代のことは検討対象とはしないことを意味する。この教義は言うに及ばないほど多く利用されている。(★1)

文明諸国が教条的喧伝を厳密に維持しなくてはならない理由は、それに囚われない人にはすぐに明らかになる。例えば、冷戦下で行われた犯罪行為は、上級内部文書で述べられているように、冷戦の東西対立とはほとんど無関係であり、冷戦前も冷戦後も、宣伝用の理由付けと抑止効果の有無から来る相違の他は異なるところのないパターンが続いていることが明らかになる。(★2)

本章では、歴史を見ないという作法には従うが、セルビアの悪魔たちのみに注目することはしない。これにより、(一)「新しい人道主義」の実態を検討することができ、また、(二)道徳的により重要な問題に関心を向けることができる。

本題に入る前に、何点か当たり前の真理を確認しておこう。第一に、人びとはまずなによりも、自分自身の行ったこと、あるいは行わなかったことの結果に関して責任があるという点である。第二に、(犯罪等の)道徳的な問題に関する責任は、それに対してどれだけ影響を与えることができるかによっても異なるということである（むろんそれが唯一の要因ではないが）。ここから、人の責任は、介入できる機会が多ければ多いほど、また、大した不利益なしに行動できる自由があればあるほど大きいという結論が導かれる。したがって、相対的に自由な社会で特権を持っている人びとの責任は、特権を持たない人びとや、正論を言ったり道徳的に振舞ったりすると重い処罰を受けてしまうような状況にある人びとの責任よりも大きい。

当たり前の真理であるこれら二点は、相互に関連しているどころか、同じことを意味する場合さえあり、自らの介入の機会及び被る可能性のある不利益に対する考慮とともに、道徳的な人びとが現実の出来事に対してとる態度を決める基準となる。

遠く離れた場所の出来事について考えるときは、これらは当然のことに思える。したがって、例えばソ連の文化官僚たちが米国の犯罪行為を批判した場合、それが正当であり、またその犯罪が深刻で巨大なものであったとしても、感銘を受けはしない。けれども、ソ連の反体制派がソ連の犯罪を批判した場合、その犯罪がより小さなものであったとしても感銘を受ける。理由は簡単である。前述の二点に照らし合わせて考えるとそれはわかる。ソ連の文化官僚は、権力に奉仕することによって利益を得られるだろうが、彼らにはまた、道徳的でない振舞いをしたときに、自らの身の危険からそうしたのだという酌量の余地も残されている。

心理学的な真理を思い起こしておくこともまた有用であろう。道徳的観点から言うならば、鏡を覗き込むのは最も重要なことであるが、同時にそれは最も難しいことの一つである。さらに、それに加えて、自分たち自身について考えるという難しいけれども重要な行為を人びとが行わないように強力な機構が作動しているのでなおさらである。

もう一つ当たり前の真理を思い起こしておくのも良いかも知れない。他人の犯罪を嘆くことによって、しばしば人は良い気持になれる。われわれは善良であり、彼ら悪人とは違うのだと思うことができる。これは、他人の犯罪についてできることがあまりなく、したがってあまり手間をかけずに印象的な態度を示せる場合には特にそうである。自分たち自身が関わっている犯罪を見つめることははるかに難しく、また、そのコストも大きい。どんな社会にも「反体制派」と「文化官僚」がおり、それぞれの社会の中で文化官僚が奉られ反体制派が迫害や非難にさらされるというのは、ほとんど歴史の法則とも言えるほどである。むろん、公の敵から見たときにその価値付けは逆転する。反対の声をあげたものが払う代価は、特に米国の従属国では非常に高くつく。例えば、エルサルバドルで虐殺されたイエズス会の知識人たちを考えてみるとよい。米国の従属国で暗殺された反体制派の人びとやその著作について、エリート教育の産物たる人びとに尋ねてみて、その結果を、スターリン以後は米国従属国の反体制派ほどひどい扱いを受けなかったソ連の反体制派の名前や著作に関する返答と比べるのは試す価値があろう。また、本や記事、解説、主要な雑誌等に発表されている記録を調べるのもためになる。自分たち自身が暮す社会を覗き込むことにより、自分たち自身について、そしてその制度について、有益な教訓を得ることができる。

ここまで述べてきたことはよく言われていることであり、繰り返す必要がないほど当たり前のことに思われる。それにもかかわらず、こうした当然の真理は、簡単に忘れられがちであると同時に簡単に説明できるので、とりわけ、本書で扱っている話題をめぐっては有益であろう。

❶ラチャク虐殺：「虐殺により行動は起こされた」

まず小さな例から始めよう。ラチャク虐殺が、「自由世界」の指導者たちの神経を逆撫でし、戦争準備を始めなくてはならないと感じさせたという主張を検討することである。そのために、同じ指導者たちが、直接大きな責任を負っており、またひどい犯罪を止めるために戦争どころか脅迫すら必要ないような、ラチャクと同時期に起こった、同様のあるいはよりひどい虐殺に対して、どのように対応したかを検討する。これによって、ラチャク虐殺に怒った自由世界指導者がそれを止めるために戦争準備に入ったという主張の信憑性を検証できると同時に、彼らの道徳性も検討することができる。

ラチャクとエルサルバドル

ラチャクで全欧州安全保障協力機構（OSCE）戦争犯罪検証団を率いていた米国外交官ウィリアム・ウォーカーは、ラチャク虐殺について、次のように言った。「私が見たことから、私は躊躇せず、この犯罪を虐殺であり、人道に対する罪と呼ぶ。また、責任が政府の治安部隊にあることを躊躇せず非難する」(★3)。彼の結論が全面的に正しいとしよう(★4)。また、ウォーカーは国家による犯罪の専門家であることを指摘しておこう。彼は以前、米国のエルサルバドル大使として働いており、そこで米国によるエルサルバドル☆の大規模な国家テロ支援の任にあたっていた。エルサルバドルの国家テロは、一九八九年十一月にピークに達したが、その時には、反体制派の知識人でイエズス会聖職者であった六名及び家政婦とその娘が──他の大勢に加えて──殺害された。彼らの脳みそは、米国により訓練され残忍な行為を積み重ねてきたアトラカトル大隊により吹き飛ばされた。エルサルバドルでは、一九八〇年にオスカル・ロメロ大司教が殺されたときから、米国支援下での国家テロによる過酷な十年が幕を開けたが、一九八九年のテロはロメロ大司教虐殺と同じ手により、同じ指導のもとで行われた。エルサルバドルの国家テロは、かなりの程度、善き行いの基準を犯して「貧民への優先的オプション」を唱えたために指導的な文明国家を激怒させた教会に向けられていた。

エルサルバドルでの聖職者虐殺に対するウォーカーの対応は、ラチャク虐殺に対する彼の反応と同じくらいすばやかった。彼は米国大使館とエルサルバドルの手先を使って目撃証人を脅迫し、彼女の証言を信頼できないとした（証人はこの圧力により証言を取り下げた）。人権団体アメリカズ・ウォッチ☆によると、ウォーカーは、そうしたあとで、「軍の関与を示す証拠は何もなく、兵士の服装をした左翼反乱分子が虐殺を行ったのではないかと議会調査委員たちに示唆した」。ウォーカーの行為を検討したアメリカズ・ウォッチによると、ワシントンの雇われ殺人者たちによる虐殺をウォーカーが否定しようとしていたよりもかなり前に、「エルサルバドルのある大佐が、米国の陸軍少佐に、エルサルバドル軍がその殺害を行ったと述べていた」。さらにウォーカーは、ジェームズ・ベーカー国務長官に対して、米国は、「どんなに忌むべきものであろうと、過去の死」を調査することによってエルサルバドルとの良好な関係を「危機にさらすべきではない」と勧告した。虐殺に対する米国とウォーカー自身の関与を考えると、これは賢明な判断である。(★5)

「過去の虐殺に対して十分な対応をしてこなかったかも知れない」（テッド・コッペル、ABCテレビ「ナイトタイム」）ことを認め、さらに、イェズス会士の暗殺時には「沈黙していた」（ワシントン・ポスト紙）ことを反省したウォーカーは、一九九九年一月、ラチャクで英雄的に振舞ったため、大きな喝采を浴びた。彼の口から、ワシントンの犯罪に対する批判が出てくるのを待つことにしよう。(★6)

アメリカズ・ウォッチは、ウォーカーがエルサルバドル大使をしていた年を振り返って、「一九八〇年のロメロ大司教と一九八九年のイエズス会士殺害という二つの事件に挟まれた十年は、誰がエルサルバドルの真の支配者であ

エルサルバドル

エルサルバドルは一九六〇年代まで中米で最も裕福であると言われたが、十四家族と呼ばれる少数支配階級が全土地の六十パーセントを所有し政治的実権を握っている状態が続き貧富の差は極端に激しかった。一九七〇年代には農民組合や共同組合、労働組合などの草の根の組織が発達するが、それに対して米国の支援を受けた「死の部隊」が虐殺と過酷な弾圧を行った。こうした中、米国大統領カーターにエルサルバドル独裁政権への軍事援助を行わないよう要請したオスカル・ロメロ大司教は一九八〇年に暗殺された。これを機に、すでに活動していた反政府ゲリラの武装闘争が拡大し内戦となった。一九八〇年代には、「司祭を殺して愛国者になれ」というスローガンのもと、民衆組織に参加した多くの人びとともにカトリック教会関係者が標的とされた。一九八〇年代の政府軍と反政府ゲリラの内戦で、人口五百万人のエルサルバドルで死者七万人、国内外の難民は十万人に達した。一九九二年一月両者は和平合意を達成。一九九四年には議会・大統領選挙が行われ、死の部隊と関連を持っていた極右ARENA（民族主義共和同盟）が政権党となった。それ以来ARENAから大統領が出ているが、一方元ゲリラの対立政党FMLNもかなりの議席を占めている。特に一九八〇年代のエルサルバドルにおける米国の関与については、チョムスキー『アメリカが本当に望んでいること』（益岡賢訳、現代企画室、一九九四年）を参照。

アメリカズ・ウォッチ

一九八一年に設立された米州地域の人権状況の監視と改善への働きかけを目的とするNGOで、現在ヒューマンライツ・ウォッチ／アメリカ。

り、状況がいかに変らなかったかについて、苦い証言に充ちた時代である」と述べている。「十年経った後も、変化も正義もほとんどないエルサルバドルの社会で、変化と正義を求める叫びに耳をふさぎたがる者たちにとって、聖職者殺害は、相変わらず好ましい手段であった」。一九八九年十一月にエルサルバドルで殺害された六名の聖職者は、一九八〇年代の暗黒の十年間にワシントンの組織と指導のもとで行われたテロ行為による、多くの聖職者を含む数千人に及ぶ長い犠牲者リストの末尾に加えられたのである。

本書の議論で、少なくとも最後の一九八九年の事件を考慮することは許されてしかるべきである。というのも、この事件は、ベルリンの壁の崩壊により正義と自由そして人権一般への献身を妨害する冷戦の対立がなくなり、文明国家が安堵した、「新しい人道主義」開始の時期と丁度一致しているからである。

けれども、ラチャク虐殺によって文明国家がコソボ戦争に突入したという主張を検討するために、さらに十年時代を下って、一九九九年に起きた出来事を考えてみよう。

東チモール

人口比の犠牲者数としては、ホロコースト以来最悪である東チモール☆を考えてみる。この虐殺は、米国と英国（そして他の国々）がインドネシアに与えた外交的援助、決定的な軍事援助、そして同様に決定的な嘘と否定により引き起こされた。最悪の虐殺が起こっていた時期に注意深く抹殺され（この時期に虐殺を止めようと試みたなら容易に止めることができていたであろう）、今でもしばしば否定される事実関係を改めて検討する必要はもはやないだろう。(★7) いずれにせよ、ここではわれわれも「成行きの変化」教義を受け入れているので、過去の検討はこの場にそぐわない。そこで、一九九九年の状況に焦点を絞ろう。

二十五年にわたって恐怖の時代が続いた後、弾圧されていた東チモールの人びとに、国連安保理と国際司法裁判所☆が保証していた自決権行使の機会がついに与えられた。インドネシア政府は、東チモールの人びとがインドネシア内での「自治」を受け入れるか拒絶するかを選ぶ投票を一九九九年八月に行うことに合意した。投票にほんのわずかでも自由があるならば、独立を望む人びとが勝利することは、立場にかかわらず誰の目にも明らかであった。東チモールを占領していたインドネシア軍（TNI／ABRI）は、独立という結果を阻むためにすぐさま行動を起こした。TNIが採用した主な手段は、準軍組織を造って、TNIは関与していないふりをしながら、人びとを殺害し、拷問し、脅迫することであった。TNIの関与否定策は、オーストラリアのジャーナリスト、アイルランド外相、援助団体職員等の海外の監視員が、TNIが準軍組織を武装し、指示し、自由に行動させていることを直接目撃したため、すぐにボロが出た。

東チモールでは、一九九九年四月の一カ月だけで、ラチャク虐殺の犠牲者の二倍以上にのぼる、百名を越す人びとが殺されたと報告されている。四月六日に起きたリキサ虐殺の死者は、東チモールの人権団体ヤヤサン・ハック（法・正義・人権基金）によれば、六十名にのぼり、犠牲者の名前もあげられている。これらの人びとは、周辺地域

東チモール
インドネシアとオーストラリアの間にあるチモール島東部で、一九七五年までポルトガル植民地（国際法上は一九九九年までポルトガルの統治）。七五年末にインドネシアが侵略、その後の虐殺や飢餓、拷問や強姦などで人口約六十万人の三分の一にのぼる二十万人もの人びとの命が失われた。一九九九年八月三十日、侵略者インドネシアが「治安を担当」するという枠組みで住民投票が実施され、本文で述べられているような暴力とテロの中、登録有権者のほぼ百パーセントが投票し八十パーセントという圧倒的多数が独立を選択。一九九九年九月には、インドネシア軍とその民兵組織が東チモール全土で焦土作戦と虐殺を展開。数千人とも言われる人びとが殺され、建物の七割が破壊された。一九九九年末以来国連の暫定統治下で独立へ向けて準備が進められている。本書が執筆されたのは、投票を行うことが決まって実際に投票がなされる前の時期である。なお、一九九九年十月までの経緯は、高橋奈緒子他『東ティモール─奪われた独立・自由への闘い』（明石書店、一九九九年）を、またすぐれた現地ルポとして南風島渉『いつかロロサエの森で』（コモンズ、二〇〇〇年）を参照。

国際司法裁判所
世界法廷とも言い、オランダのハーグにある。組織と任務は一九四五年の国際司法裁判所規程により定められている。九年任期の十五人の裁判官により構成される。裁判官は各国指名候補者の中から国連総会と安保理がそれぞれ別個に選挙し、双方で絶対多数を得たものが選ばれる。訴訟当事者は国家に限られている。第四章で出てくる旧ユーゴスラビア戦争犯罪国際法廷（第四章141頁訳注参照）とは別のもの。本書では国際司法裁判所は世界法廷と、旧ユーゴスラビア戦争犯罪国際法廷は国際法廷とそれぞれ略す。

でのテロ襲撃から逃れて教会に避難していた数千の人びとをインドネシア軍兵士と準軍組織が襲撃したときに犠牲となったもので、リキサ教区の司祭によると、軍と準軍組織は「教会にいたすべての人びとを殺そうと」意図していたという。

教会の「平和と正義委員会」の情報によると、さらに四月九日から十四日の間にスアイで十八名が殺害され、十名が拷問を受け、九名が失踪した。教会や人権団体、女性団体は、これらの襲撃で何百人もが「殺され負傷した」と報告した。「四月二十四日に、スアイの住人が海から腐った死体を引きあげた」のち、「人権団体職員は、スアイ虐殺だけで、犠牲者は百名を越えると述べた」。スアイ虐殺の数日後、四月十六日から十七日には、ディリで民兵の襲撃があった。オーストラリアのメディアが「自由の虐殺」という見出しのもとに報道したところによると、このときには、「少なくとも三十人が死亡し」、「数十人が連れ去られ、処刑された可能性がある」。さらに、数千人規模の人びと、おそらくは一万人にのぼる人びとが、リキサ郊外にあるインドネシア統制下の強制集中キャンプに収容され、絶望的で屈辱的な状況にあると報告された。また、恐れをなした数万の人びとは街から逃げ出した。カトリック救援組織カリタスのディリ事務所は、こうした難民に食糧を与えようとすると襲撃されると職員に警告していた。オーストラリアの援助職員は一九九九年二月に退去させられた。ディリでボランティアの医療活動をしていた米国の医師ダン・マーフィー（後に数週間東チモール退去を命ぜられた）は、インドネシアは「意図的に東チモールに医薬品を持ち込ませない政策をとり」、毎日、五十人から百人の東チモール人が治療可能な病気で死んでいったと述べている。一九九九年六月上旬の時点で、インドネシア当局は、「現われつつある人道的破局を緩和する」目的で東チモールに行こうとしていたオーストラリアの医療団の東チモール入りを妨害していた。(★8)

TNIの民兵たちは「陰に隠れたあるいは半分隠れた手によって解き放たれた、よく組織された死の部隊であり、陰に身を潜めた計算高い諜報組織の尖兵であった」。インドネシア軍に関するオーストラリアの専門家によると、民兵は、一九九八年十月に「インドネシア軍に代わって独立派に対する代理戦争を行うべく」秘密裡に組織された

もので、「本質的にはＴＮＩの延長」である。(★9)
オーストラリアのコメンテータ、アンドリュー・マクノートンは、正確にも、「東チモールの人びとは助けを求めて叫んでいるが、国際社会は今一度それを見捨てた」と述べている。四月中旬、ディリでＴＮＩによる「血にまみれた凶行」が起こっていたとき、国連安全保障理事会は東チモールに関する特別使節の報告を聞き、ブラジルと日本（日本はインドネシア政府に強力な支持を与え続けてきた）は暴力をやめるようインドネシアに圧力をかけることを提案した。予定されていた投票を監視するための国連監視員が一九九九年五月にようやく東チモール入りしたが、インドネシア政府は、自らが不法に併合した東チモールで「一万七千人からなるインドネシアの治安部隊が治安に責任を持つ」と主張し、自衛用の拳銃も含め、国連監視員の武器携行を認めなかった。(★10)
美徳の守護者である文明諸国は、自分たちが支持してきたインドネシアによる虐殺の最新局面に対して、どのような対応をしたのであろうか。英国では労働党が政権を握り、ロビン・クック外相が「倫理的外交政策」を提唱し、「弾圧や侵略にわれわれの武器を使いかねない政権には武器輸出を許可しない」と発表した。しかしながら、いくつかの情報源は「彼は、こと人権問題については最悪の記録を持つ政権への装甲車売却を阻止しないだろう」と言っていた。労働党政権は、政権を取ってすぐにインドネシアへの武器売却を加速した。ロビン・クック外相は、インドネシアの民主化を求める「デモに参加した人びとに対して英国製の武器が使われていたことを認めた」にもかかわらず、五十六もの武器輸出許可を発行した。「輸出認可を与えられた製品は、小火器、マシンガン、爆弾、暴動統制用薬剤製品、監視システム、「装甲諸品」、軍事目的の電気機材、航空機」である。英国政府は、ホーク全天候型攻撃機の輸出も行った。さらなるホーク輸出も予定されている。報道によると、「ロビン・クックが高らかに宣言した「倫理的」外交政策にもかかわらず、労働党政権は、インドネシアに対し、保守党政権時代よりも多くの銃や軍事機材を輸出している」。実際、「マシンガンを含む小火器の輸出は労働党政権下で倍増した」。こうした行為を正当化するために、英国外務省は東チモールの状況は改善されていると述べた。一方、インドネシアでも、また英国のテレビでも、インドネシアの国防関係者は、英国製武器が東チモールでの反対派に対して使われていると述べていたのである。ジャーナリストのジョン・ピルジャーは、武器製造企業は「労働党政権下でのほうが保守党政権下でよりも輸出ライセンスを得やすい」と報告している。「労働党政権の最初の一年に提出された武器輸出申請のうち却下されたのは一パーセント以下である」。英国インディペンデント紙のヒュー・オショーニシー特派員は、この状況を皮肉って、倫理的外交政策はすばらしいが、「いやいや、外相、ブリティッシュ・エアロスペース社はインドネシアとの商売なしではやっていけない」と述べている。ピルジャー同様、オショーニシーも、東チモールや他の地域について優れた報道を行ってきたジャーナリストである。

一方、米国では、米国議会が定めた東チモールでの米国製武器使用禁止とTNIの訓練禁止にクリントンが署名した。けれども、きちんと監視しないかぎりクリントンの署名は無意味である。彼はそれまでにも、米国議会が提出したインドネシア軍訓練制限を有名無実にするためにさまざまな手段を用いてきた。このことは議会では大きな問題となったが、他のところには伝えられなかった(★11)。

「新しい人道主義」の提唱者たちは、インドネシア軍の東チモール撤退も、意味のある規模の国連監視部隊の派遣も提唱しなかった。まったく逆に、彼らは監視部隊の派遣を遅らせていたようである。これについては、インタープレスサービス(IPS)のファハン・ハクがニューヨークの国連本部から送った「政治─東チモール：米国は国連警察監視員到着を遅らせている」という見出しの記事から知ることができる。この記事によると「ますます危険が高まっている東チモールに速やかに警察監視員を送ろうとする国連の希望は、クリントン大統領が米国議会の意見聴取まで米国の賛同を遅らせたため、さらなる障害に面した」。国連は「(一九九九年)六月末までに二七〇人強の警察職員を送る計画だったが」、クリントンの動きは「ワシントンがソマリアの国連使節に参加して失敗した」後の一九九三年に自ら発令した指令により縛られており、そのため「警官の認可が遅れる可能性が大きく」、それはまた、「国連職員によると、投票スケジュール全体を困難に追いやると言われている(★12)」。

国連政治局のアジア太平洋局代表を務め、二十五年間にわたるインドネシア軍の侵略を平和裡に解決しようとしてきた国連外交官フランシスク・ベンドレルは、安保理で警官派遣を承認する「決議草案はできているが」、米国の同意がないと草案は現実化せず、そしてクリントンは「国連使節団派遣を承認するためには二週間前に議会に通達しておかなくてはならない」と述べている。戦争権限法☆は破ってもよいが、この大統領令は守らなくてはならないというのである。ワシントンとロンドンの長年にわたる協力者であるインドネシア国軍が虐殺を激化させたため、数カ月前から、この問題は議題にあがっていたにもかかわらず、本書執筆時点では、議会への通達がなされたかどうかすら明らかでなかった。東チモールの住民投票とそのための監視団派遣を決めた国連合意がなされたのは一九九九年五月五日であるが、クリントンが議会に二週間前の通達を未だに行っていないとIPSが報道したのはその二十三日後であった。この問題に関して米国ではほとんど報道されず、報道されたときも表面的だったので、いかなる分析も保留つきのものに留まらざるを得なかった。事実はずっとあとになってから明らかにされるであろう。「新しい人道主義」にとって許容可能な、あるいは「新しい人道主義」に責任がある虐殺においては、いつものことである。

ベンドレルや他の国連職員は「東チモールにとって時間は決定的に重要である」と指摘している。有権者登録は六月二十日から開始される予定だった。「失われた一日一日が、投票実施に対する深刻な危険となっている」とヒューマンライツ・ウォッチ☆/アジアのシドニー・ジョーンズは述べている。意味のある投票が実施される可能性は、インドネシアのテロにより、東チモール人指導者たちが身を隠したり海外に避難したりし、「三万五千人の東チモ

戦争権限法
一九七三年、ベトナム戦争に対する倦怠と反感ムードの中で米国議会が可決した法律で、大統領が軍事行動に移る前に議会と協議することを義務づけたもの。しかしながら、一九七五年にフォード大統領は、米国の船がカンボジアに連行されたとき、さっそく戦争権限法に違反して議会との協議なしにカンボジア籍の船に対する爆撃を行った。

ール人が自宅からインドネシア軍が見張るキャンプに追い遣られた」ことで、すでにかなり低下してしまった。[★13]

国連派遣団の小グループが一九九九年五月下旬に起きた虐殺の調査を試みた。この虐殺では、準軍組織がアタラ村集落を襲撃し、日曜日に教会に行こうとしていた人びと少なくとも六名を殺害したと報告されている。現地の人権団体によると、犠牲者の数はその五倍に達する可能性がある。国連調査員たちはアタラ村に到達できなかったが、同じ準軍組織が「さらなる攻撃の準備を行っているところに出くわした」。この軍事キャンプでは、国連とインドネシアの合意に違反してTNIが準軍組織を訓練していた。[★14]

一九九九年五月下旬に状況を評価した「尊敬を集めている人権団体」ヤヤサン・ハックによると、「恐怖の雰囲気」は、「東チモールが暴力に支配され外国人から封鎖されていた」一九七五年から一九八九年までの時期以来最悪であるという。「毎日、東チモール全土で、東チモール人に対する暴力、誘拐、拷問、殺害、略奪、放火が起っている」とヤヤサン・ハックは報告している。[★15]

「新しい人道主義者」たちは、水面下で批判的な言葉を伝えたり、手首を軽く叩いてインドネシアをなだめたりしたらしいが、それ以外には、知り得る限りインドネシアにまったく圧力をかけなかった。これと比べて、ラチャク虐殺こそは、文明諸国にとって深刻な出来事であり、それを、米英の決定的な支援により行われた長期にわたる恐怖の歴史を持つこの東チモールの出来事と混同してはならないのである。この東チモールの例――沢山の類例の一つなのであるが――だけからでも、ラチャクでの「決定的な残虐行為」に対する道徳的憤りから「われわれの価値を掲げる」人びとが戦争を決意したという説明も、ラチャク虐殺に対して示された怒りも、真面目に取ることはできないことがはっきりとわかる。

この結論は「新しい人道主義」の重要な見解に反している。同様のことは、古い人道主義についても言える。例えば、ニューヨーク・タイムズ紙の特派員、A・J・ラングッツは、古い人道主義を、次のようなかたちで明らかにしていた。すなわち、米国の支援のもとでインドネシアが行った東チモールでの虐殺について米国政府とメディアが数年にわたって嘘をつき続けたあとで、虐殺が初めて話題になったとき、彼は苛立ちをあらわにした（その後、一九七七年から七八年にかけて、民族浄化と虐殺が最高潮に達し、その結果人口の四分の一以上にのぼる二十万人の犠牲者が出ることになったのだが、その間、米国政府もメディアも完全に、文字通り完全に、沈黙していた）。ラングッツは、「世界が突然東チモール問題にのみ目を向けることになれば、カンボジア人を救うことなどできない」と述べ、東チモールについて話をすることに反対した。当時の彼らの使命は、クメール・ルージュ☆（ポルポト派）の犯罪に対する道徳的憤りを流し出すことにあった。この仕事はいくつかの点で利点があった。第一に、犯罪を行っているのは公の敵であった。第二に、東チモールや他のいくつかの同時期に起こっていた残虐行為とは対照的に、どのようにすればカンボジアの犯罪を緩和できるかわからなかった。第三に、クメール・ルージュによる大規模な犯罪は米国がインドシナで犯したさらに大規模ですらある犯罪を遡及的に正当化するために使うことができた。さらに、おそらく最も重要な点であるが、ポルポト派によるカンボジアでの犯罪は、その時点で進行中ないしは計画中の犯罪を、「ポルポト派左翼」（例えば、エルサルバドルの聖職者や農民たち）を封じ込めるという理屈

ヒューマンライツ・ウォッチ

一九七八年にヘルシンキ・ウォッチとして設立され、その後、一九八一年、アメリカズ・ウォッチ、一九八五年アジア・ウォッチが設立される。一九八八年からヒューマンライツ・ウォッチと名前を変えている。http://www.hrw.org/

クメール・ルージュ

ポルポト派、民主カンプチアとも言う。クメール・ルージュという言葉は、ポルポト、イエン・サリ、キュー・サンファンら、同派の中心となるフランス留学経験者たちがそう呼ばれたことから来るが、彼ら自身はこの呼称を嫌っていたらしい。一九六七年よりカンボジアで反シハヌーク闘争を開始、一九七〇年には、米国の傀儡ロン・ノルに追われたシハヌークと手を組んで反ロン・ノル闘争を開始し、一九七五年に全土を制圧。民主カンプチア政府を樹立した。都市住民の農村部への強制移動や貨幣の廃止、集団強制労働などの政策を行い、数百万の犠牲者を出した。また、ベトナムへの越境攻撃も開始。一九七九年、元ポルポト派のヘン・サムリンがベトナム軍の援助によりポルポト派を追放しカンボジア人民共和国を樹立し政権を握る。その後ポルポト派はシハヌーク派らとともに反ベトナム闘争を継続。米国や中国は、ヘン・サムリン政権を正当なカンボジア政権と認めず、暗に陽にポルポト派を支援した。一九九三年の国民和解後も選挙をボイコットし、その後も武装闘争を続けたが、中心人物イエン・サリが一九九六年政府側に帰順、一九九八年にはポルポトが死亡した。

の下で正当化するために使うことができた。こうした文脈では、ラングッツの見解が妥当であり、米国の決定的な関与のもとで行われる大規模な犯罪に注意を向けるのは、不適切な目眩ましなのである。(★16)

支配的な教条原理のもとでは、このような議論はまったく妥当なものと考えられている。同じことは、コソボ対立のときにも繰り返された。このときも、同時期に起きていた、「新しい人道主義」の提唱者たちが手を引きさえすれば簡単に沈静化したり終わらせたりすることができた、コソボ同様の、あるいはさらに悪い虐殺において、「新しい人道主義」の提唱者たちがどう振舞ったかを見ることにより、彼らの自讃レトリックを真面目に検討しようとすると、同じような反論の声があがった。米英の犯罪に注意を向けることによって「コソボのアルバニア人を救うことなどできない」ため、米英の犯罪に目を向けることは軽蔑と怒りの対象となるのである。

それにもかかわらず、本章では「新しい人道主義」の自画像を評価するために、他の事例を考慮して検討を続けよう。これに立腹する人びともいるだろうが、「新しい人道主義」の動機と目的、そして未来への意味合いを考える前提としてこれは必須である。

❷ 一九九〇年代の人道問題：いくつかの事例

最初に基本的なことの確認を行っておこう。人道的危機が起こったときに、第三者には次の三つの選択肢がある。すなわち、

(一) 破局を増大させるように行動する、
(二) 何もしない、
(三) 破局を軽減しようとする、

の三つである。

コソボでは（一）の対応がとられ、一九九九年の東チモールでは（二）の対応がとられた。後者は、「成行きの

変化」教義のもとで抹殺された歴史的経緯を考えると非常に卑劣な対応であった。

コロンビア

示唆的な事例として、一九九〇年代、西半球で最悪の人道的危機にあるコロンビア☆を取りあげよう。コロンビアの危機が際立っているのは、九〇年代に入って急速に状況が悪化したからではない。中米地域では、それまで行われていた米国援助下の虐殺とテロがほとんど目的を達成するとともに、八〇年代の経済的破滅と国際経済状況の変化によって別の方法で秩序を保つことが可能になったため、相対的にコロンビアの状況が際立つこととなったのである。

西洋の情報源によると、コソボでは、対立する両派合わせて二千人が空爆の前年に殺され、おそらく二十万から三十万人が地域内難民と化していたことを思い起こそう。爆撃開始と時を同じくして国務省が発表したコロンビアに関する報告書の数値は、これと驚くほど似通っている。二千から三千人が殺され、三十万人の新たな難民が発生し、(信頼できる証拠が得られた)虐殺の約八十パーセントがコロンビア軍と準軍組織によって行われたものであるとされた。東チモールでインドネシア軍が行い、コソボでセルビア軍が行ったと同様に、コロンビア軍も、長年にわたり準軍組織を使っていた。(★17)

むろん、歴史上まったく同じと言える例はない。コロンビアとコソボにも違いがある。そのうち二つは非常に重

コロンビア

コロンビアでは一九四八年から「政治的暴力」〈ビオレンシア〉の時代が始まり、その混乱に乗じて軍部が政治に介入し、フランコのスペイン・ファシスト政権に鼓吹されたピニーリャ将軍によるクーデターが起こった。その後左翼抵抗運動の武装抵抗も展開され、それに対する軍部と準軍組織による人権弾圧が強まった。何度か和平・和解合意がなされては破棄されるという状況が繰り返され現在に至っている。現在でもコロンビア革命軍を初めとする抵抗組織が武装闘争を行っており、一方政府・軍と関係を持つパラミリと呼ばれる準軍組織が大規模な弾圧を行っている。米国は、「麻薬に対する戦争」という名目でコロンビアへの軍事援助を強化してきたが、これは、人権団体や民衆組織への弾圧に用いられていることが報告されている。

要である。

第一に、コロンビアでの虐殺は最近始まったわけではなく（これに対しコソボの虐殺はNATOや学術文献によると一九九八年前半から始まった）、毎年同じような数の犠牲者が積み重ねられてきた。米国国務省は一九九七年の報告書でも同様の状況を述べているし、人権団体は長年にわたって同じような状況を指摘してきた。[★18] 米国国務省によれば、一九九八年の難民発生数はそれ以前よりも多くすらあった。難民の全体数は、教会や人権団体などによると百万人を越えており、その多くは女性と子どもで、これは世界でも最悪の状況の一つである。一九九八年に状況は非常に悪化し、教会を基盤とした平和と正義センターを運営していた、コロンビアで最も著名で勇気ある人権活動家ハビエル・ヒラルド神父は、殺害の脅迫のため国外逃亡しなくてはならなくなった。同様に国外に逃亡した人は多い。その一年前の一九九七年、アムネスティ・インターナショナル☆はコロンビアを人権保護世界キャンペーンの最優先国としていた。コロンビアの人権状況を考えるならば当然の選択である。[★19]

アムネスティやヒューマンライツ・ウォッチ、教会関連団体、そのほかの人権団体と同様、米国国務省も一九九八年に「軍関係者による暗黙の支援と直接の協力の事例を含む、軍による準軍組織への協力が続いているという信頼できる見解がある」と結論している。「いくつかの地域では地方軍司令官と準軍組織との間に暗黙の約束があり、軍の統制下にあるいくつかの地域で準軍組織が自由に活動を行っている」。他の報告書はこれよりはるかに詳しいが、準軍組織に関する結論は基本的に同じである。例えば一九九八年十月にヒューマンライツ・ウォッチが出した報告書によれば、殺害の多くは「治安部隊の了解のもとあるいは積極的な関与のもとで行われている」。

コソボとコロンビアの重要な違いの二つめは、コロンビアに関しては、ワシントンの手が血にまみれていることである。コロンビアの国家テロ作戦は、ケネディ政権が確立した指針に従っている。その指針はコロンビア軍に次のような助言を行っている。コロンビア軍は「共産主義の提唱者に対してサボタージュやテロ行為を働く準軍組織を設置するために文民と軍から人を選ぶこと、それにあたって米国の支援を受けること」。ヒューマンライツ・ウォッチは、この教義が述べる「共産主義の提唱者」の中には「政府に批判的な者、労働組合員、地域運動を組織する人びと、反対派政治家、市民活動の指導者、人権活動家」が含まれていると指摘する。というのも、コロンビアでは、社会的抗議活動は公式に「政府転覆の非武装部門」と決めつけられているからである。(★20) コロンビア唯一の対立政党は、国会議員や議員候補、活動家が何千人も暗殺されたために事実上壊滅した。こうした暴力の最大の犠牲者は小農民、特に、(国内エリートと海外投資家にとっての)経済の奇跡が賞賛されているただ中で残忍な弾圧を行い巨大な貧困を生みだしていた政権に対して立ち上がった農民たちである。

一九九〇年代、暴力が激化する中で、コロンビアは米国の武器と軍隊訓練の最大の受け手の一つとなった。クリントン政権は特にコロンビアのガビリア大統領を熱狂的に称賛していたが、主だった人権団体はいずれも、ガビリア政権での「暴力は前例のない規模に達し」、過去のどの政権にもまして「ひどい暴力」に責任があると述べた。あらゆる種類の残虐行為が行われた。米国の軍事援助は現在、「無差別爆撃」を含む残虐行為に使われ続けており、一九九九年にコロンビアへの援助額は第一位に踊り出ると予測されている(ただし、特別枠に属するイスラエルとエジプトへの援助は除く)。この軍事援助は「麻薬戦争」(★21)という名目で行われているが、ほとんどすべての真面目なオブザーバはこの名目が本当ではないと言っている。

コロンビアの例は、コソボと同様、第一の選択肢、すなわち虐殺を激化させるよう行動する例である。実際、「成行きの変化」教義によって検討を免れてはいるが、過去の多くの事例に対し、この選択肢は、体系的に採用されてきた。

もちろん、コソボの人道危機は、NATOによる爆撃後、コロンビアよりもはるかに大きなものとなったが、この「結果」は、米国の情報源によれば「完全に予想できること」、あるいは少なくとも非常に起こりそうだと考え

アムネスティ・インターナショナル
世界人権宣言が守られることを目指して活動を行う人権団体で、一九六一年にロンドンで設置された。日本支部もある。http://www.amnesty.or.jp/

られていた。すでに述べたように、爆撃の二カ月後に、近隣諸国への難民流出と村々の破壊規模は一九四八年のパレスチナでの難民と破壊に肩を並べるまでになり、また、非常に深刻であったパレスチナをも大きく越える何十万もの国内難民が生みだされ残虐行為が行われた。本当の規模はまだ明らかにされてはいないが、ワシントンにまで遡ることができる。(★22) 同様の、あるいはさらに悪い事例とは異なり、コソボの例はいずれ包括的に調査され公開されることになろう。

トルコ

「新しい人道主義」を評価するために、次に、コソボで爆撃後起こったものと同規模の一九九〇年代の虐殺に対して文明諸国がどのように対応したかを見るのが妥当であろう。ここでは、文明諸国が人道的破局を容易に軽減したり終わらせたりすることができた事例のみを扱う。検討はとても容易である。

「あるエスニック・グループ全体に対する残虐な弾圧を放置することはしないという新たな国際主義」を提唱したトニー・ブレア英首相は、同時に、「生誕五十周年に、NATOを活性化しなくてはならない」と宣言した。(★23) これは新たな国際主義よりも説得力がある。NATO誕生五十周年は一九九九年四月、NATO諸国の境界から遠くないコソボで進んでいた民族浄化の暗い影のもと、ワシントンで記念された。この誕生記念は広く報道されたが、その際、NATO内で、また、欧州委員会と欧州人権法廷の司法権下で、ミロシェビッチによるコソボでの民族浄化をはるかにしのぐ一九九〇年代最悪の民族浄化が起こっていたことに「注目しない」ために、参加者と報道陣には厳格な規律が要請された。欧州人権法廷は、NATO参加国のトルコが「村を焼き払ったり非人間的行為を行っており、また、治安部隊が人権侵害を行っているという情報を調査しないという忌むべき状態にある」との判定を定期的に下してきた。(★24) トルコは欧州連合の正式加盟国ではないが、それはトルコの人権侵害が、いくつかのヨーロッパ諸国を困惑させたからである。一方、ワシントンはといえば、トルコの人権侵害にもかかわらず、「トルコの加盟をたまたま支持している」[★25]。この封印された事実に目を向けるならば、NATOによる空爆前にはクリントン支援下のコロンビアと同規模だったコソボの虐殺は、空爆後にはクリントン支援下のNATO内トルコでの民族浄化と同じ規模になったのである。

何年にもわたって、トルコによるクルド人☆弾圧は大きなスキャンダルであった[★26]。トルコの弾圧は、クルド語の使用やクルド人アイデンティティーの表明すら犯罪行為とするほどであり、クルド語を禁じる際に「クルド語」と言わず「トルコ語以外の言語の使用」と言うほどに徹底していた。この法律自体は一九八九年に廃止されたが、実質上の禁令は続けられた。クルド語のラジオやテレビは非合法とされ、クルド語は学校で教えることを禁じられ、広告での使用も禁止され、また、親が子どもにクルドの名前をつけることすら禁止されている。これに違反したものは、しばしば拷問所と区別することすら困難なトルコの刑務所でひどい処罰を受けることになる。トルコ人社会学者イスマイル・ベシクチ博士☆はクルド人の権利を擁護したために十五年の間投獄されていたが、その後トルコ政

クルド人・クルディスタン

クルド人は、イラン、イラク、シリア、トルコ、アゼルバイジャン、アルメニアの国境地帯クルディスタンに暮らす総人口約三千万人とも言われる民族で、独自の言語と文化とを持ちながら、異なる国に分断されそれぞれの国で「少数民族」とされており、多くの国で弾圧を受けている。これに対して、クルド人の自治と独立を求める運動は長く続いている。

人口約六千万人のトルコでは、その約四分の一にのぼる約千五百万人がクルド人であると言われているが、一九二四年のトルコ共和国成立以来、トルコ政府は、トルコにはクルド人はおらず「山岳トルコ人」がいるだけだとしてクルド人の文化・言語・民族アイデンティティーすべてを弾圧してきた。これに対し、クルド人は抵抗運動や反乱を行ってきたが、トルコ当局による過酷な弾圧を受けてきた。一九二五年の「シェイヒ＝サイドの反乱」、一九三〇年〜三二年のズィラン渓谷の虐殺、一九三七年から三八年のディルスムの抵抗などは有名である。近いところでは、一九七八年にアブドゥラ・オジャランがクルディスタン労働者党を設立、一九八四年から武装闘争を開始した。オジャランについては第一章25頁訳注を参照。また、クルド人とトルコとの関係については、小島剛一著『トルコのもう一つの顔』（中公新書、一九九一年）、イスマイル・ベシクチ著『クルディスタン多国間植民地』（中川喜与志、高田郁子編訳、柘植書房、一九九四年）、中川喜与志『クルド人とクルディスタン』（南方新社、二〇〇一年）を参照。

イスマイル・ベシクチ

一九三九年生まれ。社会学者。次の著書が日本語でも読める。イスマイル・ベシクチ著『クルディスタン多国間植民地』（中川喜与志、高田郁子編訳、柘植書房、一九九四年）。他にも多くの著書がある。なお、ベシクチの著書を出版しているトルコの出版社社長も投獄されたという。

府によるクルド人の扱いを暴露した『近東における国家テロ』という著書を出版したため一九九一年に再逮捕され投獄された。(★27)

トルコ政府を擁護する人びとは、クルド人一人一人は個人的にトルコ社会に同化することができるという点を指摘する。これは正しいが、そのためにはクルド人はクルド人としてのアイデンティティーを放棄しなくてはならない。

一九八四年、アブドゥラ・オジャラン率いるクルディスタン労働者党（ＰＫＫ）は武装闘争を開始した。対立は一九八〇年代を通して続いたが、一九九一年から一九九二年に米国がブラック・ホーク・ヘリコプターを初めとする最先端兵器をトルコに提供したため、トルコ軍の軍事行動は急に激化し、同時に新聞社の営業停止やジャーナリストの殺害といった弾圧とテロも増加した。一九九二年三月、トゥグルト・オザル政府との対話後、オジャランは停戦を宣言した。オザル政権はこれを「純粋な平和への動き」と見なしていた。四月にもＰＫＫは停戦を延長し、同時にクルド人に「文化的自由とクルド語で放送を行う権利」、及び抑圧的な「緊急法制」と「村落防衛員制度☆」の廃止を要求した。グアテマラや他の国にも適用され、広く知れわたった対ゲリラ・ドクトリンのもとで、村人たちは、ゲリラ軍（あるいはその他のもの）から共同体を「防衛」するために駆り出されていたのである。

そのすぐあとでオザル大統領が死去した。ターマンによると、オザルは「クルド問題に対して二つの遺産を残した」。「第一は、クルド人の悲劇という事実に対して政治家がより現実的に対処する小さな道筋を開いたことであり、第二は、トルコ南東部において強大な武力に訴え、クルド人を居住地から追い出す軍事作戦であった。第二の遺産の方が長続きした」。第二の遺産が長続きしたのは、超大国である米国が、ジェット機やミサイル、地雷設置装置等の先端兵器をトルコ軍に提供し続け☆、民族浄化とテロの継続を可能にしたからである。「米国で訓練を受けたトルコ軍兵士たちは、ベトナムからグアテマラ☆に至るまで農民たちがよく知っている方法に訴えた(★28)」。ベトナムやグアテマラなどの国々では、米国の雇われ国家や米軍自身によって、民族浄化や虐殺、テロ、拷問その他の残虐行為が行われてきた。そもそも対ゲリラ・ドクトリン☆は、ナチスから直接借りてきた教義であり、その後、世界中の対ゲリラ作戦のために米国によって洗練されたものである(★29)。

けれども、ここでは過去は見ないことにしているので、一九九〇年代に絞って話を続けよう。

トルコでの野蛮な残虐行為は一九九〇年代前半に急増し、一九九四年から一九九六年にピークに達した。クルド

村落防衛員制度

クルド人反対派の活動を監視するために、トルコ政府が一九八五年末に開始した制度で、村人が治安軍に協力しつつ村を守るという名目で、村落防衛員には武器が手渡された。防衛員はクルド人ゲリラの動きを治安軍に知らせる通報役、ゲリラ追跡の案内役の他、対ゲリラ戦の現地人部隊としても機能した。メンバーには下級公務員並の給与が給付され、ゲリラの死体を持ち込めば特別報奨金が支払われた。「キョイ・コルジュ制度」とも言う。

ベトナム

第二次世界大戦後すぐベトナム独立同盟会(ベトミン)は独立宣言を出すが、これに反対するフランスが介入。一九五四年ベトナムはフランスを破り、ベトナム独立と暫定的に南北に軍事境界線を設定し一九五六年総選挙を通したベトナム統一とが合意された。米国はフランスのあとを引き継ぎベトナムに介入し、南ベトナムに傀儡政権をたてた。一九六〇年以降南ベトナム解放民族戦線との戦闘が悪化、ケネディは一九六一年末米国の直接介入を許可しそれと同時に枯葉剤使用も許可した。米軍の増強は続き、一九六五年からは北ベトナム爆撃を開始した。一九七三年にはパリで停戦協定(パリ和平協定)が成立したがその後も戦闘は続いた。一九七五年に南ベトナムのサイゴンが陥落しベトナムは統一された。米国はベトナム戦争で七五〇万トンにのぼる爆弾を投下したほか、農民に対する強制移住や無差別殺害を行った。枯葉剤を初めとする化学兵器の被害はその後も続いている。

グアテマラ

一九五四年、グアテマラにCIAが介入し、民主的に選ばれたアルベンス政権が打倒され軍事政権となる。CIAの介入は、その二年前にグアテマラで導入された農地改革法が米国ユナイテッド・フルーツ社の利権を「侵害」したためと見られている。その後激しい人権侵害が続いた。一九七〇年代後半から政府・軍による虐殺が激化し、抗議の声があがったが、米国「人権」大統領カーターはグアテマラへの軍事援助を続けた。犠牲者の多くは高地のインディオたちであり、虐殺は非常に多くの地域で行われた。一九八〇年代前半には軍による焦土作戦で四四〇の村が消滅した。人口一千万人のこの国で、軍政下の死者は十五万人、行方不明者は五万人、国内難民が百万人、亡命者は十万人にのぼったと言われる。一九九四年以降、和平が進められているが、最近でも一九九八年、和解のために過去を調査していたプロジェクトの中心人物フアン・ヘラルディ司教が殺されるなど、状況は不安定である。リゴベルタ・メンチュウ著『私の名はリゴベルタ・メンチュウ』(高橋早代訳、一九八七年、新潮社)、歴史的記憶の回復プロジェクト編『グアテマラ虐殺の記憶』(飯島みどり他訳、岩波書店)を参照。

対ゲリラ・ドクトリン

米国従属国の軍や準軍事組織を、社会改革を求める人びとを弾圧する「国内の安全保障」にあたらせる政策。

人が多く住むトルコ南東部をトルコ軍が破壊したため、一九九〇年から九四年にかけて、クルドの実質上の首都ディヤルバクルには百万人を越えるクルド人が流入した。それに続く二年間に、強制大量移住によってディヤルバクルの人口はさらに百万人以上増加した。(★30) 一九九四年に、トルコ国家人権相は次のように報告している。

トゥンジェリでのテロは国家テロである。国家がトゥンジェリの人びとを撤去し、村々を焼き払った。南東部には家を失った二百万の人びとがいる。テントを提供することすらできない。(★31)

国内難民の数はその後さらに増加し、おそらくは二五〇万人から三百万人にのぼると考えられている。さらに、国外に逃げ出した人びとの総数は不明である。一九九三年と一九九四年には、クルド人に対する「謎の殺害」(死の部隊による殺害と思われる)の犠牲者だけで三二〇〇人にのぼった。拷問や三五〇〇に及ぶ村の破壊(クリントンがコソボについて発表した数の七倍)、ナパームによる爆撃などとともに殺害は続けられ、犠牲者は数万に達すると多くの人が見積もっているが、正確な数字は誰も数えていない。

特にひどかった「村々の破壊作戦」では、トルコ軍が「一九九四年秋に一三七の村を破壊した。これは、ディヤルバクルの北に広がる広大なトゥンジェリ地域の三分の一にあたる。トルコに残された最後の緑地帯の一つが、(米国供給の)ヘリコプターとF―16により、広範囲にわたって火に包まれた」(ターマン)。

トルコのプロパガンダは、これらの殺害をクルド人のテロによるものとし、米国でもこの見解が広く採用された。同じことはコロンビアでも、また、セルビアのプロパガンダでも繰り返されている。他のプロパガンダと同様、これには真実の一片が含まれている。「テロリスト」あるいは「抵抗勢力」(どちらの言葉が使われるかは立場による)側からの残虐行為をまったく伴わないような攻撃行為や帝国主義的暴力、国内的弾圧、虐殺を見つけだすのはほとんど不可能である。同様に、こうした種類の対立で、武力により押し付けられた社会経済的、文化的、政治的体制の「静かな暴力」に起源をもたないものを探すことも難しい。

ワシントン・ポスト紙のベテラン特派員ジョナサン・ランダルによると、一九九四年にトルコでは二つの記録すべき出来事が起きた。一つは「クルド地方で最悪の弾圧が行われた」ことであり、いま一つは、トルコが「米国製軍事製品の最大の輸入国となり、世界最大の武器購入国となったことである」。「トルコ軍の火器は八十パーセントが米国製で、その中にはM—60戦車、F—16戦闘爆撃機、コブラ戦闘用ヘリコプター、ブラック・ホーク「スリック」ヘリコプターが含まれている。これらすべてはいずれクルド人に対して使われることになろう」。米国企業はトルコの軍事産業と広範囲にわたる共同生産契約を結んでいる。軍事専門家のウィリアム・アルトゥングによると、米国の納税者たちは、クルド人に対する戦争を目的とするトルコ軍への訓練に数千万ドルを支払っている。トルコ軍が村々の爆撃に米国製の武器を用いていることを人権団体が明らかにしたとき、クリントン政府は、インドネシアや他の場所で行ったと同様に、武器供給を禁止する法律をすり抜けて武器提供を続ける方策をとった。(★32)

ヒューマンライツ・ウォッチは一九九五年、「米国はトルコに毎年先端の武器をつぎ込んでおり」、「国際法の基本原則に反する焦土作戦の共犯者となっている」と報告している。ヒューマンライツ・ウォッチの報告書は、新聞の第一面でお馴染みのコソボでの虐殺事件と同様の事件を詳細に報告しているだけでなく、トルコ軍が米国製ジェット機や戦車などの破壊虐殺兵器を自由に使えるため、セルビア勢力によるコソボでの虐殺とは質的に異なる多くの虐殺行為も報告している。(★33) 通常の拷問や暗殺、民族浄化に加えて、記録によると、ヘリコプターから人びとを突き落とす（囚人が突き落とされたり、裸にされ虐待された女性が突き落とされたりした）、電気ケーブルとワイヤーで縛り付けて人を焼き殺すといった方法を初めとする多くの残虐行為があげられている。勇気あるトルコ人人権活動家たちはこうした人権侵害を報告しようとして、自ら人権侵害の犠牲となってきた。人権協会の会員たちは「逮捕され、拷問され、投獄され、また場合によっては殺された」。一九九七年にはディヤルバクルの事務所が捜索を受けて閉鎖されたため、人権侵害を報告する機会もさらに制限されることとなった。(★34)

ターマンによると、「残忍な戦い」は一九九六年から九七年にも続いた。一九九七年に、ターマンは「クルド人に対する戦争は今も続いている」と書いているが、実際、「政治的解決に関する脆弱な約束」が撤回されたために、戦争は激化した。一九九九年、トルコ政府はクルド人居住地域に三十万人の兵士をつぎ込んで戦争を続けていると報告されている。けれども、国家テロと民族浄化が功を奏し、一九九〇年代半ばと比べて必要となる残虐行為が減ったため、トルコは今やもう米国の軍事援助の第一位の受け手(といっても特例であるイスラエルとエジプトは除くが)ではなくなった。代りに第一位に踊り出たのがコロンビアである。[★35]

トルコの航空機(つまりトルコ人パイロットが操縦する米国製航空機)はセルビア爆撃に投入された。現地特派員たちによると、トルコは、「アルバニア系コソボ住民の独立を支援することにより、トルコ内でのクルド人分離主義を鼓吹するのではないか」との恐れを抱いていたが、同時に、セルビア爆撃によってその人道主義を賞賛され、また、「コソボ危機でとった対応によりトルコが築いた善い意志」により利益を得た。セルビアへの地上侵攻が計画されたとき、NATO司令官たちは、トルコがコソボに地上軍を送って、クルド人への攻撃から得た経験を善い目的で使うことを期待した。[★36]

ランダルによると、トルコはまたボスニアでも重要な役割を担った。ワシントンは、ボスニアでの軍事訓練を米国が続けると、デイトン協定後も長い間米軍をボスニアに滞在させることになり、それは「政治的に危険」であると考えたため、トルコを「好意的で親西洋的な穏健イスラム教徒のNATOの同盟国と誉め立てて」、訓練を肩代わりさせることに決めたのである。「クルド人少数派のアイデンティティーを破壊しているトルコが、ボスニアのイスラム教徒たちが「大」クロアチア・セルビアの提唱者たちのただ中で生き延びるために援助を行うという皮肉について、誰も公の場では指摘しなかった」。

ワシントンは、トルコが旅行禁止令をしいているため、トルコ南東部の残虐行為調査は不可能だと述べている。けれども、ヒューマンライツ・ウォッチは、「米国が手にしている調査資源を考えると、米国政府がNATOの主要同盟者の行為を真剣に評価できないと述べる理由には説得力がない」と控え目に述べている。さらに、「トルコで広範にわたる焦土作戦が行われている間も、米軍と米の航空機そして米の諜報局員はトルコ全土でそれぞれの配置に就いており、インジルリクやディヤルバクルといった南東の基地では、トルコの対ゲリラ軍や空軍兵士と行動をともにしていた」。これらの基地は米軍によるイラクへの定期攻撃に用いられており、また、イスラエルの親密な同盟国である米国の実践に倣ってトルコがクルド人攻撃のためにイラク北部へ侵入するときにも使われている。また、米国は、トルコ東部の基地を利用して、最先端の（米国製）航空機の訓練飛行やトルコの軍事施設の改善を行っている。こうした場所の米軍基地には核兵器が配備されており、イスラエルも同じことを行う能力を備えている。インジルリクに配備された米国のジェット機が、イラクのクルド人を守るという名目で北部イラクを巡回し、航空防衛システムを爆撃している一方、「イラク国境の北側の定期出撃で、トルコは、米国製ジェットと攻撃ヘリコプター、そして米国提供の情報を、クルド人を標的として用いている(★37)」。

人権団体は、米国国務省の人権報告書がトルコにおける残虐行為の規模を過小に扱っていると批判してきた。国務省人権報告書はそもそもの始めから、そして一九八〇年代には特にひどく、米国の雇われ国家が行った国家テロの言い訳をしてきた。一九九四年、米国の援助増大のもとでトルコの残虐行為がピークに達しつつあったとき、米国法律家協会は国務省人権報告書について次のように書いている。

一九九四年にトルコで起こった最もひどい集団的人権侵害、すなわち、トルコ軍によるクルド人の村の破壊作戦とそれにともなう森林の焼き払い、そしてトルコ南東部での人口の強制移住などに関しては、わずかしか述べていない。これまで人びとが暮していた広範な地帯が焦土と化し、多くの見解で二百万人以上と見積もられているほど多数の人びとが家を離れることを強要され、都市部で難民とならざるを得なくなった。国務省人権報告書はしばしばこうした暴力を無視し、また、それについて書くときも、トルコ政府の公式見解で使われる

のと同じ遠回しな言葉遣いをしている。(★38)

公的機関からこれ以上を望むのはおそらく無理なのであろう。そして、特にエリート・メディアを初めとする知的文化一般に対して、当たり前の道徳的真理を期待するのはナイーブなことなのだろう。けれども、一般の人びとまでそうした要請に従う理由はないのであり、そして単純な道徳的真理を真面目に考える人びとには、主流の情報体制のおかげで気づかされないままわれわれが犯しているひどい犯罪を止めるために何かを行う責任がある。

NATOは、しばしばトルコ軍がNATO指令体制に組み込まれているにもかかわらず、「トルコ軍を制限するために監視体制を作るようなことは何一つしてこなかった」とヒューマンライツ・ウォッチは述べている。トルコに武器を提供している米国以外の国々は、少なくとも(一時的武器禁輸といった)多少の抗議姿勢を見せたが、ワシントンは、政治指導者たちの「価値」に従い、沈黙していたかあるいは武器提供を擁護していた。

他の多くの場合と同様、これを「二重基準《ダブル・スタンダード》」と呼ぶのは誤りである。「われわれの価値」は、かなり一貫して適用されている。

ターマンによると、トルコは米国の立場に大変感謝している。あるトルコ高官は「クリントン政権に対する不満はまったくない」と述べた。「北部イラクでも、NATOについても、ボスニアに関しても、経済と貿易についても、米国はとても善良で親切だ。リチャード・ホルブルック(国務長官補佐)とマーク・グロスマン(大使)はすばらしい」。米国大使館のある外交官は、トルコに対する軍事援助は、トルコが「われわれの価値を支持する国」になるための「誘因」になっていると称賛している。これは、インドネシアのスハルトが最初の過ち(すなわち、文明諸国の統制を逃れ、インドネシアの人びとに厳しいIMFの条件を課さなかったこと)を犯す前に、クリントンがスハルトを「われわれの友人」と呼んでいたのと同じである。副大統領アル・ゴアは、さらに加えて、「われわれがトルコに民主化のみでなく人権尊重をも求める一方で、トルコ政府が自国の領土内でのテロリズムを処理する手助けをしないのは不公平だ」と述べ、トルコ国内での弾圧と民族浄化に使われる大規模な武器の提供を正当化している。(★39)

ターマンは、クルド人に対するトルコの戦争は、その費用を支払っている「ほとんどの米国人には知らされていない」と言う。また、「残虐な焦土作戦……、森林破壊、村の焼き打ちは報道の注目を集めることもほとんどなく、公共の論争の対象となることも最小限に抑えられ、国連からの非難すらなしに遂行されてきた」（マキエナン）。明らかに有効な、標準的な方法である。

クルド人に対するトルコの行為がまったく気づかれもしなかったわけではないが、不快な事実で「新しい人道主義」への称賛を汚すことは許されなかった。問題が注目されたのは、オジャランがケニアからトルコ軍により（ほぼ確実に米国の共謀のもとで）誘拐された後☆、彼の裁判（この言葉を使うことが可能ならばであるが）に際してで(★40)ある。ニューヨーク・タイムズ紙特派員スティーブン・キンザーは、トルコの一千万人にのぼるクルド人のほとんどは「過去十五年間暴力にさらされてきた南東地方を故郷としている。トルコ支配下で弾圧されてきたという人もいるが、トルコ政府は彼らには他の市民と同じ権利が与えられていると主張している」と報告した。「トルコ及び近隣諸国にまたがる有力エスニック・グループであるクルド人は、長い間、その言語と文化が公的に禁止されていることに不満を表明してきた。クルド人ゲリラは十五年にわたりトルコ政府と戦争状態にあった。いくつもの見積もりによると、この闘争により三万人以上の命が奪われ、アンカラにとって一千億ドルの出費となった」。それより数カ月前、オジャラン逮捕時のキンザーの報告は、オジャラン蜂起に注目し、それを「不幸なクルド人にとって現代最大の悲劇の一つ」としている。おそらく、クリントン政権時代の「白い虐殺☆」や、サダム・フセインによるクルド人への毒ガス攻撃と対比し得るものと言いたいのであろう。(★41)

オジャランのケニアからの誘拐
第一章25頁訳注を参照。

これらの報道が文字通りの意味で不正確なわけではない。同様に、かりにコソボに関しての報道が、セルビアのアルバニア人のほとんどが「過去八年間暴力にさらされてきたコソボを故郷としている。セルビア支配下で弾圧されてきたという人もいるが、セルビア政府は彼らには他の市民と同じ権利が与えられていると主張している。ユーゴスラビア共和国及び近隣諸国にまたがる有力エスニック・グループであるアルバニア人は、長い間、その言語と文化が公的に禁止されていることに不満を表明してきた。アルバニア人ゲリラは八年にわたりセルビア政府と戦争状態にあった。いくつもの見積もりによると、この闘争によりX人以上の命が奪われ、ベオグラードにとってYドル以上の出費となった」とのみ述べたとしても、文字通りの意味で不正確であるとは言えないだろう。この範囲ではその通りであるが、これが話の全容ではない。

しかしながら、この比較は、正確ではない。米国支援下のトルコの弾圧と残虐行為ははるかに長期にわたる激しいものであり、一九九〇年代半ばのトルコによる残虐行為の激化は、セルビアの場合と違い、空爆や世界最大の軍事勢力からの侵略の脅しに対する反動として行われたのだと言い訳するわけにもいかない。

すでに述べたように、ニューヨーク・タイムズ紙は、コソボ和平協定に関する報道と同じときに、「トルコの最もよく知られた人権活動家（アキン・ビルダル）が」「クルド人反逆者と平和的に問題を解決するようトルコに促した」罪で「刑務所に入れられた」と報告していた。このような和平策は、それより七年も前にクルディスタン労働者党（PKK）により提案され、アンカラとワシントンが民族浄化と国家テロ、大規模な拷問を選んだために却下されたものである。一方、ビルダルが刑期を務めるために入獄した頃、トルコ議会が「トルコ南東部で独立闘争を闘っているクルド人ゲリラを粉砕すると約束した政府を圧倒的多数で承認した」という事実は扱われなかった。新政権は「クルド人反逆者を一掃する」約束をし、また、オジャランが、裁判中――本当は一九九二年以来――「和平提案を繰り返し行ったにもかかわらず、クルド人ゲリラの指導者オジャランとの交渉可能性を排除した」。トルコで新政権が承認された前日、検事たちは法廷に対し「トルコ南東部におけるクルディスタン労働者党の自治を求める十五年にわたる戦争を指導した罪でオジャランに死刑を宣告する」よう要求した。死刑が宣告されるならば、平和的解決のための希望はなくなり、さらなる悲劇が待ち受けているだろうことは想像に難くない。(★42)

主要な雑誌も概ねこの問題を避けてきた。特に、「ヒトラーやスターリンによる一民族集団全体の強制撤去と全面的に比肩しうる」(ティモシー・ガルトン・アッシュがニューヨーク・レビュー誌で述べた言葉。ちなみに、こうした対比は他にも多数見られる(★43))行為を行っていたセルビアの悪魔に対する怒りを表明していた期間、トルコの問題は扱われなかった。真面目に見せかけようとしていた他のコメンテータたちと同様、ガルトン・アッシュも、ヒトラーやスターリンを思い起こさせるセルビアの行為が「空爆が開始された直後に劇的に増加した」ことを認めている。それが予想できなかったのだろうか。これについて彼は、「旧ユーゴスラビア」その他の文明化されていない場所の「政治家には」この結果は明らかであったかも知れないが、「より正常な世界に住んでいるわれわれには明らかではなかった」と結論している。われわれ「正常な世界」は、一九九九年三月以来、「邪悪なことを行う人間の能力に関しての教訓を学び、また思い起こした」し、コソボにおける「負けなし戦争」に固執して自らが掲げる価値に大きく反した「米国について」もまた学んだにもかかわらず、地上に邪悪が跋扈していることを未だに理解していない。

オーウェルの言葉を借りるならば、東南アジアから西アジア、中央アメリカ、トルコその他の地域で、「正常な世界」が、上機嫌で残虐行為を許容するだけでなく、積極的に残虐行為を引き起こしたり実行したり、それに決定的な支援を与えたりしていることに「言及するのは作法にかなわない」のである。(★44)こうした問題は「後光のさす」正常な世界のイメージを傷つけはしない。この「崇高な時代」にすら、意図的な無知の壁から漏れた唯一の事例で

白い虐殺
トルコはクルド人に対して追放や殺害、拷問等の物理的な弾圧の他に、言語の禁止やクルド名のトルコ名への強制改変等といった文化的・社会的弾圧も行っている。「白い虐殺」は、クルド人アイデンティティーの文化的・社会的な抹殺を目指したトルコ政府の政策のこと。

あるコソボで「負けなし戦争」に固執したように、われわれが過ちを犯すことは認めなくてはならないとしても。称賛すべき出来映えである。以下で、最近の同様の例を見ることにしよう。

ニューヨーク・レビュー誌は、セルビアをヒトラーとスターリンになぞらえる非難の洪水の中で、「正義とクルド人」と言う記事を掲載し、そこで「トルコのクルド問題に関してこれまでで最も真剣で説得力のある研究」と、一冊の本を称賛している点で例外的であった。[★45] しかしながら、この研究にどんな価値があるにせよ、「正義とクルド人」に関する話題を明示的に避けているという点だけをみても、記事の評価は間違っている。この本の冒頭で強調されているように、それが研究しているのはまったく異なった話題、すなわち「トルコの政策立案者及びトルコ社会、そしてトルコの友人と同盟国」が直面する政策関連の諸問題である。同書は、「米国の主要同盟国であるトルコの今後の安定と安寧」及び「クルド問題を満足なかたちで扱う」トルコ政府の能力に関する「政策研究」である。著者たちは冒頭で「トルコの人権」についでは扱わないことを強調しており、実際それは断片的に扱われているのみである。脚注でヒューマンライツ・ウォッチの報告が引用されており、「人権侵害に関して軍は潔白」とは言えないとしている。南東部におけるトルコ政府の政策に関してはほとんど技術的な批判にとどまる数文が費やされているだけであり、この本に対する書評も、現在の米国の公の敵に対する憤りとくっきりと対照をなす「わずかな批判を織りまぜた称賛」というかたちで、トルコの対クルド政策を述べている。

印刷メディアのほとんどすべて、そしておそらくはラジオとテレビでも同様に、報道の規模と範囲、関心の違いは莫大である。すでにうんざりするほど述べてきたが、このような状況は、われわれが、道徳的に振舞ってもあまり罰を受けない自由社会に住んでいることを考えると非常に印象的である。

トルコに対する米国の振舞いは、上で述べた三つの選択肢の第一、すなわち、破局を増大させるケースである。しかも、この場合は大規模に、また、文明国家がバルカン半島での残虐行為をコロンビア規模からNATO規模に拡大していた間であったため、トルコについて面倒な問題は起こらないという確信をもって行われていた。トルコでの残虐行為は過去のものではなく現在も続いているものであるにもかかわらず、「民族対立が民族浄化に転化したとき、われわれが事態を変えることができるならば、そうしようとすべきである」と主張する「新しい人道主義」の原則は適用されていない。クリントンによると、「コソボはまさにそうした状況」だが、NATO自身の内部で進められているさらに残虐な民族浄化は、明らかにそうした状況ではないのだ。

米英は、長い間、特にクルド人の権利を軽んじてきた。それは近年に至っても続いており、一九七五年にイラクのテロにクルド人を売り渡した一件☆は悪名を馳せている（これについてキッシンジャーは、「秘密作戦と使節団の仕事とを混同してはならない」と述べた）。また、一九八八年に、サダム・フセインがクルド人に対して毒ガス攻撃を加えていたときにも、米英は再び軍事援助を初めとする援助を友人であり同盟者であったサダムに与えた。中でもとりわけ重要だったのは、米国による食糧援助であった。これは米国の納税者からアグリビジネスへの贈り物であったこともあるが、サダムのテロ作戦によりイラクの食料生産の多くが破壊されていたからである。(★46)

英国の歴史はさらに古い。特に際立っているのは、第一次世界大戦後、英国がもはや陸上の部隊によっては植民地帝国を統制できなくなり、空軍力と毒ガスという新しい武器を使い始めたときである。毒ガスは、とりわけ、ウインストン・チャーチル☆のお気に入りで、「文明化されていない部族」と「強情に抵抗するアラブ人たち」（クルド人とアフガニスタン人）に対して使われた。英国が文民に対する爆撃を禁ずる国際条約締結を妨害することに成功

一九七五年にイラクのテロにクルド人を売り渡した一件

一九六一年、イラクのクルド人たちは、ムスタファ・バルザーニの主導のもとで武装蜂起を開始し、後にイラク・クルディスタン民主党も闘いに合流。その後イラクでは何度か政権が代わり、合意と攻撃再開が繰り返される。こうした中、クルド人解放区ができ、一九七〇年には「クルディスタンの自治に関する合意」が成立したが、一九七四年からイラク政権はクルド人に対する大規模な総攻撃を開始。約五十万人のクルド人がイランへ逃れた。一九七五年にはイランのシャー（穏健国民派のモサデク首相をいだく議会政府をCIA支援の一九五四年クーデターで破壊し政権についたパーレビ朝の王）とイラクのサダム・フセインとの間で「アルジェ協定」が交わされ、シャーは国境を遮断しイラクのクルド人へのいっさいの援助を打ち切った。その後、イラク国内ではクルド人に対する激しい弾圧と同化政策がしかれることになる。

したとき、著名な政治家のロイド・ジョージ☆は、「黒ん坊を爆撃する権利を保持しておくべきであると主張して」これを褒め称えたが、このとき頭にあったのは、おそらく同じような反抗的分子だったのだろう。

これらの事実に「言及するのは作法にかなわない」ことが了解されているとはいえ、それでも注意深いに越したことはない。というのも、予期せず調子が乱れて事実が表沙汰になることが有り得るからである。そのため、英国ジョン・メージャー政権の「開かれた政府」政策の指揮をとったウィリアム・ウォールドグレーブは、「英軍が一九一九年に(クルド人を含む)イラクの反逆者たちに毒ガスを使ったことを詳述しているファイル」を公文書局から取り除くよう命令した。この「歴史上の困惑事項を消毒しようという子どもっぽい行い」は、レーガン政権の反動スタッフに倣ったものであった。レーガン政権下では、公共のチェックから国家権力を保護しようとする極端な政策をとったため、国務省の歴史家たちが公式に抗議して辞任したのである。(★47)

ラオス

一九九〇年代という時間的制約の範囲内で、「新しい人道主義」の実践を描きだすもう一つの例を見ることにしよう。この事例はバルカンとも直接関係するところがある。

歴史上最大級のそしておそらく最も残忍な一般市民に対する爆撃が米国により行われた北部ラオス☆のジャール平原☆では、毎年数千人の死者が出る。ほとんどは子どもや貧しい農民である。ワシントンがこの地域の貧しい農民を攻撃したのは、インドシナでの戦争とはほとんど関係がない。最悪の期間は一九六八年からであり、これは、ワシントンが人びととビジネスの圧力に負けて北ベトナムとの交渉による問題解決を余儀なくされ、ベトナムのほとんどを荒野とした定常爆撃を停止した時期である。北ベトナムの標的を失って、米国の戦闘機はラオスとカンボジアの爆撃に振り向けられた。これがもたらした結果はよく知られているはずである。

最近の死は、小さな対人兵器「ボンビー」によるものである。「ボンビー」は、トラックやビルを破壊するのではなく、人を殺したり不具にする目的に特化した武器で、地雷よりもはるかにたちが悪い。「ボンビー」は握りこぶしより小さなクラスター爆弾である。(★48) ジャール平原は、この犯罪的な武器数億個による絨毯爆撃を受けた。製造者であるハネウェル(現在はそこから独立した「アライアント・テックシステム」)によると、「ボンビー」の不発率は二十パーセントから三十パーセントである。この不発率の高さは、驚くほど品質管理がなっていないか、あるいは、時間差をもって一般市民を殺すという理性的方針に従っているかどちらかであることを示している。ちなみに、「ボンビー」は、ラオスで使われたテクノロジーのほんの一部であり、この他に洞窟に避難した家族を一度に数百人も一つのミサイルで殺せるような先端ミサイルも動員された。「ボンビー」による年間死傷者は数百から「国中合わせると年間二万」と見積もられており、ウォール・ストリート・ジャーナル紙のアジア特派員バリー・ウエインが同紙のアジア版で述べたところによると、その半数が死亡している。(★49)

ウィンストン・チャーチル

一八七四年～一九六五年。英国の政治家。一九四〇年～四五年、一九五一年～五五年の二度にわたり英国首相。正式名称はサー・ウィンストン・レオナルド・スペンサー・チャーチル。

ロイド・ジョージ、デビッド

一八六三年～一九四五年。英国の政治家。

ラオス

フランス植民地だったラオスは一九五三年に公式な独立を果たしたが、その後も混乱が続いていた。一九六二年に、左派のラオス愛国戦線と中立派、右派との間に協定が成立し連合政府が発足したが、その後も三派の対立が続き、連合政府はまもなく崩壊した。こうした状況下、ラオス愛国戦線は北部を中心に独自の解放区建設を進めていたが、米国は右派の支援のために一九六二年からラオス北部の解放区への空爆を開始した。特に一九六八年ベトナム北爆を停止して以降、米国はラオス爆撃に空軍力を集中させた。愛国戦線の発表によると六九年末から七〇年には一日平均三千トンの爆弾が投下された。この爆撃は長期間かつ広範囲にわたって民間人を標的とし、多数の死者を出した他、六五年までに約四十三万人、七四年までに約七十万人もの難民を生みだした。

ジャール平原

「ジャール」はフランス語で壺を意味する。見渡す限りの平野に石壺が転がるラオス北部の平原で、米国による爆撃を最も激しく受けた地域。

控え目な見積もりに従うならば、ラオスの毎年の犠牲者は、NATOによる空爆前年のコソボと同じくらいである。ただし、コロンビアと同様、ラオスではこれが毎年続いており、子どもに犠牲が集中している。残虐行為の進行を止めるために一九九七年から北部ラオスで活動してきたメノー派中央委員会によると、犠牲者のうち半数以上が子どもである。

この人道的破局を一般に知らしめて対処しようという努力が続けられてきた。英国に本部を置く地雷助言グループ（MAG）は「ボンビー」を取り除こうとしてきたが、英国での報道によると、米国は、最近ようやくラオス人への除去訓練を約束したものの、「MAGのあとに続いたいくつかの西洋の組織の中には入っていなかった」。また、この英国報道は、ボンビーを「はるかに迅速にまた安全に」除去するための「爆発解除手続き」に関する情報提供を米国が拒否したとMAGの専門家が述べたことを苛立ち気味に報道している。爆発解除手続きは、米国でラオスに関する事態すべてが秘密にされていると同様、国家機密とされている。バンコックの報道も、カンボジアについて、特に一九六九年初頭以来米国による爆撃が最も激しかった東部地域で、ラオスと同様の状況にあると報告している(★50)。

例外的に、これに関わる一件が米国でニュースになったことがあるが、そこでは、「米国はラオスの不発弾を除去」という見出しのもとで、「ラオスの農民たちの脅威となっている、数千とはいかなくとも数百の不発弾を除去する国際計画の一部として、クルーカットの米国兵士たちが、ラオスの人びとに訓練を与えている」ことが誇らしげに報告されていた。省略されたいくつかのことをさておいても、この報道は現実と少し異なっている。MAGは、ある学校の校庭三分の一ヘクタールだけで七百個の「ボンビー」を発見している。また、最大の犠牲者は子どもたちである。同じ米国の全国紙は、第一面で「地雷を破壊するたった一人の聖戦」という見出しのもと、ロシア人がアフガニスタン侵攻時に用いた地雷を掃除する技術を開発している日本人企業家を讃えている(★51)。

東チモールと同様、ラオスでも、ワシントンは三つの選択肢のうち二番目、すなわち何もしないという選択肢を選んでいる。米国が果たした役割を考えると、こうした米国の方針は、東チモールでよりもラオスでの方がさらに邪悪である。また、メディアと評論家も、ラオスに対する戦争は「秘密戦争」、つまり、一九六九年三月からのカンボジア爆撃同様、よく知られているけれども公の場から抹殺された戦争であるという規範に従い、沈黙を続けている。当時の自己検閲は、現在同様、異様とも言えるほどであった。これらの出来事、そして当時から現在に至るまでのこうした出来事に対する対応は、「新しい人道主義」と、われわれが快適に暮している「正常な世界」について多くを語っている。

一九九九年四月になって、米国のコソボ特派員たちは、NATOがコソボでクラスター爆弾を使っており、「コソボ地方の一部は」不発小爆弾が「廃棄」された「人の住めない土地」になっていると報告した。クラスター爆弾は、越境攻撃によって開けた場所に追いやられたセルビア人兵士たちを一度に殺すためにも用いられた。ラオスその他の場所でと同様、こうした武器は「悲惨な負傷者」を生みだした。プリシュティナの病院だけで何百人もの人びとが治療をうけたが、半数近くは一般市民であり、死者や負傷者の中にはアルバニア人の子どもも含まれていた。[★52] 多くは、警告なしに殺したり不具にすることを目的とした時限つきクラスター爆弾の犠牲者であった。クラスター爆弾が使われているという信憑性の高い報告を受け、英国の「透明で責任ある武器貿易キャンペーン」はトニー・ブレア首相、ロビン・クック外相そしてジョージ・ロバートソン防衛相を、そうしたテロ用武器の利用に対する「犯罪的無視」の罪、「対人地雷の使用、備蓄、製造、移転の禁止及びその破棄に関する（オタワ）条約☆」に対

対人地雷の使用、備蓄、製造、移転の禁止及びその破棄に関する条約
一般に、オタワ条約あるいは対人地雷全面禁止条約と呼ばれる。一九九五年からジュネーブで開催されていた国連軍縮会議で地雷の除去や禁止が議論されてきたが、国連軍縮会議が全会一致を原則としているため合意に達しにくいという問題があった。こうした中、一九九六年の国連会議でカナダ政府が、対人地雷の使用、備蓄、製造、移転の禁止及びその破棄を骨子とする国際条約を提案し、まず条約を支持する国の署名だけで禁止条約を発効し、参加国を増やしていこうという提案を行った。この提案はNGO等の支持も得、一九九七年十二月にはオタワで条約調印式が行われるに至った。条約加盟国は一九九八年に約一三〇カ国、批准国は四〇カ国を超え、一九九九年三月に発効。米国は朝鮮半島での地雷の必要性を主張して署名を拒否している。

する違反、そして、英国法は国際条約を順守すべしとした英国の法律に対する違反で告発した。米国は、人権関係の条約と国際法一般に対するいつもの立場に従い、オタワ条約を批准していないため、同様の告発をすることはできない。(★53)

コソボ和平協定では、セルビア軍が地雷地帯を掃除することになっている。制限つきの境界パトロール以外に、コソボに入ることを許されるのは、地雷除去を目的とする場合に限られる。セルビア軍が、NATOの侵略に備えて設置した、確実に一般市民の犠牲者を生みだしたであろう地雷を自らが撤去するのはまったく妥当なことである。NATO軍の報道官、コンラッド・フレイタグ大佐は正義ぶって「セルビア軍が地雷を設置したのであるから、それを撤去する責任がある」と宣言した。(★54)

これよりもはるかにスキャンダラスな犯罪における致命的な廃棄物を清掃する責任が米国にあるかもしれないということは言うに及ばず、人びとが不発弾を撤去して、現在も毎年殺されている数千人もの人びとと同じ運命を辿らずにすむために、必要な情報を提供する責任が米国にあるということすら、まったく反応がないことをみると、突飛すぎて考えも及ばないことなのであろう。

二重基準

クリントン大統領は、米国の国民に「ただ目を背けるという選択肢をとれないときがあり」、「われわれは世界の隅々にわたるすべての悲劇に対応できるわけではないが」、それは「誰に対しても何もしない」ことを意味するわけではないと説明した。(★55)

クリントンの論点には利点がある。最も天使に近い人でさえ世界中のすべての問題に関与することはできないし、聖なる国家でさえ（仮に「道徳的な国家」というものが想像可能だとしての話だが）、扱う問題を選ばなくてはならない。けれども大統領や多くのコメンテータたちは、どのような「とき」に背を向けないのかが実は明確に定義されていることを述べていない。クリントンの述べた原則は、実際には技術的な意味での「人道的危機」、すなわち、権力を持ったものが脅かされるときに適用される。それゆえ、パレスチナやコロンビア、ラオスといった、これまで見てきた例は「人道的危機」に値せず、これらから「目を背け」たり「何もしない」ことは、義務的ではないにしても、好まれる選択肢なのである。同様に、クリントンの対アフリカ政策、すなわち、西洋の外交官の言葉を使うならば「アフリカに自らの危機の解決をまかせる」政策は正当とされる。大規模な戦争と虐殺が行われたコンゴ共和国☆を考えてみよう。クリントンは、平和維持軍のためにほんのわずかの部隊を送って欲しいという国連の要請を拒否した。国連の上級アフリカ使節であり尊敬されている外交官でもあるモハメド・サヌーンによると、米国が拒否したため、国連提案は「無に帰した」。シエラレオネ☆に関しては、「ワシントンは平和維持軍派遣という英国提案を巡る議論を引き延ばし」、さらなる大惨禍への道を開いた。この場合も、「目を背ける」ことが選ばれるような惨禍であった。他にも、「ヨーロッパ及び国連の外交官によると、アフリカの戦争のいくつかを止めることができたかもしれない国連の平和維持活動を米国は積極的に妨害した」(★56)という報告が、セルビア爆撃計画が最終段階に入っていたと同じ時期にコラム・リンチ特派員によりなされている。

コンゴ（旧ザイール）共和国の虐殺
長年モブツ大統領による独裁が続いていたザイール共和国では、一九九四年隣国ルワンダからの難民流入により緊張がさらに高まり、一九九六年から、ザイールのツチ系住民を中心とするコンゴ・ザイール解放民主勢力連合（ADFL）とザイール軍・旧ルワンダ政府軍との戦闘が激化した。一九九七年ADFLは首都を制圧、モブツ大統領はモロッコへ亡命し死亡。国連は一九九八年七月ADFLのカビラ議長がコンゴ東部でフツの難民虐殺に関与したと発表。一九九八年八月以降反政府勢力との戦闘がさらに激化している。二〇〇〇年六月に国連救援委員会中央アフリカ担当官は、一九九八年以来の二年間でザイール東部の住民一七〇万人が死亡したと発表した。戦闘や略奪攻撃での死者二十万人に一五〇万人が栄養状態の悪化や病気で死亡したという。

シエラレオネの虐殺
シエラレオネでは長年軍事独裁、クーデター、内戦が続いており、一九九〇年以降政情の不安のため大量の難民が発生していた。一九九六年には、複数政党制選挙のもとでA・カバー文民政権が誕生するが、翌九七年五月の軍事クーデターで崩壊。このクーデター後首都フリータウンでは多数の死者が出た。ちなみに、世界保健機関が発表したところによると、世界の国の中で平均寿命が最も短いのはシエラレオネで平均二五・九歳という。

よく言われる「われわれは世界の隅々にわたる悲劇すべてに対応できるわけではない」というのは卑劣な逃げ口上である。同じ逃げ口上が、ミロシェビッチのコソボでの犯罪が現代世界の唯一の犯罪ではないという不作法な見解に対する反論として頻繁に用いられる。「アフリカやアジアにおける同等の残虐行為を無視している」としても、今やわれわれは、武力を使って「コソボの人びとの苦境に」応えるべく、正しいことをしているのであり、それは称賛されるべきであるというわけである。[★57] コソボの人びとの「苦境」の多くが空爆の結果引き起こされたものであることを見ないとしても、文明諸国が、単に、「同様の残虐行為を無視している」というのは事実とはまったく異なっている。文明諸国は、頻繁に、残虐行為を激化させるような介入を行い、場合によっては残虐行為を引き起こしたり直接実行したりしてきた。特に、われわれが議論の対象としている一九九〇年代にこれは顕著である。その中には、無視するためには莫大な努力を必要とするNATO内部での残虐行為も含まれている。

一つめと二つめの選択肢がとられた事例は多数あるが、ここまでにしよう。また、上下水道や電気などの生活基盤を破壊し、修復や薬の提供までも妨害する悪辣な「生物戦争」によるイラク市民の虐殺のような、規模の異なる現代の虐殺についても省略しよう。ちなみに、「新しい人道主義」はイラクにおける道徳的問題を無視したわけではない。一九九六年に、五年間で五十万のイラクの子どもたちが命を失ったことについて全国TVの質問に答えて、マドレーヌ・オルブライトは、それは「大変つらい選択だったが」、「犠牲は、われわれが思うに、払うに値した」と述べた。三年経って犠牲者の数がさらに積みあげられたあとも道徳的計算の結果は変っておらず、米国は、「マドレーヌ・オルブライト国務長官が擁護」した、「人権擁護は作戦の一形態である」という考えに新たな情熱をもって献身している。[★58]

現在の見積もりによると、イラクでは一カ月に四千人の子どもが殺されている。英米が課した経済封鎖により、サダム・フセインの力は強まり、一方、イラクの市民社会は破壊されている。国連外交官デニス・ハリデーは、おそらく西洋人の中では誰よりもイラクについてよく知っている人物であるが、自ら目にした「虐殺」政策（経済封鎖）に抗議してバグダッドの人道調整官を辞任した。彼は、莫大な死者や病気、社会の解体といった問題の他に、別の犠牲も指摘している。「イラクの、将来専門家や政治指導者になるべき若い世代は、苦々しい思いと怒りを抱いており、孤立し、世界から危険なまでに疎外されており、ベルサイユ条約下でのドイツに見られたような状況の中で成熟しており」、彼ら彼女らの多くは「現在の指導者と、指導者たちが国連と対話と妥協を続ける態度は受け入れがたい、あまりに「なまぬるい」と考えている」[★59]。ハリデーは「現在の死と絶望とに加え、経済封鎖の長期的な社会政治的影響」について警告を発しているのである。

二人のタカ派軍事アナリストは「イラクの歴史の中で大量破壊兵器によって殺された人びとよりも多くの人が経済封鎖という必要（ママ――原文）原因によって命を失ったであろう」と述べている。デビッド・ショロック特派員は、バグダッドからの報告で、西洋が行っている「イラクの人びとに対する怪物的な社会実験」の効果について分析しており、これがセルビアに適用される可能性があることを示唆しているが、有りそうなことである[★60]。

「意図的な無知」を振り払うならば、これは、誰かが道を踏み外したときにとられる通常の対応であることが思い起こされるだろう。一九九〇年八月、サダム・フセインは米国の定めた道を踏み外したため、とたんに、好ましい友人から悪魔へと転化した。これにより、サダムの、確かに残虐ではあるが別に新しくもなく（ブッシュ政権が恐れたのは、交渉を妨害しないならば、サダムは、米国がパナマで行ったことと同じことを行うのではないかということであった）[☆]、また、これまで文明諸国が受け入れていたサダムの深刻な犯罪と比べて特にひどいわけでもない犯罪が、悪魔の所業と言われることになったのである。ニカラグアでも同様である。ソモサが米国により供給され

サダムとパナマ

一九八九年十二月、その直前の大統領選挙における米国支援の候補ギレルモ・エンダーラの勝利をノリエガがかすめ取ったと非難していた米国は、ノリエガの麻薬問題も口実として二万五千人の米軍をパナマに侵攻させ、ノリエガを米国に連れ去った他、五千人以上にのぼるパナマの民族主義派の政治家や労働組合活動家を連行した。その後、エンダーラが大統領の座に復帰した。これにより、パナマ運河返還後も実質的に米国の利権が守られることになったと言われている。サダム・フセインにもクウェートに親イラク政権を擁立して撤退する意図があったのかもしれない。

訓練を受けた軍を使って何万もの人びとを殺していた二十年前は何も問題がなかったが、その後米国の方針に従わないという罪を犯したため、ニカラグアはハイチに次ぐ西半球第二の貧困国へと突き落とされた。また、キューバでは、四十年にわたって米国によるテロ活動と前例を見ない経済戦争が続けられ、食糧や（実質上）医薬品すら経済封鎖の対象となった。ケネディのブレーンによると、これはカストロの犯罪によるためではなく、「状況を自らの手で扱うというカストロ流の考えが広まる」ことを恐れたためであった。ラテンアメリカ全土にわたって「土地やその他の国家資産の分配は富裕層に集中しており、キューバ革命に刺激された貧困層が今やまともな暮らしを要求し始めた」ために、カストロの考えが広まることは深刻な問題となっていたのである。(★61)

クリントン政権の「道徳的指針」が、少なくともコソボでは適切に機能しているといった称賛の言辞を読むときには、これらを始めとする多くの類例を念頭に置いておく必要がある。(★62)

ソマリアとハイチ

このような批判は、「新しい人道主義」における称賛すべき例であるソマリアやハイチ☆のことをとりあげていないので不公平であると言われるかもしれない。けれども、ソマリアもハイチも、きちんと検討するならば、称賛があさましいものであることがわかる。

一九九〇年代前半、ソマリアの悲劇を作りだすのにワシントンが重要な役割を果たしたことについては議論の余地がない。ワシントンは次いで、戦闘が沈静化し、援助が自由に行えるようになるまで静観していた。通常はワシントンの政策寄りの立場をとるいろいろなメディアでさえ、一九九二年十二月のソマリア介入が宣伝目的であることを認め、その政策を「ハリウッド用の侵略」と言って風刺し、軍事予算の「ショーケース」、あるいは「丁度良いタイミングの宣伝用目玉商品」と述べていた。共同指令チーム代表のコリン・パウエルが述べたように、これは、介入部隊設置計画のための「費用負担政治宣伝」であった。けれども事態はすぐに悪化した。これは、米兵が脅威にさらされたときには大規模な部隊を展開するという米国の軍事ドクトリンに因るところが大きかった(★63)。「米軍の犯罪的無能により」、一九九三年十月に「米国の火器によって千人以上のソマリア人が虐殺された」ことが後に報道された。一九九三年夏だけで、公式に、六千人から一万人のソマリア人犠牲者が出たと見積もられている。このうち三分の二は女性と子どもである。ただ、見積もりは極めて不正確である。しばしば「ソマリア人犠牲者は、概ね、記者たちに見過ごされた」という(★64)。

ロサンゼルス・タイムズ紙の特派員、ジョン・バルザーは、最後の米国海軍は百対一という不均衡な銃撃の嵐のなかで撤退したと報告している。彼はまた、米軍司令官はソマリア人犠牲者の数を数えなかったと報告している。もちろん、「ただ恐ろしげに見えた」だけで殺されたソマリア人の数は数えられることがなかったろう。作戦を指揮した海軍中将アンソニー・ジニは、報道陣に向かって「私は死体を数えていない……それに関心はない」と述べた。フォーリン・ポリシー誌の編集者であるチャールズ・ウィリアム・メインズは、米軍兵士三十四人が命を失った一方、「CIA職員は、米軍が七千人から一万人のソマリア人を殺したかもしれないと個人的に認めた」とさりと述べている。ジニはさらに、一九九八年十二月のイラク爆撃も指揮しているが、その後ニューヨーク・タイムズ紙は彼の異国文化に対する造詣に注目し、彼を「アラブの価値に敏感な」人間と報道した(★65)。

米国難民政策団は「人道作戦」で救われた人☆の数を一万人から二万五千人と見積もっているが、最低の数値すら過剰見積もりであると、アフリカン・ライツのアレックス・ドゥ・ヴァールは述べている。というのも、多くの死はマラリアによるものであり、米国の人道作戦に対マラリア計画は入っていなかったからである。ドゥ・ヴァール

ソマリア
一九七〇年に社会主義国家を宣言したソマリアでは、長らくバーレ大統領の支配が続いていたが、一九九一年一月に反政府組織の統一ソマリア会議（USC）が首都モガディシオを制圧、バーレ政権は崩壊しモハメド暫定政権が樹立された。同年十一月にはUSCのモハメド派とアイディド議長派が内戦に突入し、内戦は全土に広がり二百万にのぼる人びとが内戦と旱魃で飢餓に瀕する状態となった。一九九二年十二月には米軍主導の多国籍軍が派遣されたが九五年までに撤退した。九七年には対立勢力が和平に合意した。

は、この地域における飢餓と援助の専門家である。米国がソマリアで犯した戦争犯罪の中には、病院と市民集団に対する直接の軍事攻撃が含まれている。他の西洋諸国の軍隊も同様にひどい犯罪に関与した。そのいくつかは、カナダの公式調査により明らかにされたが、米国を含め他の国々がこれにならうことはなかった。(★66)

これに関する通常の説明は、年明けのワシントン・ポスト紙に見られる、次のようなものである。米軍は国連の作戦を「率先して進め」たが、「救われた何千ものソマリア人の命の上には、失われた十八名の米軍兵士の命が影を落としており」、この悲劇が「国連の撤退」という結果を導いた。命を失った何千人ものソマリア人はほとんど画面には現われず、言及もされなかった。(★67)

ウッドロー・ウィルソンが侵略して以来、米国支配下で廃虚となった国、ハイチ☆では、一九九〇年十二月に最初の自由選挙が行われた。(★68)一般の米国人が驚いたことに、この選挙で三分の二の票を得て勝利したのは、これまで米国ではとりあげられなかったさまざまな草の根運動に支持された大衆寄りの聖職者ジャン・ベルトラン・アリスティドだった。自分の傀儡候補者が十四パーセントしか票を得なかったことに驚いた米国は、すぐにハイチ最初の民主政府を妨害し始めた。七カ月後、残虐な軍事政権により民主政府が転覆させられたあと、米国は米州機構が提唱した貿易封鎖の邪魔をし、軍事政権とそれを支持する富裕層への不法な石油輸出を許可しながら、諜報及び軍事面でハイチ軍政との緊密な関係を保っていた。

軍政による三年間のテロ政治のあと、米国は「民主主義を回復する」ためハイチに介入したが、このとき、唯一の自由選挙でハイチの人びとが否定した米国の計画をアリスティドが受け入れるという条件が付けられた。ワシントンは、非常に過酷な新自由主義政策をハイチに強制した。この結果、これまでハイチが自給していた主食である米の生産が破壊された。米国が強要した「改革」のもとで、ハイチの農民は関税保護を剝ぎ取られ、レーガン政権時代に急増した政府援助により利益の四十パーセントを賄っている米国のアグリビジネスとの競争に晒される結果となった。これから起こるだろうことを予想して、ＵＳＡＩＤ（米国援助庁）は、一九九五年に、ワシントンが適用した「輸出指向の貿易と投資政策」により「国内の米生産農家は厳しく搾り取られる」こととなり、その結果、合理的期待形成理論に従って農民たちは輸出農作物に頼らざるを得ないこととなり、同時に、米国のアグリビジネスと投資家が利益を得ることとなるだろうと報告している。さらに、ハイチで期待がかけられてきた数少ない産業の一つ、鶏の生産が、最近になって同じように破壊された。米国の生産者が抱える大量の余剰肉は、米国の新自由主義政策を強要され関税がゼロに等しくなった「ハイチに流れ込んだ」。ちなみに、カナダやメキシコでは、米国のダンピングを抑えるために二百パーセント以上の関税がかけられているのである。(★69)

原理的には、ワシントンが米国生産者を保護するためによくやっているのと同様、ハイチは反ダンピングの手段を講じ、報復に米国の輸出業者に対して市場を閉鎖することができる。相手には市場原理を、自分には保護国家という二面性をもって、数百年もの間君臨している市場理論は、世界最富国が、悲惨な状態にされた世界の片隅を相手に利用するときとりわけ醜い。

米軍は十六万ページに及ぶハイチのクーデター政権とその準軍組織の文書を押収し、未だにハイチ政府に手渡さないでいる。ヒューマンライツ・ウォッチと西半球問題委員会が引用している分析家によると、ハイチ政府には、代りに、米国政府がテロリスト政府に関与したり短命に終わった民主的時代の政策を妨害したことに関する「当惑すべき関係を表沙汰にしないために」、米国人の名前を削除した検閲済みの文書が手渡された。クリントン政権は、一九九六年、副国務長官ストローブ・タルボット(彼は今や、バルカンで有名だ)が、議会に「われわれはUSA

アフリカン・ライツ
ロンドンに事務所を置くアフリカを専門とした人権団体。

ハイチ
ハイチでは一九五七年以来デュバリエ親子の恐怖政治が続いていたが一九八六年に崩壊。一九九〇年には草の根の活動を続けてきたジャン・ベルトラン・アリスティド神父が大統領に当選した。一九九一年には、デュバリエ時代からの軍と秘密警察がクーデターを行いアリスティドは米国に亡命した。その後一九九四年に国際社会の調停のもと、アリスティドは大統領に復帰した。

ＩＤと私企業部門を通して事態を把握し続ける」と確約した後、米軍を撤退させた。

ハイチがベンガル（現バングラディッシュ）と肩を並べる世界最裕福の植民地地域であったこと、そしてハイチがフランスに莫大な富をもたらしたことを思い起こすべきであろう。「意図的な無知」から逃れてこれを思い起こすならば、考えさせられることは少なくない。けれども、ここでは、ハイチが、人権問題に対するワシントンの誠実な献身、「人道的介入」という美徳を示すために行われた称賛すべき例であると考えられている点を確認するだけで十分であろう。

ハイチはまた、世界人権宣言第十四条、迫害からの保護を保証した条項の運用上の意味を示す好例でもある。二十年前、カーター政権は、ハイチから逃げだしたボートピープルを、デュバリエ独裁政権のもとに強制送還していた。その後、レーガン＝デュバリエ合意により、人権宣言第十四条の侵害は公に批准された。米国が忌嫌った短い民主政権の時代、テロはほとんどなくなり難民流出もわずかになったが、この期間、米国の政策は百八十度転換し、人権宣言第十四条が尊重されることとなった。軍事クーデターによりテロ政府が復活すると、ワシントンは再び「悪辣な……不法で無責任な難民政策」（アメリカズ・ウォッチ）に戻った。この政策を激しく非難した当時の大統領候補ビル・クリントンは、大統領着任後、これをさらに強化したのだった。最高裁判所はハイチ難民の強制送還を認めたが、おそらくこれはスイスがホロコーストから逃げてきたユダヤ人の入国を拒否したときに用いた議論に依拠して国際難民法を解釈しているのではないか、と『米国国際法雑誌』の編集長は、過去十年におけるワシントンの条約執行拒否が「恐るべきまでに悪化」していることを検討した中で述べている。過去十年は、さまざまな点で前例を打ち破ったレーガン時代をすら凌いでいる。(★71)

つまり、称賛すべき事例とされているものはどれも、「新しい人道主義」のイメージを保つための力添えにはならない。それらが示しているのは、やはり、「新しい人道主義」を導いている実際の価値である。

❸ 人道的介入

ここでは、人道的危機における第三の選択肢、すなわち、危機を和らげようとする場合を見てみよう。危機を和らげるためにとられる手だては、平和的なもの（外交や建設的援助）から、「人道的介入」と呼ばれる武力行使まで色々ある。

人道的介入の例は、公式のレトリックに従うならば、容易に見つけることができる。実際、公式レトリックの枠組みでは、武力行使が人道的献身により行われるという主張はほとんど普遍的真理ですらある。けれども現実世界では事態は異なる。

NATOによる爆撃が始まってすぐに人道的介入を巡る問題が起こった。国際社会には、もともとは米国中心に立案された、すべての国家が従うべき国際法と国際秩序というものが存在する。その基本理念は国連憲章に述べられており、また、国連総会決議や世界法廷の決定にも反映されている。簡単に述べると、武力による威嚇や実際の武力行使は、安全保障理事会が平和的手段が成功しなかったと判断し武力行使を正当に認める場合か、または安全保障理事会が行動を起こすまでの（狭い意味の）「武力攻撃」に対する自衛として以外は、禁じられている（国連憲章第五十一条）。

ここで付言しなくてはならないことがある。国連憲章により定められた世界秩序の規則と、第二次世界大戦後米国主導で確立された世界秩序のもう一つの柱である世界人権宣言との間には、対立とは言わないまでも緊張がある。国連憲章は国家主権を侵害する武力行使を禁止している。一方、人権宣言は抑圧的な国家に対する個人の権利を保障している。ただ、人権宣言もその後に採択された決議も、どのようにして個人の権利保障を実際に保つかについては触れていない。人道的介入を巡る問題はこの緊張から生ずる。コソボにおいて米国とNATOが主張し、メディアや広い範囲の解説者たちが支持したのは、この人道的介入権である。

ニューヨーク・タイムズ紙は、すぐさま、この問題を「法学者たちは武力行使を支持」という見出しの記事で取り扱った。[★72] 武力行使を支持する一つの例として、米国の元国連代表部法律顧問のアレン・ガーソンをあげている。他に、二名の法律家の発言が引用されている。一つは、テッド・ゲーレン・カーペンターで、彼は「政府の議論をあざ笑い」、介入権があるという主張を否定した。もう一人は、シカゴ・ロースクールの国際法専門家、ジャック・ゴールドスミスである。彼は、NATOによる爆撃を批判する人びとは「法律的議論としては大変まっとうである」が、「多くの人は習慣と実践の問題として、人道的介入という例外が存在すると考えている」と述べている。これらが、見出しに述べられている主張を正当化する証拠としてあげられている見解である。これにより人道的介入を行なうことの正当性は証明されたとされ、問題が再びとりあげられることはなかった。

ゴールドスミスの見解は、「習慣と実践」とを決めるのに事実が重要な役割を果たすことを認めるならば、妥当なものである。その際、もう一つの明らかな真理を忘れてはならない。すなわち、もし人道的介入権というものが存在するならば、それは、介入する側に善意があることを前提としており、その善意は、介入者のレトリックによってではなく、実際の行いによって決まるということである。これは、「文明諸国」以外の介入者を扱うときは真理とされている。例えば、西側がボスニアに介入しようとはしなかった時点でイランが虐殺を回避するために介入すると提案したことを考えてみよう。☆ こうした提案は一般に馬鹿げたものとして却下された（実はほとんど無視された）。イランの介入は、スレブレニツァなどで、イスラム教徒を虐殺から守ったかもしれないのに。単に強きに従うという理由以外にイランの提案を拒絶する理由があるとすると、それは、イランに善意があるとは思えないという理由である。これはもっともである。というのも、イランはさまざまな犯罪的行為を行ってきたし、世界法廷の判定を拒絶した二つの国の一つでもあるからだ。☆ 理性的な人は、明白な疑問を呈するだろう。イランが行った干渉とテロの記録は、[★73] さまざまな犯罪を行い、かつ世界法廷の判決を拒絶したもう一つの国である米国の干渉とテロよりもひどいだろうか。さらに次のような疑問もある。例えば、すべての国家が国際法に従うよう求めた安全保障理事会の議決に拒否権を発動した唯一の国の誠意をどのように評価すべきだろうか。米国の歴史的記録はどのようなものだろう。こうした問題がきちんと検討されない限り、誠実な人間ならば、人道的介入を巡る言説は教条主義に対する価値なき隷属であると考えるであろう。

このような検討に耐え得るメディアや他の文献がどのくらいあるかを見てみるのは有益である。「人道的介入」に関する最近の最も包括的な研究として、ジョージ・ワシントン大学ロースクール教授でハーグの米国大使館で法律問題顧問を勤めたこともあるショーン・マーフィーによるものがある。彼は、戦争を非合法とした一九二八年のケロッグ・ブリアン条約☆後の、そしてそれらを強化し明文化した国連憲章以後の記録を検討している。彼によると、ケロッグ・ブリアン条約後の第一期において最も顕著な「人道的介入」の例は、日本の満州侵略☆、ムッソリーニのエチオピア侵略☆、そしてヒトラーによるチェコスロバキアの一部の占領☆である。これらはいずれも、崇高な人道的レトリックと事実による正当化を伴っていた。日本は、「中国の盗賊」から満州を防衛し、「地上の

イランのボスニア介入提案
一九九三年春、クリントンは、ボスニア・ヘルツェゴビナのムスリム人に対する武器提供を主張したがヨーロッパ諸国の反対にあう。その直後、イランを始めとする非同盟運動加盟国がムスリム人の肩を持つ軍事介入案を国連安保理に提案した。賛成は過半数に満たなかった。

イランと世界法廷
一九七九年パーレビ朝を倒した革命後、テヘランの米国大使館が占拠された。世界法廷はイランに対して米国大使館人質の釈放と大使館の米国への返還を求める暫定判決を出したがイラン当局はこれに従わなかった。

ケロッグ・ブリアン条約
一九二八年にパリで締結された戦争放棄に対する一般国際条約で、不戦条約とも言われる。フランス外相ブリアンと米国国務長官ケロッグが提唱したためこの名前がある。紛争の平和的解決を呼びかけてはいるが制裁規程は設けられなかった。

日本の満州侵略
日露戦争後朝鮮を植民地支配下におき、さらに中国東北部へ進出しつつあった日本は、第一次世界大戦後の工業化の中で中国東北部への侵略を進めた。一九三一年九月、日本軍は、自ら行った鉄道爆破の謀略を口実に全面的な侵略を開始し、その後一九三二年には傀儡国家「満州国」を樹立した。

楽園」をもたらすと述べており、侵略時には、米国が南ベトナム侵略を行っていたときには望むべくもなかったような、信頼できる中国の民族主義指導者の協力を得ていた。ムッソリーニは、エチオピアに西洋文明をもたらすという使命を実行して、数千人もの奴隷を解放した。ヒトラーは、民族対立と暴力を終わらせる意図を宣言し、「ドイツとチェコの人びとの民族的個性を守る」と述べていた。この作戦は、そうした意図に従い、「その地域に住む人びとの本当の利益に貢献するという心からの熱意で充ちていた」。ヒトラーの行動は、スロバキア大統領がヒトラーにスロバキアを保護国と宣言するよう求めたことによりさらに正当化された(★74)。

これらの不快な正当化を、国連憲章以降の時代の、「人道的介入」を含む介入のときに使われた正当化と比べてみるのも重要である。

国連憲章以後の時代で、人道的破局を軽減するために行われた最も著名な例は、絶頂に達していたポルポトの虐殺に終止符を打った、一九七八年のベトナムによるカンボジア侵攻☆であろう。ベトナムは武力攻撃に対する自衛権を主張した。これは国連憲章以降の時期に行われた説得力のある数少ない主張の一つであった。というのも、クメール・ルージュ（民主カンプチア・ポルポト派）は、ベトナムに対して国境地帯から過酷な攻撃を仕掛けていたからである。米国の反応は興味深い。米国メディアはベトナムを、国際法に違反するアジアの無法「プロシア人」と呼んで非難した。ベトナムは、ポルポトの虐殺を止めたという犯罪のため、まず（米国に後押しされた）中国の侵略により、次いで米国による非常に過酷な経済封鎖によって処罰されることとなった。米国国務省は、追放された民主カンプチアがポルポト政権との「継続性」を持っているとして公式のカンボジア政府と認定した。さらに、多少あからさまに、クメール・ルージュにより続けられたカンボジア攻撃を支援した。

この例は、実際の「人道的介入に関して現われつつある規範」の背後にある「習慣と実践」についてさらにさまざまなことを示している。

人道的破局を止めるための別の介入例として、一九七一年のインドによる東パキスタン介入☆をあげることができる。これにより、東パキスタンの大規模な虐殺と難民流出（当時の見積もりでは一千万人以上と言われている）に終止符が打たれた。米国はインドを侵略国として非難し、宣戦布告すると脅した。キッシンジャーは特にインドの行為に腹を立てたが、これは主に、彼が注意深く計画していたパキスタンから中国への極秘訪問が妨害され、喝采を浴びる絶好の機会を失ったからである。(★75) 歴史家ジョン・ルイス・ガディスがキッシンジャー回想録の最新版に対する驚嘆すべき書評の中で次のように述べたときに彼の頭にあった出来事の一つはこれなのかもしれない。「キッシンジャーはこのとき、ナチス・ドイツで育ったことの影響、両親が示してくれた手本、それらの結果として彼が道徳的枠組から外れた行為を行うことができなくなったことに関して、それ以前よりも明確に感謝の意を表している(★76)」。説明に使われている例と同様、論理も圧巻である。

ここでもまた同じ教訓を得ることができる。

むろん、「人道的介入」の歴史は一九二八年のケロッグ・ブリアン条約から始まるわけではない。著名な先例が存

ムッソリーニのエチオピア侵略
ムッソリーニ（一八八三年～一九四五年）は一九三五年、当時のイタリア領エリトリアからエチオピアへの侵略を開始し翌年首都アジス・アベバを制圧した。国際連盟に加盟していたエチオピアはこれに抗議したが何の対処もなされなかった。

ヒトラーのチェコスロバキア占領。
一九三三年にドイツで権力の座についたナチスはその後拡張政策をとり、一九三八年にはオーストリアを併合、チェコスロバキアのズデーテン地方も武力による威嚇をもって獲得した。英仏は三八年ミュンヘン会談でこれを承認した。

ベトナムによるカンボジア侵攻
本章81頁訳注、クメール・ルージュの項を参照。

インドによる東パキスタン介入。
東パキスタンは現在のバングラディッシュ。一九四七年にパキスタンの一部（東パキスタン州）として独立した。七〇年の選挙で東パキスタンでは自治を要求するアワミ連盟が第一党となり西パキスタンとの対立が深化、七一年から内戦に突入した。これにより七一年末までに東パキスタンからインドへ数百万人の難民が流入、インドは東パキスタンを支援して軍事介入を行い、東パキスタンのバングラディッシュとしての独立が決定した。

在する。これは侵略や暴力に伴うほとんど普遍的な特徴と言える。むろん、例外もある。われわれ西洋人にとって最もなじみ深いのは、われわれの道徳的及び倫理的伝統の核心にあるもので、聖書に記録された、選ばれた人びとにより誠実に実行された虐殺の命令に起源を持つものである。その後子孫たちはそれをまねた。例えば一千年前に、フランク人の騎士たちは同じ聖なる神の配慮に従ってレバント人を略奪し、また新世界では、「イスラエルの子孫たち」が神の意志に従った。これらは数多くの「戦争の神聖化」のいくつかの例である。

もし記録が残っていたならば、チンギス・ハーンやフン族のアッチラも人道的動機を述べていたことが見いだされるかも知れない。米国の歴史だけを見ても、例には事欠かない。東部☆ですでに達成されていたと同様に、先住民をほとんど壊滅させて西部を征服したとき、セオドア・ルーズベルト☆は、それを人道的意図の最たるものとして次のように述べている。「戦争の中で究極の正義を伴う戦争は、蛮族に対する戦争」であり、それによって「世界の支配人種」による支配が確立される戦争である[★77]。

征服者たちは、「究極の正義を伴う戦争☆」、すなわち、著名な現代外交史の言葉を借りると「木とインディアンたちをなぎ倒し、自らの領土を拡張する仕事」を完了した後、次のステップへと、やはり人道的意図に基づいて移っていった[★78]。彼らは、一八九八年にキューバに介入してスペインからの独立を横取りし、米国の「実質上の植民地」にして、新たに解放されたばかりの合衆国の最初の外交政策を達成した[★79]。米国は、この介入を、「文明と人間性そして自由のため」になされたものと自賛した。マキンレー大統領☆は「人間性の導きのみに従い、崇高な公共の道徳的義務を果たすためだけに武器を取り」、「人間性の名において」そして「文明の名において」行動したと高らかに述べた。セオドア・ルーズベルトとウッドロー・ウィルソン☆の他、現在に至るおおぜいの主導的知識人や学者がこれに熱狂的な同意を示した。

フィリピン征服☆を同様に正当化するためには多少の苦労が伴った。というのも、かつてインディアンを虐殺した米国の戦士たちが、このもう一つの「究極の正義を伴う戦争」では何十万もの死者を生みだしたからである。けれども、この正当化も達成され、現在までそれは維持されている。(★80) 米国大統領は当時、「人間性のための偉大な行為」たる戦争を行っているとき、フィリピン人たちの同意が得られていないことを認めていた。けれども、その必要があるとは考えられていなかった。

われわれは、われわれ自身にかかっている、より崇高な義務に従っているのであり、誰の同意も必要とはしない。われわれは、神がわれわれに自らの義務を見るよう光を与えてくれたのに従い、義務を遂行しており、それにあたっては、われわれ自身の良心の同意と文明の賛同を得ている。解放される人びとが自分たちの救世主を狙撃しているときには、解放者たちが彼らに対して自由と統治に関する重要な問題を提起するには時が熟していないのである。

セオドア・ルーズベルト
一八五八年〜一九一九年。一九〇一年〜一九〇九年まで、第二十六代米国大統領。

米国の歴史
一八九五年キューバは反スペイン独立闘争を開始したが、一八九八年米国が介入してキューバを実質上の植民地にした。ノーム・チョムスキー著『アメリカが本当に望んでいること』(益岡賢訳、現代企画室、一九九四年) ハワード・ジン著『民衆のアメリカ史』(猿谷要監修、TBSブリタニカ、一九九三年。全三巻) を参照。

ウィリアム・マキンレー
一八四三年〜一九〇一年。一八九七年から一九〇一年まで第二十五代米国大統領。

ウッドロー・ウィルソン
一八五六年〜一九二四年。一九一三年から一九二一年まで第二十八代米国大統領。

フィリピン征服
一八九八年、「米西戦争」講和の結果、二千万ドルの支払いと引き替えに米国はスペインからグアム、プエルトリコ、フィリピン諸島を「譲り受けた」。一八九九年からフィリピンは米国に対して反乱を起こす。米国は三年の月日と七万からなる大軍を投下し反乱軍を破った。

米国は単に自らのモデルであり先駆者であるヨーロッパの行為を拡張しているだけであった。何世紀にもわたる経験の後ヨーロッパ協調☆という機構を作った欧州諸国は、一九世紀後半、文明化された国家の献身を新たにして、中国からアフリカ、そしてセルビア人を含めた中東に至るまでの世界中の遅れた人びとの苦しみを救済すべく乗りだした。ドイツ皇帝は、ヨーロッパ文化の中心地から、「東洋人、すなわち嘘つき、ペテン師、言い逃れの名人」と発言している(★81)。これがもたらした帰結について述べる必要はあるまい。

もっと知的な指導者たちは、自らが行っていることを認識しており、それについてかなり正確に述べていた。例えば、ウィンストン・チャーチルは、一九一四年一月に大臣の一人に宛てた手紙の中で、軍事予算増強の必要性を説明している。

われわれは〈無垢な記録と〉かつかつの財産しか持たない青二才ではない。われわれは、この世界で〈片寄って多くの〉富と交通の配分を手にしている。領土内で欲したものをわれわれはすべて手に入れてきた。そして、〈主として暴力によって獲得し、武力によって維持している〉莫大なそしてすばらしい所有物を邪魔されずに楽しみたいというわれわれの主張は、他の人びとにとっては、われわれにとってほど妥当なものには見えないのだ。

チャーチルは、こうした言葉が、自由社会で一般に広められるべきものでないことを理解していた。一九二〇年代に彼が著書『世界の危機』を出版したときには、上記引用の〈 〉内は削除されていた。このような言葉は、他の似た事例、例えば、チャーチルがクルド人その他の未開の部族に対して毒ガスを使用することを熱狂的に提唱し実行したことと同様、記録から削除された。現在の知的風土と教育体制の中でこれらが広く知れわたることはないであろう[★82]。

こうした歴史上の記録が多数身近にあることを思うならば、「新しい人道主義」が、抵抗なしに、それどころかこれまで人権について尊敬すべき活動を行ってきた人びとからの称賛すら伴いながら隆盛しつつあるのは驚くべきことである。例えば、マイケル・グレノンは、十五年前、文明国家の指導者たちが行っていた残虐行為を揉み消すために使われていた「意図的な無知」の装置を嘆いていた。当時の残虐行為は、それ以前及びそれ以後と同様に正当なものと見せかけられていた。そのグレノンが、今日、第二次世界大戦後の誤った「古い反介入主義体制」について、その「古いシステムの失敗は非常に破滅的だった」[★83]とし、文明国家はそれを捨て去って、コソボで示したように、新しい崇高な原理を採用すべきであると述べている。むろん古い体制は破滅的だった。一例をあげるならば、米国がインドシナで行っていた大規模な虐殺は、国連の場に持ちだせば、「主導的文明国家」米国に国連が破壊されるのではないかと恐れられたため、国連には持ちだされなかった。他にも多数の例がある。ちなみに、グレノンは、アフガニスタンに対するソ連の侵略☆をあげているが、米国のインドシナ侵略には触れていない。また、われわれは、世界法廷が米国の「不法な武力行使」を非難し、それをやめて賠償を行うよう命じたとき何が起こったか、そして、三十年以上も前に、非植民地化を巡って国連が手に負えなくなったときに、拒否権を発動して国連の行動を妨害した二つの国はどこであったのか思い出すべきであろう。

ヨーロッパ協調

一九世紀にオーストリア、フランス、イギリス、ロシア、プロイセン（ドイツ）などの欧州の有力諸国によって合意された国際紛争の処理を行うシステムで、第一次世界大戦前までに実質上解消。

ソ連のアフガニスタン侵略

一九七九年、ソ連はアフガニスタン政権がソ連離れすることを恐れて侵略し、親ソ政権を擁立した。これに反対する勢力との間で戦闘が激化し、五百万人を越すと言われる難民を含む多数の犠牲者を出した。一九八九年に和平合意が成立しソ連軍は撤退。

けれども、グレノンを初めとする人びとの頭にあったのは、そうした事例ではなかった。彼があげている例は示唆的であるが、それについて述べる代りに、ここでは、彼が「新しい介入主義」の展望についてあげた第一の例が、「NATOと米国が最近開始した」、「民族浄化」を終わらせるためのコソボでの「国際的正義」の追求であることを指摘しておこう。この点は、いつも通り、議論も証拠も必要がないほど明らかなこととされた。民族浄化が起きた時期や、NATOの行動はそれを終わらせるためだったという主張と同じである。

あまりに明らかな歴史の光に照らして考えると、「文明諸国」が、「正しいと思う」場合に武力を用いる権限を自らに与えたことによって、人道問題に関する新しい時代が開かれつつあるといった文言を読むのは、それが制限つきであるとはいえ、奇妙なことである。(★84)

新しい介入主義者たちは、自らが広く受け入れられる必要性と、頑固で怠惰で、邪悪なものたちからの抵抗との間で妥協しなくてはならない。新たな時代の提唱者たちは、服従しないものたちを阻止する費用が、より秩序だった世界から得られる利益より大きいかどうか評価しなくてはならない。この問題は最終的に経験的な問題である。NATOと米国が提供する解決を決定的に多くの国家が受け入れないならば、その解決は遅かれ早かれ不快なものとされるだろう。けれども、新しい介入主義者たちは、国連憲章の反介入主義の中に唱われている崇高なしかし想像上の法の殿堂を破壊することを恐れてひるむべきではない。

意図的な無知のベールを取り除くならば、「新しい介入主義」が「古い介入主義」そのものであること、そして「文明諸国」と、それに抵抗する「頑固で怠惰で、邪悪な」もの(他に誰が文明国家の文明化の使命に反対するだろう)との区別がまったく新しいものではないことを発見するだろう。文明国家とそれ以外の国家との区別はあらかじめ決められているため、証拠は無関係であるか、あるいは単に「常習的な反米主義(★85)」の現われに過ぎないとされる点も以前と同じである。そして、こうした主義がもたらす結果については、「最終的に経験的な」検討をする必要もなく、また、これに関しては、啓蒙主義の枠組みの中で唯一関心の対象となっている費用便益計算の必要すらない。現在再現されている教義がもたらすであろう結果については、数世紀にわたって、文明国家が自らに割り当てた使命を果たしてきたためにもたらされた結果という莫大な数の歴史的証拠がある。

国際人道法の事例を示した書物や他の研究書は、そろって、人道的意図を装った介入は頻繁である一方、純粋に人道的意図で介入が行われた例はほとんど見つけることができないこと、また、時によっては別の意図での行動が、最も顕著な例をあげるならばナチスドイツに対する介入のように、人道的な結果を導くことがあることを指摘している。純粋な人道的介入の例としてよくあげられるのは、一八六〇年の、フランスによるレバント地方への介入☆である。歴史に例外がたった一つだけあるのは奇妙に思えるかも知れないが、そうした予想通り、この例の人道的意図も、研究書が明らかにしているように、検討に耐え得るものではない[★86]。

結局、人道的意図による介入などないのではないかという疑問に対する明らかな反例は、歴史的記録には存在しない。意図的な無知に妨害されずに調査するならば、純粋に人道的な介入は文字通り一つもなかったことが明らかになるかもしれない。仮に純粋な例が見つかったとしても、過去から現在に至る歴史に照らして考えるならば、現在の人道的介入に対する熱狂には疑問を持たざるを得ないであろう。

この問題についてはさらに詳細に検討すべきである。けれども、最も関係の深い事実についてすら、「これこれの事実に言及するのは「作法にかなわない」という一般的な暗黙の合意」のため、また、「新しい人道主義」の予言者たちが、「明らかに」真実であるという断言以上に、自らの主張の正しさを示すための議論を決して提起しな

フランスのレバント侵略
レバント地方は通常地中海からエーゲ海東岸の地方を指す。ルイ・ナポレオン（ナポレオン三世）の第二帝政期、イタリア北部からのオーストリア追放とイタリア統一に手を貸すと称して介入。見返りにニースとサヴォイを得た。

いため、検討は難しい。ここまでで、いくつかの例を検討してきた。他の例も見てみることにしよう。

原注

★1 最近の例については、私の *Culture of Terrorism* (South End, 1988) 第五章及び六章；*Year 501* (South End, 1993) 第七章；*Rethinking Camelot* (South End, 1993) 第一章を参照。ただし、それらが扱っているのは少数の例に過ぎない。

★2 概説としては、*Deterring Democracy*, *Year 501*, *World Orders* 及びそこで引用されている情報源を参照。第六章でもこの問題を扱う。

★3 Mark Ames and Matt Taibbi, *Counterpunch*, May 16-30, 1999. からの引用。

★4 主としてフランス主流メディアの記者たちの分析に基づく論争があった。これについては、*Covert Action Quarterly*, Spring-Summer 1999を参照。ただし、ここで問題としているのは事実ではなく認識である。

★5 Americas Watch (現 Human Rights Watch/Americas), *A Year of Reckoning* (March 1990). Ames and Taibbi, *op. cit.*

★6 Koppel, *Nightline*, ABC-TV, Jan. 29; Jeffrey Smith, "This Time, Walker Wasn't Speechless; Memory of El Salvador Spurred Criticism of Serbs," *WP*, Jan. 23, 1999. Mark Cook, *CAQ*, Spring-Summer 1999. に引用されている。

★7 現在は、完全に抹殺されているわけではない。例えば Economist 紙は今や、「虐殺と飢餓」により二十五万人が殺されたという数値を引用しているし、また「恐るべき拷問と脅迫が蔓延している」と述べている (May 1, 1999)。けれども、そうした（おそらくは誇張されている）数字をあげながら、同紙は、こうした事実が広く知られるようになって以後長い間、自らがどのような立場をとってきたかについては述べていない。実際、Economist 紙は、インドネシアにおいてのみでなく、侵略した隣接の東チモールにおいても大量殺人を行い拷問を行ってきたスハルトのことを「心の底では善意」であり、虐殺に関する話は「軍の残虐さと拷問の行使に関する話」とともに「ゲリラの宣伝者たち」に捏造されたものであると述べていた (Aug. 15, 1987)。東チモール（とそれに対するエリートたちの反応）については、*Political Economy of Human Rights*, 第一巻及び私の *Towards a New Cold War* (Pantheon, 1982) を参照のこと。より最近の出来事と報道に関しては、特に *Powers and Prospects* 及びそこでの引用文献を参照。

★8 スアイに関して及びコーヒー栽培の中心地エルメラにおけるテロの蔓延に関しての報告は、Mark Dodd, *Age* (Australia), May 1, April 30, 1999. John Aglionby, *Observer* (London), April 25, 1999. Lindsay Murdoch and Peter Cole-Adams, "Freedom Slaughtered," *Sydney Morning Herald*, April 19. 援助活動家：Tim Dodd and Greg Earl, *Australian Financial Review*, Feb 27-28. Murdoch, *Age*, May 6 (Brendan Nicholson と共著), May 7, 8. マードックによるマーフィーへのインタビューは *Age*, March 10. Dodd, "Outspoken US doctor forced out," *Sydney Morning Herald*, May 17, 1999. Lindsay Murdoch, "Wall of Military blocks doctors," *Sydney Morning Herald*, June 3, 1999. リキサ虐殺及び他の虐殺については、*TAPOL Bulletin* No. 152, May 1999, London

も参照。

★9　Brian Woodley, *Australian*, May 14. また、Peter Hartcher, *Australian Financial Review*, May 1, 1999では、インドネシア軍を「主題とする本を書いた」ボブ・ロウリーを引用している。

★10　McNaughtan, *Sydney Morning Herald*, April 20; Mark Riley, *Sydney Morning Herald*, April 22; Murdoch and Nicholson, *Age*, May 6, 1999.

★11　Fran Abrams, "What Cook said, What is happening," *Independent*, May 23; World in Action, June 2, 1997. Richard Norton-Taylor and Lucy Ward, "Ministers attacked over military export licences," *Guardian*, May 15; Fran Abrams, "Britain still selling Indonesia arms," *Independent*, May 15; Michael Evans, "Britain accused of selling Jakarta anti-riot weapons," *Times*, May 15, 1998. Michael Prescott and Zoe Brennan, "Cook sells twice as many guns to Indonesia as Tories," *Sunday Times*, March 14; Pilger, "Blood on British Hands," *Guardian*, Jan. 25, 1999. O'Shaughnessy, "Arms and aid to Indonesia—it's business as usual," *Independent on Sunday*, July 13, 1997. Reuters, "US bans use of its weapons in Timor," *Age*, Oct. 23, 1998. クリントンの言い逃れについては、Reuters, *NYT*, Dec. 8, 1993 に数行掲載されている（ただし第一面ではない）; Irene Wu, *Far Eastern Economic Review*, June 30, 1994. さらなる詳細については、*Powers and Prospects*, 第八章を参照。

★12　Haq, IPS, May 28, 1998.

★13　*Ibid*.

★14　Mark Dodd, "Military caught in the act," *Age*, May 21, 1999.

★15　Mark Dodd, *Sunday Age*, May 23, 1999.

★16　同時期に起きた東チモールとカンボジアの虐殺を比較したことで大きな非難の対象となった *Political Economy of Human Rights* に対するレビュー：*Nation*, Feb. 16, 1980. 典型的な反応は、東チモールとカンボジアを比べるのは、ポルポトに対する弁明だというものである。このような反応は、単に誤りであるだけでなく、米国が支援したインドネシアの犯罪に対する無恥な弁解となっている。これは明らかであるが、立場にかかわらずほとんど言及されていない点であった。こうした事実から、自由社会における洗脳の効率について多くを知ることができる。

★17　U. S. State Department, "Colombia Country Report on Human Rights Practices for 1998."

★18　特に、Human Rights Watch, *Colombia's Killer Networks: The Military-Paramilitary Partnership and the United States* (New York, 1996); *War without Quarter* (October 1998). 背景については、*World Orders* 及びそこで引用されている情報源、また、Javier Giraldo S. J., *Colombia: The Genocidal Democracy* (Common Courage, 1996) を参照。最近の状況については、*NACLA Report on the Americas*, March/April 1998, 及び Colombia Support Network を初めとするさまざまな人権団体と連帯グループが定期的に発行する報告を参照のこと。

★19　私はアムネスティ・インターナショナルの使節団の一人だった。

★20　Michael McClintock の非常に重要な研究 *Instruments of State Craft* (Pantheon, 1992) からの *Colombia's Killer Networks*

による引用。

★21　*World Orders* 及びそこで引用されている情報源、特にAI, HRW 及び Washington Office on Latin America（WOLA）を参照。多くの報道を引用した *Colombia Bulletin*, Spring 1999. OASの委員会も調査を行った。特に詳細な分析が行われている一つの事件では、チェーンソーによる虐殺を初めとする拷問が行われた。*Comisión de Investigación de los sucesos violentos de Trujillo : Informe Final* (Colombia, Jan. 1995) を参照。ガビリア大統領は四年間、調査請求を無視してきたが、彼の後継者、エルネスト・サムペル大統領は公約通り報告書を受け入れた。これは歴史的な出来事だった。この件を指揮した軍司令官は昇任していたが、サムペル大統領により現場指揮から降ろされた。これはこれまでで最も厳しい処罰であった。

★22　イスラエルが超大国の攻撃対象となってはいなかったことに注意。実際、イスラエルは一九四八年五月後半にアラブの軍隊が紛争に参入したときを除いて深刻な軍事的脅威を受けてはいなかった。また一九四八年五月後半の戦闘も、ほとんどが、後にイスラエルと（英国支配下の）ヨルダンに分割されることになったパレスチナ国家予定地で行われたものであった。五月にはすでに三十万人が紛争を避けて逃げ出していた。五月下旬、チェコから武器提供を受けて以来、イスラエルの軍事的優位は疑いないものとなった。これは真面目な歴史研究が認める事実である。これに関してはさまざまな情報源があるが、特に、イスラエルの歴史家による次の本を参照。Ilan Pappé, *The Making of the Arab-Israeli Conflict 1947-1951* (I. B. Tauris, 1992).

★23　第一章原注4を参照。

★24　Kurdish Human Rights Project (KHRP, London), *1998 Annual Report*, April 1999. が一九九八年の法廷の判断を整理している。

★25　David Buchan, *FT*, "Balkan conflict brings its own harsh dilemmas," June 15, 1999;「ジレンマ」の理由の一つは、セルビア爆撃に参加して「これまで以上の忠誠をNATOに誓った」トルコにおける「クルド人の問題」とコソボとの「平行性」による。

★26　Jonathan Randal, *After Such Knowledge, What Forgiveness : My Encounters with Kurdistan* (Westview 1999); John Tirman, *Spoils of War : The Human Cost of America's Arms Trade* (Free Press, 1997). 背景に関しては、David McDowall, *A Modern History of the Kurds* (I. B. Tauris-St. Martin's, 1997); Michael Gunter, *The Kurds and the Future of Turkey* (St. Martin's, 1997); Robert Olson, ed. *The Kurdish National Movement in the 1990s* (Kentucky, 1996). 九十年代の残虐行為を巡っては、特に Human Rights Watch, *Forced Displacement of Ethnic Kurds from Southeastern Turkey* (Oct. 1994) 及び *Weapons Transfers and Violations of the Laws of War in Turkey* (Nov. 1995); David McDowall, *The Destruction of Villages in South-East Turkey* (Medico International and KHRP, June 1996); また、「トルコの「白い虐殺」」とそれに対する米国の決定的な役割については、Tirman, *Spoils of War*. を参照。最近の状況については、Kevin McKiernan, "Turkey's War on the Kurds," *Bulletin of the Atomic Scientists*, March/April 1999; Tamar Gabelnick（米国科学者連盟武器売却監視計画実行委員長）"Turkey : Arms and Human Rights," *Foreign Policy In Focus* 4. 16, May 1999 (Interhemispheric Resource Center). また、Nicole Pope, "Turkey's Missed Chance," NYT Op-ed, April 17, 1999 は、報道の慣例から良い意味で逸脱している。

★27　Ismail Besikci, *Selected Writings : Kurdistan and Turkish Colonialism* (Kurdish Solidarity Committee, London, Dec.

1991）を参照。これには、英国の著名な作家や研究者、議員の公の抗議についても言及されている。Besikciは、米国がトルコによる弾圧に手を貸していることに抗議して、「表現の自由のための米国基金」が彼に授与した一万ドルの賞を受け取らなかった。

★28　Tirman, *op. cit.*；村落防衛体制については、Human Rights Watch の報告書を参照。

★29　詳細については McClintock, *op. cit.* を参照。最近の概説としては Blum, *op. cit.* を参照。

★30　Randal, *op. cit.*；KHRP and Bar Human Rights Committee of England and Wales, *Policing Human Rights Abuses in Turkey*, May 1999.

★31　*Ibid.* この大臣は罷免された。

★32　Randal, Human Rights Watch, Tilman, McKiernan, *op. cit.*

★33　大きな破壊虐殺兵器によるテロ行為は強い側の特権であるため、あまりひどくない重要でないものと見なされがちであり、時によっては有益であるとさえされる。それゆえ、ベトナムのミライ村での虐殺は恐ろしい事件と見なされたが、人口集中地帯への絨毯爆撃による計画的虐殺と民族浄化作戦は恐ろしい事件とは見なされなかった。ミライ村での虐殺と、それが脚注の一部に過ぎないような軍事作戦との比較に関しては、*Political Economy of Human Rights*, vol. 1 における、Newsweekサイゴン事務所主任 Kevin Buckley と彼の同僚についての検討を参照のこと。

★34　*Policing Human Rights Abuses.*

★35　Gabelnick, *op. cit.*

★36　Leyla Boulton, *FT*, April 8, 1999. Reuters, "Turkish F-16s said to carry out bomb raids," *BG*, May 18. トルコ軍基地からの「激増する」空爆出動とトルコが数千人のアルバニア人難民を受け入れたという讃えるべき「人道的努力」とが報告されている。

★37　Gabelnick, *op. cit.* クルド人が「価値ある／価値のない犠牲者」の間を揺れ動いたことに関しては、Randal, *op. cit.* を参照。また、*Necessary Illusions*, App. 5.2 も参照のこと。

★38　Lawyers Committee for Human Rights, *Critique : Review of the U. S. Department of State's Country Reports on Human Rights Practices for 1994*, Middle East and North Africa section（New York, 1995）, 255.

★39　Tirman, *op. cit.* ゴアの言葉については Carol Midgalovitz, "Turkey's Kurdish Imbroglio and U.S. Policy"（Congressional Research Service, 1994）。Vera Saeedpour, *Covert Action Quarterly*, Fall 1995 からの再引用。

★40　オジャランの弁護士たちがどのような扱いを受けたかについては、KHRP, Bar Human Rights Committee of England and Wales, and Howe & Co. Solicitors, *Intimidation in Turkey*, May 1999. 弁護士の一人は「クルドの」「クルディスタン」といった言葉を用い、クルド人の証言をトルコ人権協会のために翻訳した罪で何度も投獄され拷問も受けた。

★41　Kinzer, *NYT*, May 31, June 1; "Kurd's Rebel Leader May Prove a Discredit to His Cause," Feb. 17, 1999.

★42　AP, *BG*, June 10, 1999. 第一章の原注11と12も参照のこと。

★43　何週間か前に出版された "Kosovo and Beyond," *New York Review*, June 24, 1999. 記事自体の日付は五月二十七日。この比較は明らかな真理であると考えられている。それゆえ、モスクワ特派員の Michael Wines は、ロシアの文化状態の情けなさを述べ、「ナチに対する連合軍の勝利」（ほとんどがナチに対するロシアの勝利）の記念日を祝うロシアの退役軍人たちを見て、悲しげに首を横に振る。彼は「彼らは誰も、ヒトラーによる六百万のユダヤ人の虐殺とコソボのアルバニア人の殺害と追放との類似を見ようとしない。また、誰もNATO連合と米国とを区別しようとしない」と述べ、それが彼らの道徳的退廃と世界事情に対する無知を示しているとする。"World War II Veterans Now Angry at an Old Ally," *NYT*, May 10, 1999.

★44　一九六五年にインドネシアで起こった大量虐殺に対する反応は、最近の例の中でも最もおぞましいものである。これについては、*Year 501* の第四章及び本書の第六章を参照。

★45　Christopher de Bellaigne, *NYR*, June 24, 1999 における Henri Barkey and Graham Fuller, *Turkey's Kurdish Question* (Rowman & Littlefield, 1998) の書評。

★46　特にRandal, *op. cit.*；他に本章原注26の文献を参照。

★47　George Robertson, *Freedom, the Individual and the Law* (Penguin, 7th edition, 1993) は英国の市民的自由に関する標準的な文献。チャーチルについては、私の *Turning the Tide* (South End, 1985). チャーチルとロイド・ジョージについては同じく私の *World Orders* 及びそこで引用されている文献を参照。また、Wilbur Edel, "Diplomatic History—State Department Style," *Political Science Quarterly* 106. 4, 1991-92. クリントンが拡大した守秘計画に対して、米国国務省の歴史家たちは、公式の歴史記録が「公式の嘘」になると警告した。Tim Weiner, *NYT*, April 9, 1998. 一九五三年から一九五四年に起こったイランとグアテマラのクーデターに関するCIAファイルの隠蔽と破壊は最悪の例の一つである。ほとんどの証拠を破壊するというこの「開放への死亡宣告計画」の重大さについては、Nick Cullather による一九九三年のCIA内部の研究に対する彼自身の一九九九年版序文を参照：Nick Cullather, *Secret History* (Indiana, 1999). 一九五八年の、インドネシア破壊と資源獲得を目的とした米国の秘密作戦に関する記録の浄化については、Audrey and George Kahin, *Subversion as Foreign Policy* (New Press, 1995) を参照。

★48　*MAG* (Mines Advisory Group) (Manchester U.K., nd) を参照。MAGは一九九七年にノーベル平和賞を受賞した英国の慈善団体で、教会関係団体、EU、UNICEF、英国政府から資金提供を受けている。MAGは地雷と対人兵器一般に関する情報提供と行動を行っており、アフガニスタンや東南アジア、アフリカ、中東などで現地活動を行っている。

★49　Wain, "The Deadly Legacy of War in Laos," *Asian Wall Street Journal*, Jan. 24, 1997. Padraic Convery, "Living a footstep away from death," *Guardian Weekly*, Oct. 4, 1998. Marcus Warren, "America's undeclared war still killing children," *Sunday Telegraph*, April 20, 1997. Ronald Podlaski, Veng Saysana and James Forsyth, *Accidental Massacre: American Air-Dropped Bomblets Have Continued to Maim and Slaughter Thousands of Innocent Victims, Mostly Children, for the Last 23 Years in Indochina* (Humanitarian Liaison Services, Warren Vermont, 1997). Podlaski はベトナムで兵役に服し、秘密の越境作戦に従事した。後にカンボジアに移住し、一九九一年に義足センターを設立。Forsyth は英国のビジネスマンで、以前は記者としてアジアや米国で活動した。二人ともラオスで働いていたことがあり、ともに、毎年二万人が爆発の被害に遭いその半数以上が死亡するという公式数字は低すぎると考えている (Wain, *op. cit.*)。Mennonite Central Committee Bombie Removal Project, *A Deadly Harvest*, nd. Fred Branfman, "Something Missing : A Visit to the Plain of Jars," *Indochina Newsletter* (Cambridge MA) no. 4, 1995. ラオス語を

話せるIVSボランティアとして、Branfman は、一九六〇年代から、ジャール平原での犯罪を誰よりも熱心に暴こうとしてきた。彼の *Voices from the Plain of Jars* (Harper & Row, 1972) を参照。また、私の *At War with Asia* (Pantheon, 1970), *For Reasons of State* (Pantheon, 1973) を参照。他に、*Political Economy of Human Rights* vol. II 及びそこで引用されている文献を参照。メディアの扱いについては *Manufacturing Consent* を参照。

★50　MAGについては、原注48を参照。Keith Graves, "US secrecy puts bomb disposal team in danger," *Sunday Telegraph*, Jan. 4, 1998. Matthew Chance, "Secret war still claims lives in Laos," *Independent*, June 27, 1997. Matthew Pennington, "Inside Indochina," *Bangkok Post*, Feb 20, 1996 はカンボジア地雷行動センターの報告書を引用している。Pascale Trouillaud, *AFP*, *Bangkok Post*, May 14, 1996.

★51　Daniel Pruzin, "US Clears Laos of the Unexploded," *CSM* Sept. 9, 1996. Cameron Barr, "One Man's Crusade to Destroy Bombs," *CSM*, April 29, 1997.

★52　Paul Watson, *Los Angeles Times*, April 28, 1999.

★53　Killing Secrets Campaign, *Kosovo*：*"A Wasteland Called Peace,"* May 1999, Cumbria U.K.

★54　*FT*, June 4; コソボ和平協定：*NYT*, June 4, 1999.

★55　Kevin Cullen and Anne Kornblut, *BG*, April 4; ノーフォーク航空基地での四月一日のクリントンの演説：*NYT*, April 2, 1999.

★56　Lynch, "US seen leaving Africa to solve its own crises," *BG*, Feb. 19,1999. リンチによると、クリントンは「十万ドルにも満たない」コンゴでの活動資金を拒絶したという。

★57　Paul Starr, "The Choice in Kosovo," *American Prospect*. July-August, 1999. 反応はほとんど一様であったので、この文献のみを引用するのは若干公平でない。

★58　第一章原注4を参照。

★59　Halliday, "Iraq and the UN's Weapon of Mass Destruction," *Current History*, Feb. 1999.

★60　John Mueller and Karl Mueller, "Sanctions of Mass Destruction," *Foreign Affairs*, May/June 1999. Shorrock, *Guardian Weekly*, May 2, 1999.

★61　保秘期限を過ぎて公開された記録から。より詳細な引用と、介入機会が増えた冷戦終了後の罰の強化を巡る議論については、私の *Profit Over People* (Seven Stories, 1998), 第三章を参照。

★62　Ethan Bronner, "The Scholars: Historians Note Flaws in President's Speech," *NYT*, March 26, 1999 に引用された、コロンビア大学の予防外交専門家デビッド・フィリップス教授の言葉。

★63　Stephen Shalon, "Gravy Train: Feeding the Pentagon by Feeding Somalia," *Z magazine*, Feb. 1993; Alex de Waal, "Humanitarian War Crimes," *New Left Review* 230, July/August 1998. 他に Alex de Waal and Rakiya Omaar, "Doing Harm by Doing Good? The International Relief Effort in Somalia," *Current History*, May 1993; African Rights (London), *Somalia Operation Restore Hope*：*A Preliminary Assessment*, May 1993; *Somalia*：*Human Rights Abuses by the United Nations Forces*,

July 1993. 報道の扱いについては、私の "'Mandate for Change' of business as usual," *Z magazine*, Feb. 1993.

★64 Richard Dowden, *Independent*, Dec. 13, 1998 ; *Observer*, March 22, 1998 ; *Guardian Weekly*, March 29, 1998（米国のジャーナリスト Mark Bowden による *Black Hawk Down* という新刊を参照）。Eric Schmitt, *NYT*, Dec. 8, 1993. De Waal, *op. cit.* も参照。

★65 John Balzar, "Marines firing as UN leaves Somalia," *BG-LAT*, March 4, 1995. Maynes, *FP*, Spring 1995. Steven Lee Myers, "A Marine General Who Studies Cultures as Well as Bomb Targets in the Gulf," *NYT*, Dec. 27, 1998.

★66 De Waal, *op. cit.*

★67 Karl Vick, "Somalia Stares Starvation in the Face Again," *WP Weekly*, Jan. 4, 1999. *Boston Globe*（May 31, 1999）の一ページにわたる社説には、Mark Bowden 著の *Black Hawk Down* からの抜粋が掲載されており、米軍兵士の苦難が述べられている。説明はないが、おそらく、バルカン半島への米軍派遣に対する警告の意図があったと思われる。

★68 背景については、*Year 501* 及びそこでの引用文献を参照。最近の概観と情報源については、*Profit Over People* の第四章を参照。

★69 Lisa McGowan, *Democracy Undermined, Economic Justice Denied : Structural Adjustment and the AID Juggernaut in Haiti*（Washington : Development Gap, Jan. 1997）. Jennifer Bauduy, "US Chickens Steal Jobs From—Haiti?," *CSM*, Sept. 15, 1998.

★70 一九九五年半ばの上院委員会での撤退の予定に関するタルボットの証言。Morris Morley and Chris McGillion, "'Disobedient' Generals and Politics of Redemocratization : The Clinton Administration and Haiti," *Political Science Quarterly* 112. 3, 1997. より再引用。

★71 Tony Evans, ed., *Human Rights Fifty Years On : A Reappraisal*（Manchester University Press/St. Martin's Press, 1998）中の、私の "United States and the 'Challenge of Relativity'," を参照。Detlev Vagts, "Taking Treaties Less Seriously," "Editorial Comments," *AJIL* 92:458（1998）.

★72 William Glaberson, *NYT*, March 27, 1999.

★73 Amnesty International, *The United States of America : Rights for All*, 1998.

★74 Murphy, *Humanitarian Intervention : The United Nations in an Evolving World Order*（Pennsylvania, 1996）. 引用は同タイトルの彼の一九九四年の博士論文から。レビューについては、*American Journal of International Law*, vol 92, 1998, 583f を参照。満州における日本の行動とレトリックのベトナムにおける米国との比較については、*American Power and the New Mandarins* に再掲された "Revolutionary Pacifism of A. J. Muste" を参照。

★75 キッシンジャーの振舞いとその後の自己正当化に関する慎重な概観としては、Raymond Garthoff, *Détente and Confrontation*（Brookings Institution, 1985）を参照。キッシンジャーは、責任逃れのいいわけに満ちた自著でこの点を実質的に認めている：*White House Years*, p. 854. キッシンジャーの奇怪な回想録に関しては、*Towards a New Cold War* を参照。

★76 Gaddis, "The Old World Order," *NYT Sunday Book Review*, March 21, 1999.

★77 これらの事件とそれに対するセオドア・ルーズベルトの解釈を巡っては、David Stannard, *American Holocaust*（Oxford, 1992）.

★78 Thomas Bailey, *A Diplomatic History of the American People* (Appleton-Century-Crofts, 1969).

★79 Ernest May and Philip Zelikow, *The Kennedy Tapes* (Harvard, 1997).これらの出来事とその解釈に関する非常に啓発的な概説としては、Louis Pérez, *The War of 1898* (U. of North Carolina, 1998) がある。以下の引用の情報源となった。

★80 完全にというわけではない。マーク・トウェインは顕著な例外で、侵略者を激しく非難したが、「不人気な考え」の通常の運命通り、一般には伝えられなかった。Jim Zwick, ed. *Mark Twain's Weapons of Satire: Anti-Imperialist Writings on the Philippine-American War* (Syracuse, 1992) を参照。トウェインの辛辣な観察については、*Year 501* を参照。

★81 ヨーロッパ協調を初めとする前例については、Trachtenberg, *op. cit.* を参照。

★82 Clive Ponting, *Churchill* (Sinclair-Stevenson, 1994), 132.

★83 Glennon, "The New Interventionism."

★84 *Ibid.*

★85 主に（おそらくはもっぱら）全体主義と軍事独裁政権にのみ類似の概念を見いだせる「反米主義」という興味深い考えについては、私の *Letters from Lexington: Reflections on Propaganda* (Common Courage, 1993), 第十七章を参照のこと。

★86 Roger Owen, *The Middle East in the World Economy: 1800-1914* (London, New York, 1981); Leila Tarazi Fawaz, *Occasion for War* (University of California, 1994). 情報と資料を教えてくれたことにつき、イレーネ・ゲンジアとエレーヌ・ハゴピアンに感謝する。

第四章

否定症候群

すでに見てきたように、空爆は、その意図が何であったにせよ、アルバニア系コソボ住民に対する「虐殺と追放を激化させた」。[★1]「この結果」は予期されていた。例えばNATO軍司令官は初めからこの結果が「完全に予想できること」であるとしていただけでなく、報道陣に対して、「政治指導者たち」には、「セルビア人による民族浄化を防ぐ」「意図はまったくなかった」と述べている。さらに、指導者たちが彼に準備を進めるよう命じた戦争計画は、民族浄化抑止のために「企画されていたわけではない」とも述べているのである。以下では、この興味深い証言を犯罪的忘却の中に押し込め、事態を魅力的に見せるために採用された方法について検討しよう。

事実の否定と遡及的正当化

最も簡単な方法は、事実を間違いとするものである。これは、「コソボから(一九九九年三月十九日に)人権監視団を撤退させ、(三月二十四日に)空爆を開始したことにより、ミロシェビッチによるコソボからの非セルビア人追放が激化したのではないかという(米国やヨーロッパから出た)批判に答え」てクリントンが採用した手法である。クリントンは「コソボでの民族浄化は爆撃に対する報復ではない」と宣言することで問題を解決した。[★2]

彼はさらに続けて、空爆開始後に起こった民族浄化は「ミロシェビッチの十年間にわたる狂気の手段の一環」であり、「アルバニア系コソボ住民のコソボからの追放を阻止することはできなかった」と述べた。クリントンの説明を受け入れるならば、一九九五年、彼がコソボのアルバニア人に犠牲を強いた上で、ミロシェビッチと取引した罪は非常に重いことになる。さらにクリントンは、コソボから人びとを追いだすというミロシェビッチの意図は、空爆のかなり前から、コソボでのミロシェビッチの振舞いにより察することができたと言っているが、仮にそれが本当なら、「阻止することができなかった」大規模な難民流出への準備体勢に関してクリントンの罪はさらに重い。数日後に行われた勝利声明でクリントンが米国民に、難民帰還の条件を整えるという目的を達したと述べたときにも、やはり彼は問題を抱えている。というのも、これは、「クリントン氏がNATOの目的は「人道的破滅」を防ぐことであると宣言した」「三月二十四日の空爆開始以降、アルバニア人追放がはるかに大規模になったという事実と食い違う」からである。[★3]

最初のうち、ワシントンは、破局が訪れることを知っていたと同時に知らなかったと主張していたことになる。一九九九年三月二十八日に、「ある記者が空爆によって残虐行為が悪化したのではないかと尋ねたとき、（クリントン大統領は）「絶対にそんなことはない」と答えた」。彼は四月一日のノーフォーク空軍基地における講演でも同じ主張を繰り返し、「われわれが行動を起こしていなかったら、セルビア人による攻撃は処罰されないまま進められていただろう」と述べている。その翌日、ペンタゴンのケネス・ベーコン報道官は、「私は、残虐行為のここまでの広がりを予測できた人がいたとは思わない」と述べ、真実が正反対であることを発表した。報道によると、これが、「この危機に対して完全な準備ができていなかった」ことを米国政府が「最初に認めたとき」であるが、実際のところ、この危機は、一週間前、NATO司令官が報道陣に対して「完全に予想できる」と述べていたものである。これに対し、報道は、最初から、セルビアの軍事的対応に「クリントン政権は不意をつかれた」と述べてきた。[★4]

言い訳の別のバリエーションとして、セルビアが前もって細心に「蹄鉄作戦」を計画していたことにより、アルバニア人の追放が不可避であることは証明されていたというものがある。すでに議論したように、もし額面通りに受け取るならば、「新しい人道主義者」たちの有罪性はさらに大きなものとなる。（他の場所では認められている）事実を否定したり、無実であることを証明しようと言い逃れをしたりするときには、同時に、不都合な最近の歴史がこれまで見てきたようなやり方で忘却の穴深く葬られてもいる。その上で、セルビアによる残虐行為のみに集中し、実際には、予想通り虐殺と追放をひどく悪化させた空爆が、アルバニア系コソボ住民の「虐殺と追放」を避けるためのものであったと確言する任務を遂行することが可能になる。これにより、ウォール・ストリート・ジャーナル紙の編集者のように、「明らかに、（コソボへの）軍事介入の最大の理由は人道

的なものである」と主張することができるようになる。[★5]

けれども、ウォール・ストリート・ジャーナル紙への言及は多少誤解を招きやすい。というのも、こうした主張は一般的なものだったからであり、また、ニューヨーク・タイムズ紙のようなリベラルな側の報道を検討した方がためになるからである。典型的なある日のタイムズ紙の社説は、ベトナムとの類似を考えて及び腰になってはならないと述べている。ベトナムでは、われわれの国家的利益が問題になっているかどうか不明確であったし、また、われわれの「犠牲」が「あまりに高」かったからである。何百万もの人びとを殺害し、何千万人もの難民を生みだし、三つの国を破壊した、南ベトナムへの攻撃とその後のインドシナ全域への攻撃に反対する理由を他に想像することはできないらしい。ニューヨーク・タイムズ紙第一面の分析欄で、クレイグ・ホイットニーは、コソボへの介入が、ベトナム戦争に反対したリベラル派の人びとに支持されているという「逆説」を述べている。しかし、実際にはベトナム戦争はリベラル派の人びとにより行われた戦争であり、リベラル派がそれに反対しだしたのは、ナチスの将軍たちが、スターリングラードでの敗北以降、二面作戦に反対しだしたのと基本的には同じ理由に過ぎなかった。それでもなお残された疑問を一掃するため、ジュディス・ミラーは、米国という、「「価値指向のアジェンダ」から多くの国民的アイデンティティーを得てきた「理想」追求型国家は……長い間、攻撃的なまでに人権を促進する役割を負ってきた」という、ある「上級外交官」の言葉を引用している。事実がどうあれ、もう一つの「議論の余地のない」真理である。例えば、一世紀にわたってモンロー主義のもとで攻撃的なまでに人権を促進していたこと、冷戦は宣伝のために使われていたに過ぎなかったという事実、より近いところでは、アムネスティ・インターナショナルが、ちょうどその時「米国で継続的に広く続いている人権侵害」に対するキャンペーンを開始し、また、ヒューマンライツ・ウォッチが『米国における人権侵害』という重要な報告書を出したばかりであったという事実は問題にならないのである。[★6] 実際には、すべての国家が、どこか別の場所については「攻撃的なまでに人権を促進するもの」となりうる。

オーウェルの格言が実効性を持っているなら、こうした宣伝方法はほぼ確実に成功する。けれども、もう少し説得力のある議論が提供されることもある。おそらく最も説得性がありそうなのは、空爆開始時にはすでに民族浄化が始まっており、空爆は、惨めに失敗しはしたが、それを止めようとする試みであったというものであろう。しかしながら、そうすると、NATOのクラーク司令官は事実を忘れていたことになり、UNHCRの難民関連データは誤りであり、また、残虐行為が空爆直後から急激に激化したと一貫してまた包括的に現地から報告してきていたジャーナリストたちは記録をねじ曲げていたということになる。米国国務省は、一九九九年五月発行の報告書で、民族浄化が空爆前から始まっていたことにしようと多大な努力をつぎ込んでいる。この報告書はもっと注目されてよい。(★7)

同報告書の要約では、コソボでの民族浄化が、空爆開始の十日前、「一九九九年の三月半ばから急激に悪化した」となっている。これによって、空爆が民族浄化の悪化に対する対応だったと説明しようとしているのだが、本文では違うことが述べられている。報告書は、空爆準備のために、セルビアの反対を無視して「三月十九日にOSCEのコソボ調査使節団（KVM）が撤退したあと」からを扱っている（ちなみに、KVM撤退にセルビアが反対したことについては言及されていないし、現在まで報道されてもいない）。(★8)この時間枠に従って、報告書の年表では、四月四日から五月半ばまでに三百以上の村が焼かれ、五百以上の住宅地が少なくとも部分的に焼き払われたとなっている。「三月下旬以降」行われた他の残虐行為についても報告されている。

「セルビア軍は、コソボの州都プリシュティナをゴーストタウンに変えた」と報告書は述べている。しかしながら、広く報道されたように、それが空爆後に起こったとは書かれていない。かなりあとのページに、人びとがプリシュティナから追いだされたのは四月一日以降（別の場所では四月四日以降となっている）と書かれてはいるが。ペチもプリシュティナと同じ運命を辿ったが、それもまた空爆開始後であった点は省かれている。「NATOが空爆を開始したあと」に起こった他の残虐行為も報告されている。同報告書は、UNHCRの見積もりによるものとして、

OSCE監視団が「一九九九年三月十九日に撤退して以来、七十万のコソボ住民が（コソボから）逃げだした」と述べている。しかし、UNHCRの見積もりは、三月二十七日以降に逃げだした人についてのものである。同報告書には、NATOによる空爆開始後起こった他の多くの残虐行為も報告されている。

国務省報告書の年表は一九九九年三月十九日に始まっているが、本文は、「パリ会談の失敗を受け、またNATOによる空爆を予期して」、「セルビア治安部隊は、三月十九日のKVM監視団撤退数日前から、大規模な戦闘体制に入っていた」となっている。証拠はないけれども、これはいかにもありそうに思える。さらに、「三月に少し改善された人道状況は、三月半ばにはひどく悪化した」。この結論も信頼できそうである。というのも、ランブイエ会議でコソボ（のアルバニア人）代表団の法律顧問を勤めたマーク・ウェラーもまた、KVMの撤退後「数日のうちに、撤去させられた人びとの数は再び二十万人以上に増加した」と書いており、これと一致しているからである。二十万人といえば、同じ年のコロンビア全体の国内難民の三分の二に相当する。(★9) 国務省の報告には、「KLAが警察署を襲ったという名目」で行われた、三月十八日の一名の殺害事件と三月二十日の三つの街の攻撃以外は、三月下旬からのデータしかない。KLAによる警察署の襲撃といった出来事は、たった一年前には「テロリズム」の一例として米国が激しく非難していたものであった。三月二十日に、監視団が撤退してから、セルビア軍は「KLA部隊に対して大規模な作戦を開始し」、三月二十三日にはプリシュティナやペチ、その他の街に、「民族浄化」の「狙いを定め」た。民族浄化は、空爆開始後に実行に移された。

国務省報告書の言葉がすべて正しいと仮定すると、ミロシェビッチは（さらに再び）戦争犯罪人であることが暴かれたことになる。同時に、クリントンやブレア、その仲間たちの犯罪も同様に明らかにされたことになる。

この時期に関するもう一つの記録情報源としてあげられるのは、ハーグの旧ユーゴスラビア戦争犯罪国際法廷☆におけるミロシェビッチとその仲間たちに対する起訴状である。(★10) 起訴事実は確実なものであり、長い間先伸ばしになっていたものだった。また、扱われている範囲は一九九九年のコソボに関してのみと非常に限られていた。法廷の職員によると、NATOは、「これまで西洋諸国政府がその存在を否定していた諜報部やその他の情報を（検察官ルイーズ・）アーバーに提供することによって、非常に迅速な訴追を可能にした」。おそらく、より正確には、米国がそうした「諜報部やその他の情報」をアーバーに与えたか、あるいは、「訴追立脚に利用できるようクリントン政権と英国政府が情報を提供した」と推測できる。

こうした米英によるイニシアチブのおかげで、「法廷は、外交上破滅的なタイミングの訴追に対する西欧諸国の政治的抵抗を乗り越えることができた」。特に、米国は自ら熱心に促してきた「訴追について数日前に知らされたとき、タイミングに関して深い憂慮を表明した」。アーバーは、世界に向けて、法廷は完全に独立しており、諸政府の発言や行動には決して影響されていないと確言した。むろん、これには、訴追を熱心に促したと同時に国際法廷が訴追を進めることに対して「深い憂慮を表明した」米国政府も含まれている。その前日には、国際法廷が「何年にもわたって調査してきた」（がその時になって突然与えられた米英の決定的情報を手にしていなかったため決定打に欠いていた）「ミロシェビッチ氏の訴追を急いだり遅らせたりするような圧力を、米国は（法廷に）かけてはいないと米政府職員は主張した」[★11]。起訴状は「ユーゴスラビア政府を犯罪政権であると述べているが、これは異例の進展であった」。英政府職員たちは、クリントン政権の「骨格を強化するのにこの訴追が助けになる」と英政府は期待していると述べる一方、ロシアのビクトル・チェルノムイルジン特使の外交路線を「魅力の乏しい賭け」と述べた。

これらの相互に一貫しない主張がどのように調整されるのかは不明であるが、ここではその問題は無視して、米国が、迅速な訴追に反対すると同時にそれを進めようとしたことをとりあえず受け入れることとしよう。また、英米が、訴追に反対し訴追が起こらないことを期待しながらも、前例に反してそれまで隠していた情報を提供したため迅速な訴追が可能になり、これに対して国際法廷は「驚くほど迅速に」対応してその独自性を示したということも受け入れよう。

英国外相ロビン・クックは、このとき「戦争犯罪との取引や恩赦は有り得ない」という「新しい人道主義」の指導原理を繰り返した。彼は、ここで、NATO同盟国であるトルコや米国のことを、そしてロンドンのことを考えていたのだろうか。その心配はなかった。戦争犯罪を裁く手続きの対象は兵力と資金をもっている者たちにより適切に調整されているのである。

ミロシェビッチらの訴追は、「一九九九年初頭以来に犯された犯罪にのみ依拠している」。訴追は「一九九九年一月一日前後に始まった」犯罪に言及している。そこにあげられている長い犯罪のリストのほとんどすべてが三月二十四日のNATOによる爆撃以降のものである。訴追資料には「空爆が開始されてから、FRYとセルビアの軍隊は体系的作戦を強化し、数十万ものコソボのアルバニア人を強制的に追放した」とある。例外的に空爆以前の残虐行為として、一九九九年一月十五日のラチャク虐殺と、NATOが空爆準備を進め開始しようとしていた前日の三月二十三日に出された「直ちに戦争を始める脅迫宣言」とがあげられている（他に日が特定されない「三月後半」の事件への言及も一つある）。

簡単に言うと、国際法廷での訴追資料も、米国国務省と同じ論理に従っているのである。ここでも、NATOによる空爆以後の犯罪に関する証拠をあげながら、NATOによる空爆がその三カ月近くも前から開始された犯罪に対する対応として行われたという解釈を作りだそうとしている。

空爆を擁護してなされたその他の議論も同様に説得性を欠いており、空爆の決定がなされたあとに起きた事件をあげるなど、しばしばまったく筋が通っていない。[★12] すなわち、NATOの空爆の「結果として」起きた民族浄化

旧ユーゴスラビア戦争犯罪国際法廷
一九九三年五月に国連安保理が旧ユーゴ内戦においてなされた非人道的犯罪を裁くためにハーグに設置した法廷で、一九九一年以降旧ユーゴスラビアで行われた個人の戦争犯罪のみを扱う。ルイーズ・アーバーは一九九六年から同法廷の主席検事。同じくハーグにある世界法廷（国際司法裁判所：第三章75頁訳注参照）とは別のもので、本書で国際法廷と述べたときには、旧ユーゴスラビア戦争犯罪国際法廷を指す。

を避けるためにNATOは空爆を行う必要があったというのである。上で見たのもこの例である。こうした理屈に加えて、（空爆後に）強制追放された難民たちが、NATOに、自分たちを拷問した輩を破壊するよう要請したと説明されることもある。明らかな非論理性を別にしても、アンカラやテルアビブやワシントンを同様の理由で爆撃するよう主張する声はなかったし、また報道陣は、同じ理由をあげて米国大使館や世界貿易センターを爆撃すべしと述べたりはしなかった。

知識人の見解と道徳的介入

ある知識人向け有名誌では、バーツラフ・ハベルによるNATO空爆支持の「理性的説明」をあげている。「ハベルにとって、ユーゴスラビアでの戦争は国際関係上の画期的な事件であった。初めて、人びと——ここではコソボのアルバニア人——の人権が、無条件で第一の優先順位とされた(★13)」。

ハベルはコソボへの介入が非常に重要であることから論を始めた。コソボへの介入は、国民国家がもはや以前のように「あらゆる民族共同体の歴史の絶頂でありまた地上におけるその至上の価値である」ことをやめ、ついに、「国民国家の終焉」を目撃することになるであろう時代、すなわち、新たな真の啓蒙時代に入りつつあることを示している。「何世代にもわたる民主主義の啓蒙的努力と、二度の世界大戦の悲惨な経験、そして文明の発展により、ついに、人類は、国家よりも人間の方が重要であると認識するに至った」。コソボへの介入はこのことを明らかにしたという。

ハベルは次いで、介入の正当性についての「理性的説明」を示している。それは、次のようなものである。

理性的な人ならば否定できないことが一つある。これはおそらく、「国家の利益」の名のもとにではなく、むしろ原則と価値の名のもとに行われた最初の戦争であるということだ。（NATOは）他の人びとの運命に対する憂慮から戦争を遂行している。NATOが戦っているのは、他の人びとが国家の指示により体系的に殺されているのをまともな人ならば見ていられないという理由からである。NATO連合は、人権尊重の立場から、また、良心と法律の導きに従って行動した。これは将来に対しての重要な前例となろう。これにより、人びとを殺害すること、家から追いだすこと、拷問すること、そして財産を没収することが許されないことが明確になった。

けれども、現実世界のどこに注目するかは、ワシントンの命令により制限がつけられる。例えばNATOの内部のように、こうした行為を大目に見たりさらに激化させる手助けをすることが許容されているどころか必須ですらある場合もある。状況によっては、自らが手を下すこともある。また、言及するのが「作法にかなわない」事柄については、沈黙を守ることが、義務とまではいかなくても許されている。それゆえ、バルカン半島で空爆により引き起こされた結果については賢明にも言及されなかった。

ハベルは、すでに十年前、かつての彼と同じような反体制派の人びとがエルサルバドルで残虐に殺され、米国がパナマを侵略して殺害と破壊を行っていたときに、自らの分析の背景にある倫理的規範を表明している。このときハベルは、ワシントンを訪問し、議会の前で、イエズス会派知識人を含む何万もの人びとを殺したエルサルバドル政府に武器と訓練を与えた米国を「自由の守護者」と呼び、力から「流れだす責任を理解している」と賞賛し、また、「政治より先に道徳を」持ってくる姿勢を続けるよう述べて、米国議会で嵐のような賞賛を浴びている。彼は、米国の行動を支える柱は「自分の家族や国、会社、成功よりも高邁な責任」であると宣言した。この高邁な責任には、例えば、米国国境より南で苦しむ人びとに対する責任、東南アジアや西アジア、アフリカ、その他の場所で苦しむ人びとに対する責任が含まれるだろうが、これらの地域の人びとは「自由の守護者」の為したことを直接証言することができる。とはいえ、証言できる人びとは、一九八〇年代の激しいテロの始まりを告げた時期に「自由の守護者」により抹殺された「声無き者たちの声」や、ハベルが「自由の守護者」を讃えるためにワシントンに到着した一週間前に殺された六人の反体制派の中心人物のようには殺されることのなかった幸運な人びとである。[★14]

ハベルのパフォーマンスはリベラルな知識人に狂喜をもって迎えられた。もし状況が逆だったら、どんな対応がされただろうか。ハベルの高邁なレトリックは彼の国が「ヨーロッパの知的伝統」の「主要な源泉」であるという「第一級の証拠」であり、それは彼の「良心の声」が「大国と小国双方の責任について説得力を持って」語り、われわれが「夢のような時代」に生きていることを教えてくれた（ワシントン・ポスト紙のアンソニー・ルイスによる。同様の報道は他にも多かった）。[★15] それ以来、過去十年間の「夢のような時代」に米国が自らの責任を果たしてきたことは「第一級の証拠」からわかるが、今やバルカン半島の事件を巡って、われわれは啓蒙と文明のさらに高次の段階に到達したというわけだ。

米国が中南米の反体制派の人びとの頭を吹き飛ばしていた最中にハベルが米国を褒め称えた十年前ほどではなかったが、コソボ空爆に対するハベルの「理性的説明」も賞賛をもって迎えられた。許された範囲で最も懐疑的な立場をとるアンソニー・ルイスは、再び、ハベルが「雄弁に語った」説明によって、ワシントンの高邁な動機と「国際関係上の画期的な事件」とに対する残された最後の懐疑が吹き飛ばされたことに感動し納得した。[★16] 他の人びとも、彼の理性の力に圧倒された。

動機の高邁さはNATOがバルカン半島に対して「領土的計画」も、資源への関心も持っていなかったという事実によって示されているという（ハベルが提供しルイスや他の人びとに繰り返された）議論はとりあえず後回しにしよう。この議論自体、過去と現在における軍事介入の理由を理解できていないことに対する「第一級の証拠」であるが。

高邁な動機に賛同した道徳の指導者たちの一人に、エリ・ヴィーゼルがいる。米国官僚によると、彼は、「NATOの空爆作戦を支える道徳的説明に注意を向けるため」にマケドニアの難民キャンプに派遣された。米大使館の報道官は「道徳的原理を保つためにヴィーゼルのような人物が必要だ」と説明した。ヴィーゼルは、コソボが「道徳的戦争」であるとし、「悪が顔を見せたら、間髪をいれず、悪が力を付ける前に介入しなくてはならない」と述べた。(★17)

少なくとも、場合によっては。ヴィーゼルは、妥当な者が虐殺を行っている限り、いかに虐殺が大きくても沈黙を守らなくてはならないという指導原理に忠実であった。これに関して彼は率直でもあった。例えば彼は、グアテマラ政府による虐殺に果たしたイスラエルの決定的な役割についての（イスラエル報道機関の）文書を、同僚のノーベル賞学者から受け取ったとイスラエルの記者に話した。その当時、議会の監視と人びとの反対によって米国がグアテマラに直接介入することは制限されていた。この文書には、グアテマラで「悪が力を付け」ないようにするための残虐行為にヴィーゼルの知名度と人間関係を使うべきであるとの示唆が添えられていた。イスラエルでのインタビューでこの件について聞かれたヴィーゼルは、「溜息をつき」、「私は普段すぐに返事をするのだが、このとき何と返事ができたろう」と述べたという。返事ができなかったのは、それが誤っていると考えていたからではなく、この会話の中でも、国家に対する忠誠に反して「ニューヨークからきた予言者たち」が行っていた暴力に言及することができなかったからである。(★18)

沈黙に対するヴィーゼルの忠誠は昔からのものである。彼は、同盟者トルコが行ったアルメニア虐殺☆が議題にのぼることを好まなかった米国政府の要求により、一九八二年にテルアビブで開催された虐殺に関するNGO会議の座長を辞退した。著名なホロコースト史の専門家イェフダ・バウアーは、後に報道陣に対し、自分は、イスラエル外務省からの圧力と「参加しないよう求めるニューヨークのヴィーゼルからの電話」のため、その会議に参加しな

トルコのアルメニア虐殺
アルメニア人は長い間トルコとイランの間におかれ一八世紀にはロシアも進出して三者の間で分断されてきた。一九世紀後半にトルコ領内のアルメニア人独立運動が激化するが一八九五年から九六年に大虐殺にあう。その後二十世紀に入り再び独立運動が盛んになるが、第一次大戦下の一九一五年〜一六年にトルコにより一五〇万人とも言われるアルメニア人が虐殺された。

かったが、後にそれが「大変深刻な過ち」だったと気づいたと語った。[★19]

こうしたことを考えると、以下の点には頷けるものがある。

ホワイトハウスは、千年紀の諸問題を議論するため、ホロコーストの生き残りでありノーベル賞受賞者であるエリ・ヴィーゼルとともに、少数のゲストを、イーストルームに招待した。かつてセオドア・ルーズベルトの子どもたちが子馬に乗ってはしゃぎ回ったその場所で、そのボストン大学の学者は「無関心の災悪」という講演を行い、次いで道徳と政治の関係に関する会話を導き、クリントンはそれを聞いていた。[★20]

実際の所、「無関心の災悪」は、グアテマラやレバノン、イスラエルにより占領された地域、その他多くの場所で明らかである。けれども、おそらくこうしたことは議論の対象外であり、お墨付きの与えられた道徳家たちの熟練した会話は、しかるべき範囲に限定されていたと予想される。

セオドア・ルーズベルトに言及されているのは、ヴィーゼルの賢明で規律ある委員会の助言に従い、クリントンが「敬愛するルーズベルトの道徳の力を再利用し」てきたからである。クリントンを讃えるときにセオドア・ルーズベルトのモデルが持ちだされることは多い。例えば、国防長官ウィリアム・コーエンは、空爆開始一週間後、ノーフォーク海軍航空基地でクリントンが演説した際、クリントンの紹介にルーズベルトを登場させた。コーエンはまず、「アメリカが世界の新しい場所に目覚めようとしていた、今世紀の夜明け」というセオドア・ルーズベルトの言葉を引用している。さらに、ルーズベルトの「高邁な理想のために闘わないならば理想は失われる」という言葉を続け、そして「今日、新たな世紀の夜明けに」、われわれは、ルーズベルトと同様に「(コソボで)行われつつある、NATO諸国の平和と安定を脅かしかねない、声を失うような惨劇を証人として傍観していることは受け入れられない」という点をよく理解している「ビル・クリントンをここに迎えた」と述べている。[★21]

狂信的な人種差別主義者で好戦的愛国主義者だったセオドア・ルーズベルトを「道徳の力」と「アメリカの価値」のモデルとし、キューバのスペインからの独立を阻むとともに、同じようにスペインから独立しようとしていたフィリピン人を何十万人と虐殺したときにルーズベルトが宣言した「偉大なる理想」を引用する人物がそのとき何を考えていたのかは興味深い。

もう一つのよくある議論は、「可能性が見込まれる限り人権が改善されるよううまく働きかけるべきであるが、当然のことながら事態を悪化させてはならないとされる一方で」、コソボは「ヨーロッパ内の問題である」から、(非常に「事態を悪化させ」ても)大規模な暴力により対応しなくてはならないというものである。それというのも、「ヨーロッパは五十年間基本的にNATOという治安維持機構によって支配されてきたのであり、コソボはいわば、われわれの目の前で起こっている」からである。(★22)この議論にどんな説得性があるかは別にしても、これを言うならば、NATOそのものの内部で、また欧州委員会と欧州人権法廷の司法権下で行われ、欧州人権法廷が非難決議を出し続けているトルコ(ただし同法廷はそれを遠くから操る米国への非難決議は出していない)に対して、このことはさらに強く当てはまるはずである。米国の支援のもとでトルコが行っている民族浄化と残虐行為は、NATOの一部ではないユーゴスラビアの残虐行為よりもはるかに「目の前」の出来事であり、何よりも関心を引いてしかるべきである。前述したように、われわれ自身の責任はトルコに対しての方が大きいし、また、それを防ぐことも容易であるはずである。

また別の弁明として、NATOの空爆に対してミロシェビッチがとれる選択は、大規模な残虐行為だけではなかったはずだ、とするものがある。もちろんその通りである。同じ論理を使えば、仮にわれわれが殺人者たちに拳銃を与えた後に脅しつけ、予期した通りに殺人を引き起こさせたとしても、われわれにはまったく責任がないことになる。ミロシェビッチは、われわれの親切に感謝をもって応えても良かったというわけだ。

空爆を擁護する理屈は他にもあったかもしれないが、空爆決定時に現れた説明の中には見つけることができなかった。おそらく、コソボの出来事は本当に「国際関係上の画期的な事件」なのかもしれない。というのも、これ程までに出鱈目な議論によって暴力行使が支持されることはきわめて異例だからである。

悪魔化

コソボでの残虐行為増大を唱えた人びとは、ある時点で、その正当化が容易ではないと気づいたようにも思える。こう考えると、コソボを巡って急速に人種憎悪と好戦的愛国主義が広まったことの説明がつく。実際、これは、私のこれまでの人生において、第二次世界大戦中の「ジャップ」への病的な人種的憎悪以来はじめて目にする現象である。ドイツ人は道に迷った仲間の人種とされたのに、「ジャップ」は駆除すべき害虫と見なされたのだ。

ワシントンは初めから「空爆を続けるためにミロシェビッチの悪魔化が必要である」ことを認識していた。(★23) この立場に従って、一般市民を標的とした爆撃は「セルビア人エリートの財産に対する攻撃」とされた。例えば、ある攻撃では、ミロシェビッチの知人で財産私有化問題を担当する閣僚が工場主をしているザスタバ自動車工場が破壊☆された。外国のビジネス紙によると、この工場主は、「政党への帰属を持たない企業家であり、西洋諸国は、彼をセルビア政府内での主導的改革派とみなしており、社交晩餐会の人気ゲストであった」。米国の上級軍事官僚は、「ミロシェビッチに依存して経済的地位を保っている人びとの間に恐怖を引き起こすことが目的だった」と述べている。破壊された工場は、何千人もの労働者の生活を支えていた。この労働者たちは、反体制的色彩を帯びた大規模なストを行っていた。けれども、この点は、戦いがNATOとミロシェビッチという悪魔との間のものとされている中でほとんど省みられなかった。(★24)

NATOの空爆が、あからさまに市民社会を直接攻撃するようになったことに応じて、プロパガンダの枠組みを変更し、指導者ミロシェビッチだけでなくセルビア人全体を悪魔化する必要が生じてきた。リベラルなコラムニストであるウィリアム・ファフは、「セルビア人から電気と水道の供給、通信と交通手段を奪うことは計画の一部である」(★25)とし、NATOが対立しているのは、ミロシェビッチとその仲間たちという「セルビア指導者のみである」という考えは誤っていると述べた。なぜならば、「セルビアの指導者たちはセルビアの人びとによって選出されたのであり」、「選挙結果がセルビア人有権者の意思を表したものではないということにはならない」からである。したがって、ファフによれば、ミロシェビッチを独裁者とするのは誤りである。彼はセルビア人の真の代表であり、それゆえ、セルビア人たちに「ミロシェビッチが隣人に味わあせた苦痛を味わあせるべきである」(ここでファフはおそらくコソボのことを想定しているが、ワシントンがデイトンで犯罪者ミロシェビッチと取引を行ったことについては同様の行動を提唱していない)。市民社会に対する爆撃を「新しい人道主義」(★26)の行為として描きだすためには、指導者だけではなく、セルビア人自体も悪魔化されなくてはならなかったのである。

セルビアに対してどんな手段を使うべきかファフは述べていないが、彼の以前の発言からその考えを察することができる。彼は、ベトナムの破壊を調べて、米国は「妥当な戦略」を用いたのだが、それは同時に「金持ちの、人生を愛し、「コスト」を恐れる人びとの戦略であった」と結論したことがある。「われわれは人生や幸福、富や権力を愛する」が、「絶対的なものと付き合う人びと、例えば人は不可避的に苦痛を経験し死ぬと考える人びと」のことを理解できなかった。生命そのものと同様にわれわれが価値を置く「幸福、富や権力」などは、「アジアの貧民には経験できない所にあるわれわれの経験の一部なのである」。アジアの貧民たちは「富の破壊と生命の喪失を冷静なまでに受け入れ」るので、われわれが「戦略を、その極限である民族虐殺にまで」押し進めるよう招き入れたのは彼ら自身である。けれども、われわれは「自らの価値体系に反してまで自分たちを破壊」したくなかったため、そこでしくじったのだ。(★27)

ザスタバ自動車工場
クラグイェバツに本拠地を置く工場で、イタリアフィアット社とライセンス契約を結んでいる。クラグイェバツはナチスへの抵抗の拠点だった。

ここから読みとれるメッセージは明確である。破壊と虐殺は、それが文字どおりの「民族虐殺」にならない限り「妥当な」ものであり、民族浄化が受け入れがたいのは、そこまでいくと「われわれ自身を破壊」しかねないからである。同様の道徳はおそらく「新しい人道主義」においても維持されている。ファフは、アジア貧民の心性に関する洞察をどこから得たか述べていないが、どこから得たにせよ、現在も都合良く利用できるであろうことは疑いない。

最初のうち、ファフは「道徳的憤り」を主にミロシェビッチに向け、彼の行為は「彼がヒトラーとスターリンに比するに足る道徳的想像力を持っている」ことを示しており、また「大規模な」ものであると述べていた。[★28] けれども、ファフは、同じような比較を行った他の人びとと同様、インドシナで「妥当な戦略」を追求し、民族虐殺のわずか手前で止まりはしたが、現在ヒトラーやスターリンと比較されているミロシェビッチよりもはるかに「大規模な」虐殺を行った米国については何も述べていない。これに「言及するのは作法にかなわない」のである。

ミロシェビッチの行為が「ヒトラーやスターリンによる一民族集団全体の強制撤去と全面的に比肩しうるもの」[★29]（ティモシー・ガルトン・アッシュ）とされていたときに、米国自身の行為を巡るあまりに明白な問題を、かくも容易に隠しておくことができたのは興味深い。ヒトラーやスターリンを比較に持ちだした機会に、これまで「新しい人道主義」の検討のために狭く限っていた時間上の制約を少し緩和して、過去に目を向け、例えば、インドシナでワシントンが行った「一民族全体の強制撤去」について少し述べることにしよう。例えば一九七〇年代初頭だけで、カンボジアでは一五〇万人もの人びとがプノンペンへの移住を余儀なくさせられた。また、一九六一年から一九六二年にかけて、ジョン・F・ケネディが南ベトナムでの戦争を大規模な国家テロから直接侵略にまで拡大した頃、一千万人と見積もられる人びとが、集中爆撃と地上作戦により「強制撤去」させられた。[★30] こうした例は沢山ある。ミロシェビッチの行為がヒトラーやスターリンの行為と「全面的に比較可能」であるというなら、ヒトラーやスターリンの犯罪規模を悲惨な二十世紀における犯罪の中でもとりわけ大きなものとしていたのは誤りだということになる。セルビアに関してなされた主張をつきつめると、明らかに、こうした異常な結論が出てこざるを得ない（もしこうした結論が明示的に述べられているならば、多大な影響があるだろう）。

市民社会への攻撃を正当化するためにセルビア人全体を悪魔化する必要があり、われわれの戦いはセルビア指導者たちとの間だけでなく、セルビア人全体との間にあるものだという主張を擁護するために、「ヒトラーのもとの自発的処刑者たち」という概念を提唱したダニエル・ゴールドハーゲンが持ちだされたのは、いわば当然だった。「ミロシェビッチのもとの自発的な処刑者たち」に深く根付いた文化的病根をこそ退治しなくてはならないというわけである。これを主張した者たちは、「特に、戦争犯罪の問題に対する（セルビア人）知識人の沈黙」（ステーシー・サリバン）を強調した。[★31] 知識人のこの沈黙は、自らにも責任の一部があり、それゆえ、容易に阻止できるような犯罪に対して身を賭して声をあげる道徳的責任を当然のものと見なす「正常な世界」に生きる西洋の知識人にとって特にショッキングなものであった。

ここでも、ワシントンやロンドンその他の文明国家まで根を辿ることができる戦争犯罪や人道に対する罪に関して、「正常な世界」の知識人がどのように振舞っていたかに「言及するのは作法にかなわない」。このことは、サリバンの所属機関（ハーバード・ケネディ・スクール）でも、彼女が寄稿するニューズウィーク誌でも、また他の多くの雑誌でも、実際の所ほとんどすべての尊敬すべき機関でも、明らかである。上で引用したサリバンの論文が現れた雑誌は、ひどい犯罪に対する「沈黙」を守るだけでは満足せず、米国の雇われ国家による犯罪を強く支持している。同誌の編集者たちは、一九八一年にエルサルバドルで国家テロが絶頂に達した時期に、それに貢献した「レーガンとその仲間たちに「優」の評価」を与え、三年後に虐殺を調査したときには、「エルサルバドル人の人権よりも重要な米国の価値がある」ので、「どんなに多くの人が殺害されようと……ラテン型ファシスト」に軍事援助を送るよう提唱した。[★32] この雑誌はまた、イスラエルによる国家テロと犯罪を擁護し、米国やイスラエルの新聞やテレビでそれが広く報道されているにもかかわらず、イスラエルのテロを「単に真実ではない」としているが、[★33]

これは指摘することすら馬鹿らしい。

普遍的浄化

次の論理的ステップは、「セルビア浄化」の提唱である。これは、ニューヨーク・タイムズ紙の（ブレーヌ・ハーデンによる）「一週間を振り返って」に、「セルビア浄化のために必要なこと」という見出しで現れた。[★34]「浄化」の目的は、できれば第二次世界大戦後のように軍事占領を行って「病根を退治し」、「過激なセルビア民族主義を根絶」することにある。ハーデンによると、特に不快なのは「セルビアにおけるシュールレアルな被害者意識」であり、これは、セルビアの病んだ文化においては別に「新しいものではない」。彼は「セルビアの行為は、根本において、ナチスドイツとその規模が異なるに過ぎない」というゴールドハーゲンの結論を引用している。再び、米国の犯罪はどこに位置するのかという問題が起こってくるが、この問題は、妥当な国家が行った「戦争犯罪の問題に対する知識人の沈黙」により黙殺されている。ファフと同様、ハーデンも、ミロシェビッチが人びとにより選出された指導者であり、「NATOによる爆撃後急速に支持率が増加した」ことを指摘している（ここでは、こうした現象は西洋諸国では起こらないことが前提とされている。ナチスドイツがロンドンを空爆したときの英国民の対応を思い起こすとよい）。それゆえ、セルビア人全体を「浄化」しなくてはならない。これは、実は、ニューヨーク・タイムズ紙の知識人、トマス・フリードマンによってすでに次のようなかたちで提唱されていた。

好むと好まざるとにかかわらず、われわれはセルビア民族と戦争状態にある（セルビア人たちは確かにそう考えている）。問題点は非常に明確である。セルビアがコソボを破壊する一週間一週間のそれぞれに応じて、われわれがセルビアの国を十年前、二十年前の状態にまで粉砕する。一九五〇年に戻りたいならば、そうしよう。もし一三八九年に戻りたいなら、そこに戻すこともできる。[★35]

米国でセルビア「浄化」を提唱するのは特にお似合いである。というのも、米国そのものが民族浄化の原理の上に造られた国であり、しかも、「木とインディアンたちをなぎ倒し、自らの領土を拡張」した建国の父たちを現在に至るまで祝福し続けてきたという点で特異な国だからである。これは歴史上忘れ去られたことですらない。もしドイツ空軍が自らの攻撃型ヘリコプターに「ユダヤ人」とか「ジプシー」と名付けたり、ドイツの大学フットボール優勝チームに「ミュンヘンのユダヤ野郎」と名付けたりしたら、大きな非難の声が挙がるであろう。けれども、文明諸国の指導者である米国で行われているこれに類することに対して反対の声を見つけるのは難しい(★37)。

米国の啓蒙文化を理解するためには、今もおぞましいかたちで祝福されている「民族浄化」の前には一千万人いたと見積もられているアパッチやコマンチ☆の人びとが、かつて彼らの故郷だった米国の地に現在何人暮らしているか、そして、どれだけの石斧の使い手を見つけだすことができるか訊ねてみるだけで十分である。また、大学のフットボール優勝チームのマスコットが、「逃亡黒ん坊と無法者のインディアン」の一団であるという事実を思い起こしてもよい。ちなみに、ジョン・クインシー・アダムズ☆やトマス・ジェファーソン☆といった英雄的紳士たちによると、彼らを絶滅したのは「自衛」のためであった。これらの紳士たちはスペインからフロリダを奪い、現在「習慣と実践」によって定着している憲法違反の「大統領による戦争」という概念を作りあげた。セルビアの「浄化」を提唱するために使われた「シュールレアルな被害者意識」は、セルビア浄化作戦を行おうとしている米国で三世

アパッチ・コマンチ
いずれも北米先住民。ともに米国による北米先住民軍事制圧の最終段階で白人と交戦した。アパッチは現アリゾナ州の地域で暮らしていた。一九世紀後半以降入植者及び合衆国軍と交戦。一八七二年から一八七三年にはウルック軍がアパッチ掃討戦を行い、七十六名を殺害している。コマンチは、現在のオクラホマ州とテキサス州境界周辺で暮らしていた。一八四五年に米国がテキサスを併合した際、テキサス騎兵隊と交戦。それ以降抵抗を続けるが次第に劣性となった。一八七二年にはコマンチの二十三人が殺害され一二〇人が捕虜となっている。北米先住民と入植者との関係に関する体系的な歴史については、富田虎男著『アメリカ・インディアンの歴史』(第三版、雄山閣出版、一九九七年)やハワード・ジン著『民衆のアメリカ史』(猿谷要監修、TBSブリタニカ、一九九三年。全三巻)などを参照のこと。

紀にわたり大きな成功を収めた暴力の結果生みだされた国民文化の核心を構成している(★38)。

次のようなことを考えると状況はさらにおぞましい。「新世代」のコマンチ・ヘリコプターは、一九九〇年代にNATO内部のトルコにおける民族浄化に活躍したブラック・ホーク同様、コネクチカット州ストラトフォードのシコレスキー工場で造られている。シコレスキーは、米軍から注文が出る前から、コマンチをトルコに売ろうと名乗り出ていた。ストラトフォードは、一六三七年、北西部浄化のための最初の大規模な虐殺であるピーコット虐殺☆が起こった場所である。ピーコット虐殺は、三十年前まで米国の子ども向け教科書で祝福されていた。ピーコットでは、清教徒たちが神の命令に対する自分たちの解釈に従って、このカナン人☆たちに「一撃」を加えた。聖書に見られるように、夜明け前、ほとんどの男たちが不在のところを急襲して女性と子ども、老人を虐殺し、これらの人びとを約束の地から駆逐した。征服者たちによると、これによって生き残りは逃げだし、また、「ピーコットの名は(アマレク☆と同様)汚れたものとして天国から追放され、ピーコット人あるいは自らそう名乗るものは一掃された」。啓蒙の中心地から提供されたシコレスキー製の最新殺人兵器を使ってトルコが民族浄化作戦を進めたときの意図も、まさにこれと同じであった(★39)。

米国の「建国の父」たちは、自分たちが何をしているかよく知っていた。初代戦争省長官は、英国からの植民者たちが「連邦内で最も人口の多い地域にいるインディアンたち全員を完全に撲滅」しつつあり、それにあたって「メキシコやペルーで征服者たちが行ったよりもさらにインディアンたちにとって破壊的な」手段をとったと書き残している。自らこの虐殺に大きく貢献したジョン・クインシー・アダムズは、はるかあとになって、奴隷制と「インディアンたち全員の完全な撲滅」とを声高に批判し始めた。彼は、これらの政策は「この国の憎むべき罪の一つに数えられるもので、いつの日か神が裁きを下すであろうと信じている」と述べている。神の裁きがあるならば、過去の罪が今も祝福されていることも裁きの対象となるだろう。アダムズは、自らの遅すぎた反対により、「無慈悲かつ不誠実な残酷さをもってわれわれが絶滅させているネイティブ・アメリカンという不幸な人種」を救うこと

ができるかもしれないと望んでいた。(★40)

つまるところ、これまで常に民族浄化作戦は高尚な道徳的価値のもとで行われてきたのである。古典的な例として、米軍がインディアンたちを祖国から追放した場面を観察してアレクシス・ド・トクヴィル☆が述べた件りがある。インディアンたちは「冬の最中」に、「砂漠を横切り輝かしく行進してきた文明」により行われた殺害と破壊の「厳粛な光景」の中で追放された。彼がとりわけ心を打たれたのは、征服者たちが、「まれにみる幸福感をもって、冷静に、合法的に、博愛主義的に、血を流さず、世界の人びとの目に対して何一つ道徳の原則に反せずに」、人びとから権利を剝奪し絶滅させたことであった。彼は、「人道の諸法にこれ以上の敬意を払いながら」人びとを破滅

ジョン・クインシー・アダムズ
一七六七年～一八四八年。一八二五年～二九年まで米国第六代大統領。

トマス・ジェファーソン
一七四三年～一八二六年。一八〇一年～一八〇九年まで米国代三代大統領。

ピーコット虐殺
ピーコットは、現在米国コネクティカット州南部とロードアイランドに住んでいた先住民。一六三五年先住民さらいだった白人の交易人が殺害されたことを口実として、英入植者たちは対ピーコット戦争を開始した。英入植者側は体系的な非戦闘員への攻撃を行い、男性六百人を殺害し、女性と子どもを西インド諸島へ奴隷として売却した。

カナン人
カナンはパレスチナ地方の古名。紀元前一三世紀頃にイスラエルの民がカナンに侵入し、カナンを征服したことが旧約聖書ヨシュア記に記述されている。

アマレク
古代の遊牧民で旧約聖書にイスラエルの民がエジプトを脱したときにアマレク人が彼らに嫌がらせをし、シナイ山のそばで彼らを攻撃したことが述べられており、イスラエルの民に対する過酷な敵とみなされている。

アレクシス・ド・トクヴィル
一八〇五年～一八五九年。パリ生まれ。一九三一年から三二年に九カ月米国を旅行した。『アメリカにおける民主主義』の著者。

に追いやるのは不可能であると書いている。

大陸の征服が終わったとき、征服者たちはさらに進んで、再び「人道の名のもとに」、そして「高邁な公共的及び道徳的義務を果たすために」、フィリピンを征服した。こうした民族浄化作戦は現在に至るまで大規模に続けられてきた。時には東南アジアでのように米国の直接暴力により、また、時には中央アメリカでのように代理人を通して、また場合によってはクリントン政権下のNATO内部トルコでのように。いずれの場合にも、「人道の諸法に対する敬意」を維持しながら、「善い意図」が時に引き起こす「過ち」や、コソボで地上戦に突入しなかったという罪以外には自らの経歴に傷を付けずに、こうした行為は行われた。

米国政府の高官で、ベトナム戦争に対して、アメリカ人を傷つけたということ以外に、ほんのわずかでも後悔の念を表明したものはない。人権大統領ジミー・カーターは、われわれアメリカ人はベトナム人に対して負債を負ってはいない、それというのも、「破壊は相互のものだった」からであると述べた。育ちの良いアメリカ人でこれに抗議したものはいなかったし、この発言がコメントを要するほど重要なものとすら考えられなかった。また、ジョージ・ブッシュが寛大にも、ベトナムが米国に対して犯した犯罪について「賠償」を求めはしないが、インドシナで未解決の唯一の道徳的問題、すなわち、自衛のために闘っていて撃墜された米国パイロットの遺品を巡って、ベトナム側から誠実な回答が欲しいだけなのだと述べたとき、それが注目に値するものだと考えられることもなかった。セルビア浄化を提唱する米国の「シュールレアルな被害者意識」を示すもう一つの例である。(★41)

正確に言うと、米国の伝統的政策は「民族浄化」ではない。というのも、犠牲者が、ある民族であろうが、人種であろうが、同一宗教集団であろうが、肌の色による集団であろうが、他の何であろうがかまわないからである。その意味で、米国が献身しているのは「普遍的浄化」である。米国はこれを「対ゲリラ作戦」あるいは「低強度紛争」と呼び、公式政策としている。

文明国家は、その文化と歴史において、取るに足らない人びとを「浄化」するという伝統的な仕事に戻るための素養と資格とをよく備えている。浄化に対するこの素養と資格こそが、最も強力な否認と言い訳の基盤となっている。指導者たちとその崇高な仕事に対する賞賛は、歴史の最も早い時期、法廷におべっか使いがいた頃から、知的言説の中心を構成していた。賞賛は、特に武力行使が成功したときに、「高い道徳的地位にいる」指導者に対して向けられてきた。[★42]

啓蒙開化した人びとの素養と資格に対する賞賛は、とりわけ、武力行使を理屈で正当化することが困難なときに必要となる。まさにこのようなときに、「個人の自由を第一の価値とし、人道的理想を育み、いくつかの必要な美徳の育成に依拠する社会」、実際「単に必要な美徳というだけでなく、崇高な美徳をも実践する」社会の善行を導く「道徳的義務」が語られる。かくも高尚な社会は、「自らの手で防止できるか少なくともかなりの程度軽減できるような残虐行為や苦痛が大規模に起きたときに我慢できない」。われわれは、「政治がわれわれに普遍的であると教えたところの基準」を掲げるために、自らの高貴さそのものにつき動かされる。「コソボはそうした状況なのである」[★43]。

世界権力の中枢にいる指導者たちにエールを送るハベルやヴィーゼルその他の知識人たちは、コソボがそうした場合であることを雄弁に語ってきた。彼らの主張は何千年にもわたる法廷のおべっか使いの伝統に属しているのだろうか。それとも、今回は、賞賛と権力が一致しているのは偶然であり、彼らの説明を正当化できるのだろうか。この疑問に答えるのは簡単である。権力者たちの利益を害するような状況でわれわれの崇高で普遍的な基準を提唱している記録があるかどうか検討すればよい。さほど難しくはない仕事である。

われわれの理想主義的新世界

崇高なるわれわれと悲惨な他の人びととを比較することは、今日の大義の美徳を示すためにとても有効である。結局、われわれは「正常な世界」に住み、われわれの「習慣と実践」には馴染みのない「邪悪なことを行う人間の能力」にいつも驚いているのである。「われわれは人生や幸福、富や権力を愛する」。だから「富の破壊と生命の喪失を冷静なまでに受け入れ」て、われわれが民族虐殺にまで押し進むよう招き入れた人びとの心理状態を理解することはできない。むろんわれわれの側は、「自分たちを破壊」したくはなかったため、その半歩手前で立ち止まったのであるが。

同様の考えから、崇高な大義を実行することに懐疑的な意見が生まれることもある。例えば、ヘンリー・キッシンジャーは、同じような理由から、介入は誤りであるばかりでなく、不毛であると主張する。彼によると「何世紀もの間、(バルカン半島の)紛争は他に例をみないほど過酷に続いてきたが、その理由は、バルカン半島に住む人びとが誰も、寛容という西洋的概念についての経験を持たず、また根本的にはそれを信じてもいなかったからである」。アメリカ人とヨーロッパ人のみが「何世紀もの間」お互いに親切な心遣いをもって接することができたのはなぜか、また、彼らが「何世紀もの間」他の人びとに対して、非暴力や寛容、慈愛に満ちた親切といったメッセージを一生懸命伝えようとしてきたのはなぜかがここから理解できる。キッシンジャーは、学術的エッセイの中で、「われわれ」と「彼ら」の違いをより精密に検討し、「現代の世界秩序における最も深刻な問題」は、西洋とそれ以外とをわける「哲学的視点の違い」であるとしている。彼によると、西洋は「現実世界は観察者の外部にあるという考えを深く受け入れている」一方、それ以外の人びとは「ニュートン式思考の当初の衝撃を逃れた文化」の段階にあり、「現実世界はほとんど完全に観察者の内部にある」といまだに信じているという。おそらく、作物を植え付ける「彼ら」農夫たちは、雨も太陽も自らの手のうちにあるという錯覚を持っているとでも言うのだろう(ちなみに、キッシンジャーによると、ロシア人は最近、不十分ながら、西洋の洞察を理解し始めたらしい)[★44]。多分こうした観点から、米国による攻撃の段階的激化の論理にベトナム人が屈服しなかった理由が説明できる。つまり、ベトナム人にとって爆撃は頭痛に過ぎず、「正常な世界」で予想される屈服という選択肢ではなく、単にアスピリンの服用を選んだのである。

「バルカンの論理」が、啓蒙開化した西洋の「正常な世界」の人間的理性の記録と対照をなすものだと考える人びとは他にもいる。歴史家たちは、「他の人びとが起こした紛争に対する戦争や介入を好まないこと」が「われわれの基本的な弱点」であり、世界の治安を乱す悪漢たちにより「繰り返される、国際条約や人権協定により確立された規範と規則への違反」にわれわれが狼狽しがちであると指摘する。ニューヨーク・タイムズ紙の分析欄見出しによると、コソボは「新たな東西紛争」であり、そこにはサミュエル・ハンティントンの「文明の衝突」が現れているという。「正教のセルビア人たちの野蛮な非人間性に不快感を持つ民主的な西洋の人道的本能」というイメージは「アメリカ人には明白」であるが、他の人びとにとっては明らかではない。そして、このことを、アメリカ人は、「邪悪なことを行う人間の能力に関する冷徹な教訓」とともに理解しなくてはならない(★45)。

「われわれ」と「彼ら」の分断は、戦争が終わりに近づくにつれ、ますます深まった。同時に「共産主義と非人間性に対する勝利に感激したアメリカ人は、自分たちの価値が世界の価値であるとこれまで以上に強く考えるようになった」。けれどもこれが誤りであることは、ニューヨーク・タイムズ紙の「一週間を振り返って」欄の「勝利の中でさえ、非人間性に関する二つの見方が世界を分断している」という見出しから知ることができる(★46)。この記事によると、アメリカ人が学ばなくてはならない「冷徹な教訓」はさらに他にもある。すなわち、

「アメリカ人たちは、すべての人びとが」西洋の銃口のもとでとはいえ、コソボが、民族対立の血の海を離れて調和へと向かう展開点であるという西洋の見解を共有しているわけではない「ことを理解しなくてはならない」。その逆に、コソボでの戦争は、非人間的な行いを終わらせるために精力を傾ける理想主義的な「新世界」と、対立を終わらせられないことに関して運命論的な見解を持つ「旧世界」との間のイデオロギー的分断を浮かび上がらせることとなった。

残念なことに、運命論的な「旧世界」の人びとの一部は、（NATO自身の内部や他の雇われ国家といった地域で）「理想主義的な新世界」が「非人間的な行いを終わらせるために」何をしているか知っている。この欠陥のゆえに、「旧世界」は、非人間的行為を終わらせようとしている理想主義的国家の政治的・知的指導者たちが到達した高みにまで到達できずにいる。さらに悪いことに、理想主義的な新世界たる米国がコソボで非人間的行為を終わらせようとした（あるいは終わらせた）という主張に納得していない反乱分子がいまだに存在している。

けれども、そうした奇異な考えをわれわれの正常な世界に侵入させるわけにはいかない。われわれは、その代わりに「たった一つの命の価値を巡って西洋とそれ以外とをわける大きな溝」を認める必要がある。「多くの人びとが……権利と責任という西洋的概念を受け入れない」という困った事実をわれわれは直視しなくてはならない。そうして始めて、例えばロシアの振舞いを理解することができる。すなわち、ロシアの振舞いを理解するためには、その歴史の中で、例えば「前世紀から今世紀への移行期に、百五十万人ものユダヤ人が強制的に追放された」ポグロム☆を初めとする「民族浄化や強制移住が起こっていた」ことを見ておく必要がある。それに対して、われわれの過去や現在において、これに少しでも類することはまったく起こらなかったというわけだ。ロシアのユダヤ人に対してなされた最も恐ろしい☆ポグロムであるキシネフ虐殺☆と同様のことが、レバノンの大半を破壊した米国の雇われ国家により繰り返されたことに言及するのは、米国メディアの「作法にかなわない」(★47)のであろう。しかも、それでさえ、われわれの歴史の中で隠されてきた犯罪の中で最悪のものではないのである。

熱を込めて語られる正史によると、「理想主義的な新世界」たる米国はつねに「たった一つの命」に高い価値を置いてきた一方、英国やドイツ、フランスなどの「西洋諸国が非人間性に関する理解を変更するためには第二次世界大戦を待たねばならなかったし」、さらに「そうした理解の変化が実践的献身に至るにはさらに五十年かかった」。一方、ロシア人たちは「八十一年前の英国やドイツ、フランスの段階に止まっており」、さらに他の人びとに至っては、われわれがこれまで常に掲げてきて、最近西欧諸国も同調し始めた人道的価値を理解できないほどに

遅れている。(★48)

こうした理由で、われわれの大義は、それが何であろうとも、議論の必要なしに正当であることになる。結局のところ、天使が誤ることなどあり得るだろうか。振舞いを正当化する理屈や証拠を求めることは侮辱であり、それに関連する話題は忘却の穴へと追いやられることになる。一方、今や他の人びと——少なくとも一部の人びと——が、人間精神の勝利に基づく「国際関係上の画期的な事件」を賞賛するわれわれに合流したので、われわれは、前方に控えているすばらしい新時代について考えることができる。

他にも多くの人びとが「欧州連合とNATOにより擁護された普遍的原則と価値」を賞賛してきたが、同時に狼狽もあった。というのも、このような原則と価値は、「巷の話題となったときに失われた」のか、「道徳的介入」(トニー・ブレア)の使命に対する真の感謝がないように思われたからである。こうした「道徳的介入」が、カンボジアでのクメール・ルージュによる犯罪を「アジアのプロシア人」ベトナムが止めたことや、ロシア「覇権主義」の尖兵であるインドがバングラディッシュを救ったこと、その他多くの西洋啓蒙主義の祝福を受けていない人びとの行為とは対照的に、「近代の歴史上初めて、人権が国家主権の境界よりも重要だと見なされた」(バーツラフ・ハ

ポグロム
集団的略奪、破壊、虐殺を意味するロシア語で、特にユダヤ人に対するこうした行為を指すために用いられる。ロシアでは一八八一年から八四年、一九〇三年から〇六年、一九一七年から二一年にユダヤ人に対するポグロムが多発した。

キシネフ虐殺
一九〇三年四月にキシネフ市で起こったユダヤ人に対する大規模なポグロムで、政府高官や地元当局が関与していた。

サブラ/シャティラ虐殺
一九八二年六月にイスラエルがレバノンに侵攻した後、同年九月十五日から十八日に、イスラエルの傀儡とも言えるレバノンのキリスト教徒民兵(ファランジスト民兵)がイスラエル軍の前でレバノンのサブラとシャティラにあるパレスチナ人難民キャンプを攻撃しパレスチナ人を虐殺した事件。国際赤十字は二七五〇名の死者をあげている。

（★49）ベル）ものだったにもかかわらずである。

これまでも、こうした主張を繰り返し繰り返し聞かされてきたこと、そして、征服者たちの振舞いは、自らは利益を得ることがない状況で、例えば純粋な「人道的介入」を行うかどうかによってのみ評価されることを指摘するのは、最も意地悪な人びとだけである。現時点でも、文明諸国の振舞いを検討するのは簡単である。そして、「新しい人道主義」とこれまでのものとの違いが明日にでも示されるのではないかと期待して息を飲んでいる人びとは、文明諸国の外にはほとんどいない。

原注

★1 Gellman, *op. cit.*

★2 John Broder, *NYT*, June 3, 1999. 空軍アカデミー卒業式でのクリントンの演説を報告して。クリントンはそこで、アルバニア系コソボ住民への攻撃は何カ月も前、おそらくは何年も前から計画されていたとつけ加えた。これは正しいが、無関係である。

★3 Serge Schmemann, "From President, Victory Speech And a Warning," *NYT*, June 11, 1999.

★4 Adam Clymer, *NYT*, March 29；クリントンの演説：*NYT*, April 2；Bacon, Bob Hohler, *BG*, April 3；Jane Perlez, *NYT*, March 28, 1999 等。

★5 Glennon, Smith and Drozdiak, *op. cit.*；社説：*WSJ*, April 16, 1999.

★6 *NYT*, April 18, 1999. AI, *United States of America, op. cit.* Human Rights Watch, *Shielded from Justice* (June 1998) . 米国と世界人権宣言については、私の "United States and the 'Challenge of Relativity'," 及びそこで引用されている文献を参照。海外での人権侵害については多くの文献がある。いくつかはすでにあげた。理性的に考えると無視しがたい（が教条的に考えると無視できる）関連する点として、ラテンアメリカ諸国で、米国による軍事援助を含む援助と拷問との間に正の相関があるという事実がある。これはカーター政権時代にも同様であった。この分野の優れた研究者 Lars Schoultz, *Comparative Politics*, Jan. 1981 にこのことが示されている。レーガン時代には、援助と拷問の相関は研究の必要もないほど明らかであった。コロンビアの例をみるだけでも、現在まで同じ状況が続いていることがわかる。Edward Herman によるより包括的な研究では、米国の援助と拷問との相関を理性的に分析し、それを援助と米企業による投資環境の改善との相関から派生する二次的相関として説明している：Edward Herman, *Real Terror Network*. また、*Political Economy of Human Rights*, vol. 1. も参照。

★7 U.S. Deparment of State, "Erasing History : Ethnic Cleansing in Kosovo," State Department website, http : //www.

state.gov/index. html, May 1999.

★8 第一章の原注41を参照。

★9 Weller, *op. cit.*; 第一章の原注29を参照。

★10 Roger Cohen, *NYT*, May 28, 1999. また Jane Perlez による同時掲載の第一面記事。「キーセクション」の概観に二ページすべてが使われている。

★11 Philip Shenon, *NYT*, May 27, 1999.

★12 爆撃後に実際に起こった事態を阻止しようと意図した先制行動だったという議論もあり得るが、実際の出来事を調査するならば、こうした説明が成り立たないのは明らかである。

★13 Paul Wilson, "Kosovo and the End of the Nation-State," *New York Review*, June 10, 1999. カナダ議会でのハベルの演説を引用して。

★14 *NYT*, Feb. 22; *WP Weekly*, March 5, 1990 から抜粋。また、第一章原注14も参照。

★15 この示唆的エピソードを初めとする関連エピソードについては、*Deterring Democracy* 第十章を参照。

★16 Lewis, "Which Side Are We On," *NYT*, May 29, 1999.

★17 David Rohde, "Wiesel, a Man of Peace, Cites Need to Act," *NYT*, June 2, 1999.

★18 Yoav Karni, "The Prophet from New York," *Ha'aretz*, June 27, 1985. さらなるコメントについては *Turning the Tide* を、また、残虐行為を前にしたヴィーゼルの沈黙に関する他の例については *Fateful Triangle* を参照。ヴィーゼルに報告を渡したノーベル賞受賞者はMITの生物学者 Salvador Luria であり、彼は私にヘブライ語新聞の文献を提供するよう頼んできた。これを、彼自身の示唆とともにヴィーゼルに送ったのである。

★19 Bauer, Israel Amrani, *Ha'aretz*, April 20, 1990. この文献の背景には、トルコによるアルメニア虐殺のドキュメンタリーテレビ番組の放映を、政府からの、そして「放映はイスラエルとトルコの関係を傷つける」としたトルコ移民からの圧力により、イスラエル国営テレビ局が断念したことがある。Israel Charny, "The Conference Crisis: The Turks, Armenians and the Jews," *International Conference on the Holocaust and Genocide*, Tel Aviv, June 20-24, 1982, Book One (Tel Aviv, 1983) (Peter Novick, *The Holocaust in American Life*, Houghton Mifflin, 1999 に引用されている)。ヴィーゼルの国家権力への服従と虐殺を前にした沈黙は、イスラエルの報道陣から鋭く批判されている。彼がノーベル平和賞を受賞したときの主要メディアの報告例については、Alexander Cockburn, *Nation*, Nov 8, 1986を参照。

★20 David Shribman, "An oft-battered Clinton emerges victorious again," *BG*, June 11, 1999.

★21 一九九九年連邦情報システム法人, Federal News Service, April 1, 1999.

★22 Kai Bird, *Nation*, June 14, 1999.

★23 Roger Cohen, *NYT*, March 30, 1999. 国務省職員の言葉を引用して。

★24 Eric Schmitt and Steven Lee Myers, "NATO Said to Focus Raids on Serb Elite's Property," *NYT*, April 19; Guy Dinmore,

“‘Tomahawk democracy’ decried as car plant bombed,” *FT*, April 10/11, 1999. 労働運動については、Elaine Bernard（ハーバード労働組合プログラム代表）“Independent Unions in Yugoslavia,” webpost（Znet, www. zmag. org）, April 4, 1999.

★25　作戦が標的としたのは「経済基盤」一般である。目的は、爆弾により電力と水の供給に「恒久的なダメージ」を与え、「経済再建の見通しを暗澹たるものにする」ところまでユーゴスラビアを後退させ、北部のボイボディナからユーゴスラビア全体にわたって、「経済生活をほとんど麻痺」させることにあった。ベオグラードの水の供給は九割落ち込んだ。その「被害を最も受けた」のは病院である。Michael Dobbs, “Bombing devastates Serbia’s infrastructure,” *WP-BG*, April 29, 1999 ; Steven Erlanger, “Production Cut in Half, Experts Say,” *NYT*, April 30, 1999; Erlanger, “Reduced to a ‘Caveman’ Life,” *NYT*, May 19, 1999 ; 及び現地からの他の多くの報告。

★26　Pfaff, *BG*, May 31, 1999.

★27　Pfaff, *Condemned to Freedom*（Random House, 1971）. これらを初めとする多くの同様の見解については私の *For Reasons of State* を参照のこと。そこで述べたように、ファフはタウンセンド・フープスが二年前に著した本での言葉を引用指示なしに言い換えている。一方、フープスはファフに言及しているので、この言葉の元が誰なのかは不明確である。

★28　April 19, 1999.

★29　第三章原注43を参照。

★30　メディアの扱い（より正確には無視）に関しては、*Manufacturing Consent* を参照。ケネディーの戦争については *Rethinking Camelot* を、また、米国の南ベトナムに対する戦争下での、米国の最後の暴力の発作については、*Political Economy of Human Rights*, vol. I を参照。後者では、Newsweekサイゴン事務所主任 Kevin Buckley がわれわれに提供してくれた未発表の研究を用いている。米国が犯した残虐行為の最も重要な記録とそれに対する理由付けのいくつかは、米国のアドバイザーたちによる詳細な研究の中に見られる。その例については、*Rethinking Camelot* を参照のこと。

★31　Stacy Sullivan, “Milosevic’s Willing Executioners,” *New Republic*, May 10, 1999 他。この言葉の元となったゴールドハーゲンの “Hitler’s Willing Executioners” という概念は一般に広く知られることとなったが、学術的にはそれほど高く評価されなかった。セルビアに関しても同様である。ゴールドハーゲンの主張に対する批判的分析としては、Norman Finkelstein and Ruth Bettina Birn, *A Nation on Trial*（Holt, 1998）を参照。この主張のセルビアへの適用については、Charles King, *Times Literary Supplement*, May 7, 1999 を参照。

★32　社説、*NR*, May 2, 1981; April 2, 1984.

★33　編集者 Martin Peretz, “Lebanon Eyewitness,” *NR*, Aug. 2, 1982. この件に関して及び当時の同様な反応については、*Fateful Triangle* を参照。

★34　*NYT*, May 9, 1999.

★35　*NYT*, April 23, 1999.

★36　第三章原注78を参照。

★37 私は一つだけ例を知っている："Apaches and Tomahawks," *Le Monde diplomatique*, May 1999.

★38 セミノール戦争については、William Earl Weeks, *John Quincy Adams and American Global Empire* (Kentucky, 1992).

★39 Tirman, *op. cit.* 子どもの教科書で祝福されていたことについては *At War with Asia* を、虐殺については、*Year 501* 及びその引用文献を参照のこと。

★40 Weeks, *op. cit.*; *Rethinking Camelot* 序文にさらなる情報源と現在も妥当する議論がある。

★41 グアテマラでの何十年にも及ぶ異常な恐怖状態を開始し維持することになった「善い意図」については、Piero Gleijeses, "The Culture of Fear," 及び、Cullather, *op. cit.* のあとがきを参照。インドシナに関する記録は特に驚きである。一つの典型的な例として、ロバート・マクナマラの恥ずべき弁明がある。これは右派からは裏切りであると非難され、ベトナム戦争に反対した著名な人びとからは正当な弁明として歓迎された。私の "Hamlet without the Prince," *Diplomatic History* 20. 3, Summer 1996; より一般には "Memories," Z, Summer 1995 を参照。

★42 Shribman, *op. cit.*

★43 Peter Berkowitz, "Liberalism and Kosovo. The Good Fight," *New Republic*, May 10, 1999. Berkowitz はハーバードの統治学教授で、*Virtue and the Making of Modern Liberalism* の著者。

★44 Kissinger, "Commentary," *BG*, March 1, 1999. *American Foreign Policy* (Norton, 1969).

★45 Tony Judt, "Tyrannized by Weaklings," Op-ed, *NYT*, April 5; Serge Schmemann, "A New Collision of East and West," *NYT*, April 4, 1999. Ash, *op. cit.*

★46 Michael Wines, *NYT*, June 13, 1999.

★47 キシネフ虐殺とサブラ／シャティラ虐殺（両者の比較はイスラエルの報道によって行われている）、及び同時期に起き米国では報道されなかった忌むべき犯罪については、*Fateful Triangle* を参照。

★48 Wines, 原注46を参照。

★49 Robert Marquand, *NYT*, *CSM*, June 14, 1999. ブレアとハベルを引用して。Marquand は、「トルコと周辺諸国における最も虐げられた少数民族クルド人」が、オジャランの「逮捕と裁判のときに」、不幸にして「脇に追いやられた」と述べている。まったく逆に、オジャランの逮捕と劇的に不正な裁判は、米国の役割については隠されたままだったとはいえ、トルコのクルド人の「惨状」に対する公認の沈黙を一時破ったのである。これまで一度も中心に登場しなかった件を「脇に追いやる」ことはできない。もし西洋諸国が公式に信奉しているとする原則と価値を本当に真面目に取るならば、オジャラン逮捕は、すでに大きな抗議を引き起こしていたはずの西洋の恥ずべき役割に対して、さらに大きな抗議を引き起こしていたであろう。

第五章

外交の記録

前章でも述べたように、相反する報道はあるものの、ユーゴスラビア戦争犯罪国際法廷でミロシェビッチらが訴追されたことは、西側各国による外交へのひどい痛手と考えられた。一九九九年五月二十七日に訴追が発表されると、司法筋は「この決定は外交交渉の足元をすくうことになる」と語った。スティーブン・アーランガーは、訴追のニュースは「セルビアに驚きをもって迎えられ、戦争終結への期待をしぼませた」と伝えている。これは特にロシア特使チェルノムイルジンが「和平交渉のために到着する」当日に（独立した）法廷によって訴追が決定されたというタイミングのためでもある。アーランガーは、訴追によってチェルノムイルジンの交渉が著しく困難になると述べている。また、訴追が発表されチェルノムイルジンが到着した日に、NATOが「過去最大の爆撃をユーゴスラビアに」行う決定をしたため、状況はさらに複雑になった。[★1]

これは驚くに値しない。権力や武力を独占している者が、外交交渉に入ろうという段階で、自らの意志でにせよ、状況に迫られてにせよ、武力に訴えるというのはよくあることであり、何ら不思議ではない。インドシナにおける戦争や一九八〇年代の中米での戦争における和平交渉はそのいい例である。これらについては、後ほどまた簡単に立ち戻る。

爆撃が激しさを増したことに関して、チェルノムイルジンは通常よりもずっと激しい非難を行った。[★2] クリントンは「ロシアによる交渉は（NATOの提示した）条件をユーゴ側が受け入れる方策を探る助けとなるものであり」、NATOの戦略は米国とロシアの関係を強化するものであると主張したが、チェルノムイルジンはこの主張を強く退け、逆に「現在ユーゴスラビアでその最初の実例を目にしている新しいNATOの政策は、ロシアと米国との関係を数十年分後退させた」と述べている。また、爆撃が激しさを増したこと、とりわけ一般市民社会が標的となったことでロシア国内の世論は急転回した。米国に好意的な意見は五十七パーセントから十四パーセントに減少し、米国を「見習うべき」モデルとする意見が影をひそめ、米国は「自由で民主的な世界の指導者としての道徳的な立場を失った」と考えるようになった。チェルノムイルジンは、状況がこのまま進展すれば重大な結果をもたらしかねないと警告し、インドや中国もロシアの姿勢に同調するであろうとの自信を示した。おそらく、この自信は妥当なものであろう。メディアや評論の中からもれてくる情報から察すれば、このように考えるのはロシアだけではなさそうである。国際社会は文明諸国の行動に不安を抱き、唖然としている。これもまた、「理想主義的な新世界」やその仲間たちと「治安を乱す悪漢たち」とを隔てる分断の一つの反映である。

では、どうしてチェルノムイルジンとクリントンがかくも異なった描写をしたような事態に至ったのか、外交上の記録を検討してみよう。

ランブイエ交渉（一九九九年二月六日〜三月二十三日）

空爆は、新ユーゴ連邦（FRY）代表団がランブイエの（仮）協定を拒否したあとに行われたが、これは主に米英の主導であったようである。NATO内部にも意見の相違があり、それはニューヨーク・タイムズ紙の「コソボ交渉の最大の意見の相違は列強間に」という見出しからもわかる。問題の一つは全欧州安全保障協力機構（OSCE）監視員の配備であった。ヨーロッパ諸国は、条約上の責務と国際法に則って安保理に派遣承認を求めたがった。一方、ニューヨーク・タイムズ紙によれば、米国政府は、最終的に「支持する」という言葉には同意したものの、「承認」という神経痛的用語」は容認しなかった。クリントン政権は「NATOは国連とは独立に行動することができるという立場をとりつづけた」。ある有力な戦略分析家は「安保理の祝福が必要だというのは」国連憲章に明記されているように「われわれの政策に対する拒否権を安保理に与えるようなものだ」と説明している。(★3)

NATO内部での意見の不一致は続いた。英国（この時点で、英国はゴルバチョフ時代のウクライナと同じ程度にしか独立して行動しているとは言えなくなっていた）を除くヨーロッパ諸国は、米国の好戦的な態度に懐疑的で、オルブライト国務長官の威圧的な言辞にも、(★4)今や微妙な時期を迎えている交渉に役立たないとして問題を感じていた。しかし米国高官は強硬姿勢を崩さなかった。

現時点では、外交上どのようなやりとりがあったか、あまり多くは知られていない。[★5] ランブイエ合意の諸条項のように、公開されている記録の決定的に重要な部分すら報道されないままである。ランブイエ合意は、セルビアとFRYに対して「同意するか爆撃を受けるか」という最後通告として提示されたので、国際法上有効なものではない（とはいえわれわれはようやくその古くて信頼できない国際法から脱皮して「正しいと思う」ことをやれるようになってきたのであるが）。とにかく、合意の内容は一般の人びとには公開されなかった。いったい何が起こったのかを理解するためには、この合意の内容を知ることが重要である。

ランブイエ合意は、NATOがFRYの一部と見なしていたコソボの完全な軍事的占領と実質的な政治的支配、さらにはFRY全体のNATOによる実質的な軍事占領を目指していた。[★6] すなわち、NATOはコソボ内外で「軍（KFOR）を設立、指揮する。軍はNATOの指揮系統を通じて、北大西洋評議会（NAC）☆の権威のもとに、その指揮と政治的統制によって行動する。KFORの指揮官はこの章［軍事面での合意の実施］の解釈に関する最終的な権威であり、その解釈はすべての当事者に対し拘束力を持つ[★7]」。また、民政は（NATO支配下にある）OSCEとその合意が履行されるよう監視する機関の長の監督管理下に置かれ、コソボ占領軍であるKFORとの連携のもとに運営される。占領軍との連携というのは、服従の婉曲表現である。決められた短い期間の間にユーゴスラビア軍と内務省警察部隊のすべては「承認をうけた宿営地」に再配備され、その後、セルビアに撤退する。限られた武装（すべて綿密に定められている）を許された国境警備にあたる若干の部隊は撤退の例外となるが、これらの部隊の行動は攻撃に対する国境警備および「不法な越境行為の取り締まり」に限定され、それ以外の目的でコソボ内を行き来することはできない。

北大西洋評議会（NAC）
北大西洋条約機構（NATO）の上級大使級理事会で、方針や行動の枠組みを決定する実質上の最高決定機関。そのメンバーや構成は一般には公開されておらず、密室の意思決定を行う機関として知られている。

「この合意が実施されて三年後に、コソボに関する最終決着の仕組みを決める国際会議が開かれる」。この段落は、はっきりとは述べていないものの、独立のための住民投票を提唱していると考えられる。

ユーゴスラビアのその他の地域に関する占領の条件は、付記Bの多国籍施行軍の地位に定められている。このうち最も重要なのは、次の部分である。

8．NATO人員およびその車両、船舶、航空機、装備は、FRY全土、その領空、領海における自由かつ無制限な通行を保障される。これには野営、演習、民家への宿泊、支援、訓練、作戦行動に必要ないかなる地域や施設の使用も含まれる。

このあとには、NATO軍とそれに雇用された者がFRY領土を自由に往来できること、当国の法律に束縛されず司法権の及ばないこと、そしてFRY当局はNATOの指揮を優先し遵守しなくてはならないことが記されている。NATOの人員は「FRYの法律を守らねばならない」とされているが、これは、そこに付された「この付記によって与えられた自らの特権や免責事項に甘んじることなく……」という修飾句によって形骸化されている。

これらの文言は、拒絶されることを確実にするためにわざわざ作られたと考える者もいるが、確かにそうかもしれない。無条件降伏ででもなければ、このような条件を受け入れる国はないであろう。

コソボ紛争に関する米国での膨大な報道の中に、これらの条件、特に、上にあげたもっとも重要な付記Bについて正確に伝えているものは見当たらなかった。この付記が報道されたのは、六月三日に和平合意がなされ、一般大衆の民主的な判断とは無関係になった直後である。報道各社は、ランブイエ合意の付帯条項においては、「純粋にNATOによって構成される軍隊がユーゴスラビア全土で通行の自由を保障され、法手続きからも免責されることになっていた」と伝えた。この最後通告的なランブイエ合意の下では、「NATO軍はコソボのみならずユーゴス

ラビア全土で実質上の通行の自由を保障されることになっていた」とロンドンからガイ・ディンモアは伝えている。(★8)

公式の「和平交渉」であるランブイエ合意の基本的な条項に関する明確な説明がない以上、いったい何が起こっているのか人びとが理解するのは明らかに不可能であった。

数週間後、(内容は報道されないまま)ランブイエ合意は「コソボにおける民族浄化を防ぐという目的をはずれ、まさにそれを助長してしまった」とする論説が現れた。この論説を書いた編集委員は、交渉を振り返って、「あからさまな外交上の失敗」であったとし、「もっと賢明に、OSCE監視員を現地に残して、交渉の両当事者を真の政治交渉の場につかせるような外交を展開していれば、コソボの悲劇は防げたかもしれない」が、実際には「外交の技量よりも露骨な力の行使が選ばれた」と書いている。(★9)

いつの日か、この合意と爆撃が防ごうとしていたことについての前提も、喧伝を繰り返すだけでなく、きちんとした論証に付されるべきだと認識されるかもしれない。知られている事実からは、そうした論証を展開するのは容易でないことがわかる。また、忌まわしい過去においていつもそうであったように、「外交上の失敗」が、実は、自分たちの価値観だけを問題とし、人びとの生死などほとんど問題にせずに行われた、勝利を予測した上での理詰めの選択ではなかったのかと問うことも可能になるかもしれない。

セルビア議会の決議(一九九九年三月二十三日)

セルビア国民議会は一九九九年三月二十三日に米国とNATOの最後通告に回答した。その決議では、NATOによる占領要求は拒絶され、OSCEと国連に平和的な外交決着の仲介を求めていた。先にも述べたように、この決議はまた、爆撃を五日後に控えて三月十九日に命じられたOSCEコソボ監視団の撤退を非難していた。

セルビア国民議会の決議は、コソボ・メトヒヤ(FRYでのコソボ地域の公式名称)の広範な自治、すべての市民と民族集団の平等の保障、セルビア共和国とユーゴスラビア連邦の領土の不分離性に関する政治的合意を目指した交渉を提案していた。さらに、「セルビア国会はコソボ・メトヒヤにおける外国の兵力の駐留を認めない」けれども、

セルビア国会は、コスメト(コソボ・メトヒヤ)に居住するすべての民族の代表によって合意され承認された自治に関する政治協定が調印され次第、その実施にあたるコソボ・メトヒヤでの外国勢力の規模と性質について検討する用意がある

と述べていた。

決議の骨子は主な通信社によっても報じられたので、新聞社にも伝わっていたはずである。しかし、データベース検索の結果からは、この決議を報じる記事が非常に少なく、特に全国紙や有力雑誌には皆無であったことがわかる。(★10)

ジェームズ・ルービン報道官は三月二十四日の国務省会見で、セルビア国会の決議、特にその中の「外国勢力の駐留」について質問され、「この建物にいる者のうちで、それが希望のしるしであると考えている者はいない」と答えている。ルービンは「それ」とは何なのか分かっていないようであった。もしかすると、「それ」が取るに足りないものだと考えていたのかもしれない。爆撃が最も重要だと考えていたとすると、この態度はよく理解できる。ルービンの記者会見のこの部分も報道されなかったようであるし、私の知る限りでは、この会見を扱ったFAIR行動警報も(有力メディアに配信されているにもかかわらず)とりあげられなかった。(★11)

ルービンが何を指して「それ」と言ったかは、狂信的な人びとには明らかである。ただし、何に狂信的であるかによってその答えは変わる。いろいろな可能性を探れば狂信的でない人びとにも答えが得られるはずであるが、米

英やその同盟国はそのような道を選ばなかった。代わりに、彼らは爆撃と、それによって起こるべくして起こった結果を選んだのである。

よく言われるのは「ミロシェビッチが国際和平案（ランブイエ合意）の受諾のみならず討議をも拒否したため、三月二十四日、NATOが爆撃に踏み切った」ということである。(★12)「和平案」という言葉は一般的に、米国がその時に唱えていることなら何にでも使われる。「国際」という部分もそのまま受け入れることはできない。いま引用した記事はセルビア側のプロパガンダを遺憾だとする多くの報道の一つである。プロパガンダという点に関してはその通りであるが、ここには見落とされている点もある。

一般的な見方を離れるならば、私たちは一九九九年三月二十三日の時点で二つの和平案があったと考えることができる。ランブイエ合意とセルビア国民議会の決議である。どちらも一般の人びとには知られていなかった。さらに私たちは、ランブイエ合意には「致命的欠陥があり、コソボにおける民族浄化を加速してしまった」（注9を参照）、という後知恵に新たな見方を付け加えることもできる。三月二十三日に爆撃の最終決断が下された時点で存在した二つの和平案には「致命的欠陥」もあったが、同時に、「コソボの悲劇の大部分を防いだかもしれない真の政治的交渉の席につかせる」きっかけとなるような合意部分もあったのである（もちろん、「防いだかもしれない」というのは、防ぎたかったとすればの話である）。この点を理解するのに、何も特別な「外交的な技量」は必要ではない。単に、提案された二つの案を見ようという意志さえあればよかった。しかし、米国国民にはこれが許されていなかった。和平案は二つとも、政府の重大な決断に影響を与えるには遅すぎる時点まで人びとの目から隠されていた（そのうちの一つは未だに隠されたままである）からである。

これは、ごく近い過去にも耳にしたような話である。クウェートからイラクを追いだすために一九九一年一月に行われたイラク爆撃に先立つ時期に何が起こったかを考えてみよう。イラクが一九九〇年八月にクウェートに侵攻した直後から、ワシントンの情報筋は、撤退のための「真剣で」「交渉に値する」提案がイラク側から出されたことを漏らしていた。そのうちの一つは、一九九一年一月初めに出された提案で、国務省の中東担当者は「真剣な交渉準備姿勢」と評したにもかかわらず、米国政府が「即時に却下した」ものである。爆撃の直前に行われた米国の世論調査によれば、この提案の内容は米国国民の意見にも近いものであったが、自由社会にしてはめずらしいほど見事に一般大衆の目からは隠されてしまっていた[★13]。

ロシアの交渉参加（一九九九年四月二十二日）

バルカンの外交プロセスの次の重要な局面は、米国政府からも信頼の厚いロシア人ビクトル・チェルノムイルジンとミロシェビッチとの間で四月二十二日に行われた会合であった。この会合は広く報道され、「ロシア特使、和平交渉を終える、進展の兆候は微妙」「米英、国連のコソボでの任務についてのセルビア側提案を拒否」などの見出しで伝えられた。チェルノムイルジンは、NATOが爆撃を中止すれば、政治的解決を実現するための国連主導の外国軍がコソボに駐留することにミロシェビッチは原則的に合意したと述べた。当時の報道は、「米国とNATOの高官は、NATOの攻撃によってミロシェビッチの強硬姿勢が弱まりつつあるという以上には、チェルノムイルジンとの合意に良い兆候を認めていない」と伝えている。合意後の経過をまとめた別の記事は、この四月二十二日の会合の結果は、ミロシェビッチが「国際部隊」をコソボに受け入れる準備があるとした点で「ユーゴスラビアの姿勢軟化の最初の兆しである」としているが、同時に「難民の安全な帰還のためにNATOによる平和維持軍をユーゴスラビアが受け入れるまで爆撃は継続されると連合軍の高官は主張している」と伝えた。ミロシェビッチの「進展」が不十分であるとして[★14]、米英は即時にその提案を拒絶し、民間の標的に対する爆撃を強化した（その日テレビの送信が不可能にされた）。

端的に言えば、ミロシェビッチはこの日、三月二十三日のセルビア国民議会の提案を繰り返していたのである。今回は、西側からも信頼の厚いロシア特使を通すことによって、無視できないようなかたちで提案がなされた。けれども、三月二十三日の提案がほとんど知られていなかったため、同じ提案を繰り返していたにもかかわらず、四月二十二日のセルビア側提案を、米国側は、武力が有効でありNATO側の圧力によってミロシェビッチの強硬姿勢が崩れてきている証拠だとすることができ、それゆえさらなる攻撃が必要だと主張することができた。

一週間後の次の会合で、チェルノムイルジンは「堅実な進展」があったと伝えた。「進展の兆し」と当時の見出しは伝えている。「兆し」の実態は、「国連による非武装、文民の派遣団」にも範囲を広げている以外は、セルビア国民議会議決をほぼ繰り返しているにすぎないものであった。(★15)

同じ日、タイムズ紙は、UPIによるミロシェビッチのインタビューを掲載した。その中で、ミロシェビッチは「政治的交渉」を提唱し、「国連は、望むなら、大規模な派遣団をコソボに置くことができ」、「自衛のための武器を携帯した平和維持部隊」を置くことができるが、ランブイエで「クリントン政権の指示」により要求されていた「占領」すなわち重武装した二万八千人の兵力の駐留は認めないと述べた。ミロシェビッチはまた、ユーゴスラビア側兵力を空爆前の一万ないし一万一千人規模まで削減すること、「民族や宗教にかかわらず、すべての難民の帰還」、「国連難民高等弁務官と国際赤十字の自由な往来」、「セルビア内でのコソボの最大限の自治」へ向けた交渉の継続を提唱した。(★16)

この最後の部分を捉えて、タイムズ紙は、ミロシェビッチが「ランブイエ合意の文面を借用している」と述べたが、より重要なのは、ミロシェビッチが、コソボの「広汎な自治へ向けた政治的合意」を提唱した三月二十三日の国民議会議決の文面を繰り返していたことである。この四月三十日のミロシェビッチ提案は、三月二十三日のセルビア国民議会議決の大枠に沿ったまま、多少細かい点に踏み込んだものであった。

G8（一九九九年五月六日）

このドラマの次の幕は、五月六日に開かれた。この日、G8（西側主要国とロシア）が鳴り物入りで公式声明を発表した。それは、「暴力と抑圧を即時かつ検証可能なかたちで終結させること」、「軍、警察、および民兵組織（これらがだれのことを指すかは述べられていない）の撤退、「国連で支持承認されたような効果的な国際的文民及び治安部隊のコソボへの展開」、「ランブイエ合意及びユーゴスラビア連邦と近隣諸国の領土の不可分性の原則を十分考慮し、コソボにおける実質的な自治を可能にするような暫定的な政治的枠組みに関する合意へ向けた交渉を進めること」、そしてコソボ解放軍（KLA）の武装解除を提唱するものであった。

G8の声明は、三月二十三日の時点で出されていた二つの案の間の妥協を探る第一歩であった。この声明は、セルビア議会の提案に「治安部隊の配置」という重要な項目を付け加え、ランブイエ最後通告の中心的な要求事項であったコソボの軍事的政治的な監督管理という項目を放棄したものである。声明にはNATOについての言及はなく、それまで、米国政府によってその役割を封じ込まれてきた「国連安保理で決せられる暫定的なコソボ行政組織の設立」がうたわれていた。[★17]

この結果は、米英の勝利、武力に訴えたことの正しさの証明であるかのように報道された。タイムズ紙の見出しには「ロシアもコソボ監視軍の必要性に同意」と書かれている。タイムズ紙に載った二つの記事の一つの冒頭には「クリントン政権はロシアを味方につけることに成功した」とあり、もう一つには「来たるべき和平のための国際部隊の駐留の必要性について西側とロシアは今日はじめて合意した」とある。この合意の結果、ロシアの「参加」で孤立の度合いを深めているミロシェビッチ「に対する圧力も強まることになる」。ボストン・グローブ紙のベテラン記者ジョン・イエマは、最も大きな成果はセルビア軍に取って代わる「国際治安維持部隊」を巡り「ロシアをNATO側につけたことである」が、「爆撃を中止するには」ミロシェビッチは「少なくともG8案の原則だけでも受け入れなくてはならない」と報じた。[★18]

セルビアは公式見解を発表しなかったが、セルビア政府発行の新聞は「第一面にG8案の諸条項を掲載した」。[★19]
米国政府はG8案の文言を相手にせず、それまでと同じ立場をとって、この度の出来事は、セルビア側も交渉の席に着きかけていることを示してはいるが、それは不十分なので、爆撃を続ける必要があると主張し続けた。

ユーゴスラビア政府高官がG8案を大枠で受け入れると発表し、それに基づく安保理決議を求めたのに対し、NATOは「ユーゴスラビアが国際社会の妥協できない要求をのまないかぎり」爆撃を中止しないという態度を繰り返した。NATO報道官のジェーミー・シーアは、「われわれが（空爆を）始めた当初の、国際社会に全面的に敵対するという態度から、少なくとも、NATOの五条件を具体化したG8の中心的な要求を受け入れると言うところまで」ミロシェビッチの「態度を軟化させた」と述べた。クラーク将軍はそれに付け加えて「外交的な進展を促しているのは爆撃だと思う」[★20]と述べた。その日空爆を受けたのは、沢山の人がいた橋、サナトリウム、そしてヨーロッパの記者の一団であった。

ユーゴスラビアのジバダン・ヨバノビッチ外相からドイツのヨシュカ・フィッシャー外相に宛てられた書簡はあまり注目を集めなかったが、その書簡は「G8が数週間前に出した和平案の条件をユーゴスラビアが受け入れることを再度述べていた」。六月一日になってドイツにより公表されたこの書簡には、「NATOによる空爆を即時に停止し、安定的で永続的な政治的解決に向けての政治的交渉に力を注がなくてはならない」とあり、またFRYが「国連部隊の駐留と委任統治、国連憲章に則って安保理で決せられるその他の事項を含め、G8の原則を受諾した」[★21]ことが記されている。

コソボ和平合意（一九九九年六月三日）

一九九九年六月三日、コソボ和平合意がNATOとセルビアの間で交わされ、六月八日、その合意を実施に移す安保理決議原案にG8諸国が同意した。[★22]

この合意と国連決議には二つのバージョンがあると言ってよい。一つは原文であり、もう一つは米国・NATOによる解釈である。よくあることだが、この二つは異なっている。まず、米国国務省が提供した合意原文に基づいて原文を考察し、次にその解釈について述べよう。

予想に違わず、合意は三月二十三日の二つの和平案の折衷である。

米国とNATOは、上に引用した、セルビア側による拒絶の原因となった主な要求——NATOによる完全な軍事的占領とコソボの政治的管理、FRYのその他の地域におけるNATOの自由な通行——を取り下げた。コソボに展開する治安維持部隊にもそのような往来の自由は認められていない。また、ランブイエ合意にあった、独立に向けての住民投票を提唱していると目せられる部分も見当たらない。

セルビアは「NATOによる相当の参加を伴う国際的な平和維持部隊の駐留」に合意した。NATOに関する言及はここのみである。

コソボの政治的管理は、NATOでもOSCEでもセルビアでもなく、国連安保理が「コソボ暫定政府」を設立して行うとされた。軍事的な管理は「国連主導で」配置される「国際的な治安部隊の駐留」によって行われることになっているが、それ以上詳細な記載はない。ユーゴスラビア軍の撤退に関してはランブイエ合意ほど詳細ではないが、時間的に短縮されている以外は似通った内容となっていた。残りは三月二十三日の二提案の枠組みに収まるものである。

国務省提供の資料にもセルビア議会提供の資料にも入っていないが、原文には追記があり、そこには「ロシア軍はNATOの指揮下には入らず、ロシア軍と国際駐留部隊との関係はさらなる合意によって規定されるというロシア側の立場」が記されている[★23]。

六月三日の結果を見れば、外交交渉を三月二十三日に開始できていたことがわかる。このとき始めてさえいれば、ユーゴスラビア内外を震撼させた、いろいろな意味で不吉なあの悲劇は回避できたと考えられる。公けになっていた二つの案（現実には公表されていなかったのであるが）を検討すると、外交的な解決の可能性は十分あったように見受けられたし、このことは、数週間後には体制内の一部でも認識されていた（注9を参照）。

確かに、六月の状況は三月二十三日とは異なる。タイムズ紙に現れた「コソボ問題は緒についたばかり」という見出しは、当時の様子を的確に伝えている。セルジュ・シュメマンは、難民を「今は焼け跡と墓ばかりとなった故郷」に帰還させることや「コソボ、セルビアの他地域、そして近隣諸国の荒廃した経済を立て直すという莫大な費用を要する問題」といった「山積みの難問」が存在すると書いた。シュメマンは、バルカン半島の歴史に詳しいブルッキングズ研究所のスーザン・ウッドワードを引用して、「われわれが安定したコソボの再建のために頼りたい人びとはみんな空爆のために殺害されてしまい」、その結果、コソボ解放軍（KLA）の手に主導権を渡すことになってしまったと述べている。一九九八年二月にKLAが組織的な攻撃を開始した時、米国政府はKLAを「テロリスト集団」と非難したが、ミロシェビッチはそれを南米コロンビアに比すべき暴力行為への「青信号」と受け取ったと見られることを想起してもらいたい。

これらの「山積みの難問」は新たに生まれたものである。NATOの武力攻撃以前にあった問題ですら大変なものだったが、今回の問題は「空爆の産物」であり、またそれに対するセルビア側の憎悪に満ちた反応の結果である。

安保理決議と消えた脚注

安保理決議は、原案に目立った変更を加えられることなく採択されたが、その中にはセルビアが受諾した五月六日のG8合意（付属文書1）、六月三日のコソボ和平合意（付属文書2）の要素が含まれている。前者にはNATOに関する言及はない。後者にも、先にあげたかたちの言及しかない。決議自体にもNATOへの言及はなく、主にコソボ和平合意の一般的な条項を再説しているのみである。

国連の決議草案について報じる際、ニューヨーク・タイムズ紙は何度か「治安部隊へのNATOの参加に関する脚注」について述べていたが、それは、安保理決議やセルビア議会によって受諾された合意文書の中にはなかった。しかしながら、タイムズ紙自身が掲載した国務省提供の合意文からもそれが同様に抜けていたことは報じられなかった。その脚注がどのようなものであれ、われわれは再び原文と解釈とを区別しなくてはならない。脚注は次のようなものであった。

「NATOによる相当の参加」を伴う国際的な平和維持部隊とは、NATOによる統一指揮統制下にあり、NATOを中心とする部隊を意味するというのがNATOの見解であると理解されている。これはさらに、NAC（北大西洋評議会）の政治的な管理のもとにおかれたNATOの統一的な指揮系統を意味する。NATOの部隊はNATOの指揮下におかれる。（★24）

この文言は、本質的に、ランブイエ合意の諸条件を繰り返したものであり、「NATOの見解」を表してはいるのだろうが、国務省が配布しセルビアが受諾した合意文書とはかなり異なっている。数日のうちに、この行方不明の脚注は「NATOの見解」を既成事実化するためにかたちを変えられてしまった。「最終案から抜けていたのは治安部隊が「NATOを中心にする」ということを明記した先の合意の脚注であった。これが「NATOによる統一的な指揮系統」を意味するとした重要な文も抜けていた（★25）」。

事実がより満足の行く解釈へと曲げられる中、報道機関は文明諸国とその指導者たちの大勝利をもてはやした。ニューヨーク・タイムズ紙の第一面に掲載された合意の「キーポイント」の要約には「NATOによる治安維持部隊の確立」があげられた。ついに「ミロシェビッチはNATOの主な条件に屈す」との見出しが第一面にかかげられた。合意によって「NATOの治安維持部隊KFORは最終的にコソボ全域を占領することとなり」「実質的にそれはNATOによるコソボ占領を意味する」。特に重要なのは、ミロシェビッチがNATO占領地域における「NATOの指揮に合意した」ことである。NATOのジェーミー・シーア報道官は、治安維持部隊が「NATOの指揮下にあるのは明確であると述べた」。合意はNATOによる「統一的な指揮系統を持った統一的な部隊」を保証する。報道は、「NATO主導のコソボ治安維持部隊における自らの立場に関するロシアの懸念を弱めるべく、西側諸国が軍事指揮系統について新たな計画を立てようとして」はいるものの、ミロシェビッチが「NATO主導の部隊」に屈せざるをえず、空爆が「国土を破壊する」以前であったら「彼が得ることができただろう合意よりもさらに悪い条件を飲まざるをえなかった」ことに歓喜した。(★26)

ここで、NATOの（英国人）報道官としてのシーア氏の仕事が第一次世界大戦時の英情報省に始まる典型を踏襲している点を指摘しておこう。英情報省は、当時、その任務を「世界の多くの人の考えを誘導すること」と密かに規定していた。主に対象としていたのは米国の知識人階級の考えで、平和志向の大衆の考えを愛国主義的な好戦ムードに駆り立てるために彼らの協力が必要であった。そして、米国の知識人階級は、その自己満悦的な判断ゆえに大いに協力を買って出たのである。(★27) シーアは、意識的にこのモデルを踏襲していたのかもしれない。戦争終結後、ワシントン・ポスト紙はその人物紹介欄で、シーアが自ら「大衆の説得技術」と呼ぶものを非常によく研究しており、その博士論文は「第一次世界大戦に世論を向けるためにヨーロッパの知識人が果たした役割」についてであったと書いている。(★28)

その紹介記事は、さらに、シーアが「過去二カ月に多くのヘッドハンターからとても割のいい民間企業の職を提示された」こと、そして彼が「人気のさめないうちに」民間に就職するかもしれないことを報じている。そうなれば、彼は二十世紀の人類に大きな影響を与えた伝統を受け継ぐことになる。巨大な広告広報産業、民主主義の昂揚を抑止するために英国保守党が行った「政治的戦争」、そして「責任ある知識人」を自称する者たちによって同様の目的のために説かれ実行された「合意製造」計画、これらはどれも英米の国営広報機関の成功によって意識的に作られてきたものである。これに関わった者の何人か（米ジャーナリズムの重鎮で、半世紀にわたって評論家として活躍したウォルター・リップマンや広報業界の創設者の一人エドワード・バーネイズなど）はきわめて著名になり影響力を持つに至った。

ニューヨーク・タイムズ紙の編集者は、弱腰の安保理決議が採択されることを警戒し、「(平和維持部隊が）米国やＮＡＴＯのみのものであるという印象を払拭する」ために安保理のお墨付きを得るのは良いだろうとしながらも、コソボ決議が六月三日の「和平案を忠実に守り、平和維持部隊がＮＡＴＯの指揮系統に入ることを保証し」「指揮全般が西側諸国によって行われる」よう米国政府に注文をつけた。他の報道では、「爆撃も有効な場合がある」という教訓が強調された(★29)。爆弾やミサイルがミロシェビッチを降伏とＮＡＴＯの提示した条件の受諾に追い込んだというのである。

コソボ和平と報道

一九九九年六月十日、すでに見てきた原案に従って安保理決議が採択された。これにより、国連賛同のもと、ＮＡＴＯの参加する部隊が承認された。「安保理が和平案とＮＡＴＯ主導部隊を支持」という見出しのもとで、ジュディス・ミラーは、安保理が「コソボに大規模なＮＡＴＯ主導の部隊を派遣」する決議を可決したこと、この決議が「和平案とコソボにおけるＮＡＴＯ主導の軍事作戦に国連が正当性を与える」ものであることを報じた(★30)。

これらは、合意の文面自体には書いていないが、事実よりもずっと有用なお話であった。このお話が確固たるものとなると、文面に忠実であろうとする行為は「ロシアがＮＡＴＯを無視」とか「セルビアによるペテンや逸脱」とされてしまう。米国とＮＡＴＯによる一方的なルールの押し付けは、合意を踏みにじるものであるにもかかわらず、合意に忠実であるかのように扱われる。以後、ずっとこのような状況が続いた。武力によって統率される世界では、言葉の意味も権力によって決定されるため、今後もこのような状況が続くであろう。

唯一真剣な議論となったのは、この一連の事態が、文明諸国が守ろうとしている高潔な道義的目的を達成するのに空軍力のみで十分であることを示しているのか、それとも、この論争に参加することを許された批判者たちが主張するように、その結論はまだ出ていないのか、という点である。批判的な人びとの主張を代弁して、ボストン・

グローブ紙の編集部は、自分たちが誤っていて、クリントンとNATO指揮官たちが正しかったことを認め、空爆は「一五〇万人にのぼる家を追われたコソボ住民を守ることができなかったにせよ、空軍力のみで勝負は決まる」ことを示したと記している。もちろん、コソボ住民が「家を追われた」のは空爆のためである。これは、空爆以前にも予想されていたし、空爆後NATO側も認めたことであるが、都合よく忘れ去られた。ある有力なリベラル派のコラムニストは、彼が熱烈に支持を送った爆撃のあとで、「百万人のアルバニア系住民を故郷から追放することによって紛争の端緒を開いたミロシェビッチを空爆力だけで負かすことができる」という「賭け」にNATO指導者たちが勝ったと喜んだ。このような趣旨の発言をした者は多く、彼らは概ね、NATO空爆の結果、「誰もが予想していたよりも無条件降伏に近いかたちで」ミロシェビッチが降伏したという意見で一致していた。(★31)

アンソニー・ルイスは、「賞賛を惜しまない」と題した記事でクリントンの勝利をたたえ、「著名な軍事史家でロンドンのデイリー・テレグラフ紙の防衛問題担当編集長のジョン・キーガンは先週、空軍力のみでは戦争に勝てないと述べたことが過ちであったと素直に認めた」と述べた。一般に受け入れられる範囲の最も左翼に位置する反体制派の間では、考えられる問いは、権力をもつ者の採用した戦術は成功をおさめたか、というものだけである。時に、それが不十分だったと考えられる場合がある。ベトナムがその例で、ウォールストリートの金融街が経費がかかりすぎるとして停戦を命じた一年半後、ルイスは、米国は「善いことをしようとしてヘマをしつつ」干渉を行った(これも証拠を必要としない定義上常に真となる命題である)が、「一九六九年には世界の大部分と米国民の大部分にとって干渉は悲惨な間違いであったことが明らかになった」こと、そして「米国はインドシナにおける文化的、政治的な勢力を誤解していた。米国が膨大な犠牲を払わないかぎり、解決策を押し付けるような立場にはなかった」ことを素直に認めた。ルイスによれば、これがベトナム戦争に反対する際いつもあげられる論拠であった。それゆえ、戦争は「間違い」であるだけでなく「基本的に誤っており非道徳的である」とする大多数の人びとの意見に耳を貸す必要はない。しかし、注目すべきことに、賢明なる人びとは誰もこうした意見を支持しなかったにもかかわらず、一般の人びとのこうした立場は一九九〇年代末に至っても変わってはいなかった(★32)。

エリートの意見の枠組みの中では多数意見を解釈することができない。それゆえ、統計調査の数字は「外国へ干渉することによる大きな負担を嫌う」ものと解釈される(★33)。この解釈はまったく間違っているが、少なくとも受け入れられているイデオロギーにはよく合致している。

実のところ、キーガンは、事情によく通じた有力な軍事史家であり、その意見は読むに値する。

バルカン地域での空軍の勝利は、単にNATOや戦争を推進した「大義」の勝利であるだけではない。これは湾岸戦争の終結後にジョージ・ブッシュによって提唱され、それ以来ひどく嘲笑されてきたあの新世界秩序の勝利である。もしミロシェビッチが本当に敗者になったのであれば、世界中の第二のミロシェビッチたちはその計画を変更しなければならない。もう地球のどこにも、過去六週間にわたってセルビア人たちが味わったような苦しみを避けられる場所はないからである。つまり、このような罰をもたらすような罪を犯そうとする理性的な支配者はいなくなる。空爆が始まる前よりも、今日、世界秩序はよりよく守られている。

湾岸戦争当時、キーガンはなぜ英国がかくも米国の行う聖戦に積極的であるかを次のように説明した。「二百年以上も前から英国は海外に遠征隊を送ってアフリカ人、中国人、インド人、アラブ人と戦うことに慣れている。これは、英国人にとっては当然のことである」。また、ペルシャ湾での戦争は「英国人に非常に親しみのある帝国的な響き(★34)」を持っている。少なくとも「意図的な無知」をよしとしない者にとっては、戦争のスタイルもまたお馴染みである。

キーガンの観察は鋭いが、若干の注釈と翻訳を要する。「悪者を屈服させる」ために空爆力が使われたのはこれが初めてではない。少なくとも英国の軍事史家なら気づいているだろうが、一九九九年の勝利は、第一次世界大戦後、英国が先駆的に取り入れて成功した戦略の有効性を証明するものである。その戦略は、「強情に反抗するアラブ人」その他の、ウィンストン・チャーチルの気に入らなかった「未開民族」を屈服させるために空軍力と毒ガスを使うものである（英国軍司令部によれば、毒ガスは、英国のロシア侵攻の際にすでに使用され成功を収めていた）[★35]。しかし、当時の技術は未熟であり、今日の技術がその多くの欠点を克服したことは間違いない。

「新世界秩序」の目標や重要性を、まだほとんど注目を集めていない一九九〇年代のある重要文書［STRATCOM（米国政府戦略司令部）報告書：第六章参照］の記述をもとに、また、「世界中の第二のミロシェビッチたち」という言葉の本当の意味を理解させてくれる多くの証拠事実に照らして解釈するとすれば、キーガンの判断は現実的だと言えよう。コソボ周辺の地域に限っても、NATO内の、ヨーロッパ司法権下にある、米国の決定的かつ増大する支援の中で行われている大規模な民族浄化や悲惨な残虐行為には非難は及ばない。しかも、トルコによるこの残虐行為は、世界最強の軍隊による攻撃や迫り来る侵攻の恐怖によって引き起こされたものではないのである。こうした犯罪は「新世界秩序」の支配のもとでは正当であり、ことによれば賞賛に値しさえする。文明諸国の支配層の利益に合致し、支配層によって必要とあれば定期的に行われる世界各地の残虐行為も同様である。「意図的な無知」を捨てさえすれば特に不明瞭でもないこのような事実は、「新たな国際主義」のもとでは「あるエスニックグループ全体に対する残虐な弾圧」が「許される」だけでなく積極的に促進されることを明らかにしている。これはヨーロッパ協調や米国自身、その他多くの先駆者たちの「古い国際主義」のもとでの状況とまったく変わるところがない。

文明諸国の外から、そして文明諸国の内部の上級政策立案者の観点から「世界秩序」がどう見えるかについては後にまた考察する。

より広い範囲にわたって考察を行った者もいる。フィリップ・スティーブンスは「NATOの空爆は戦争に関する旧来のルールを永遠に変えたのかもしれない」と書いている[★36]。これは英国の専門家のコメントとしては奇異なものである。英国が「黒ん坊を爆撃する権利を保持しておくべき」と主張してきたことを知らないはずはなく、また、米軍がフィリピンで大量殺人を行っている時、抵抗する「血迷った奴ら」が、少なくとも「われわれの兵力には敬意を持つ」ようになり、われわれが彼らの「自由」と「幸福」を願っていることが後々分かるようにするために、米国軍が「英国式に原住民を殺害」し続けるべきであると旧英国植民地の報道機関が提案したのはなぜか容易に理解できるはずだからである。[★37] 戦争のルールは、依然としてヨーロッパ文明のものであり、歴史上、それを示す類例や前例は少なくない。

KLAは「非軍隊化」されるが武装解除はされないと高官が説明するのを聞いて懸念を表明する者もいた。KLAはもともと軽装備しか持っていないので、非軍隊化と武装解除の区別はなかなか曖昧である。中東報道の経験もあるジョン・イエマ特派員は、KLAが「NATOの癪に障る」組織にならずに「善良な警護組織」になりうるかという問題を考察している。[★38]「PLOのようにKLAがゲリラ軍から平和時の治安部隊に自らを変えていくこと」が一番期待できるとしている。ここでモデルとされているパレスチナ治安部隊は、国際的な団体、イスラエルの団体、パレスチナの団体を問わず、さまざまな人権団体によって、暴力、拷問、テロや抑圧、「恐怖と脅迫の雰囲気を作った」と厳しく批判されているものである。[★39] ただし、これらは、米国によるイスラエル・パレスチナ間の和平プロセスのためという有益な目的のために行われている。一九九八年十月から十一月に交わされたワイ合意☆は、米国とイスラエルによる占領地帯の実質的な乗っ取りを進めたものであるが、これは憂慮の対象とする価値のある人びとの安全を守るためには国家テロリズムや厳しい人権侵害をも許すことを実質上認めた初めての国際合意かもしれない。このため、この合意は畏敬の念をもって迎えられ、クリントンは「米国ご自慢の理想主義を抑制しつつ」「明るく楽観的な米国」式に「高尚な道徳の道を歩む」「かけがえのない男」だとされた。[★40]

米国によって推し進められた「和平プロセス」の進展に注意を払っていた者には、今、コソボ問題の解決のモデルとされているものが、三十五年前、アパルトヘイトの一番激しい時期に南アフリカの黒人「ホームランド」☆諸地域で作られた黒人警察組織の機能と行動をモデルとしたものであることに気がつくであろう。米国によるイスラエル・パレスチナ「和平プロセス」についてはともかく、こちらはもっと明確だろう。

解釈の利便性：先例とコソボ和平

コソボ和平合意に話を戻そう。米国とNATOの言い分を事実として紹介するメディアや評論家たちを現実主義的であると言う人がいるかもしれない。米国政府の言い分と合意の原文に違いがあるときは常に米国政府の言い分がまかり通る。これは、権力の所在や権力におもねってそれを援助する意見を雄弁に語る者がいるためである。特にランブイエ合意とコソボ和平合意との差は武力によって解決されることになろう。ランブイエの基本条件が、現場でも、論評の中でも、そしておそらく歴史の上でも、コソボ和平合意の実際の運用条件となる。コソボ和平合意とそれを追認した安保理決議は、コソボの軍事的ならびに政治的な監督権を国連の手にゆだねたが、これは権力者たちには容認できない条件であった。それゆえ、体裁を繕う表現はどうであれ、ランブイエで要求されていたように、NATOが北大西洋評議会の指揮下でコソボを占領し、民事の監督権をも実質的に保持する事態になっていくことはほぼ確実である。

これはよくあることである。はるか昔、パスカルは詭弁術を皮肉って、「解釈の利便性」という、今や古典とな

ワイ合意
一九九八年十月にネタニヤフ・イスラエル首相とアラファトPLO議長・パレスチナ暫定自治政府長官との間で調印された、イスラエル軍の占領地からの追加撤退に関する合意文書。イスラエル軍の追加撤退をうたってはいるものの、同時にイスラエルとの協調のもとでのパレスチナ当局によるパレスチナ人への治安監視を強調した内容となっている。

南アフリカ「ホームランド」
一九五九年、当時の南アフリカ白人政権は、アパルトヘイトへの批判を避けるために南アを白人とアフリカ人に分離する政策を発表、同年バンツー自治促進法を制定した。人口の八十パーセントをしめるアフリカ人を十三パーセントの土地に十のバンツースタン（後ホームランドと言われる）に分け、各地域に自治後の独立を許すというもので、一九七一年の「バンツー・ホームランド法」により各地域の「独立」が認められた。これらの「ホームランド」では白人が背後で手を引き組織した黒人警察組織が作られ、弾圧の尖兵となった。

った文芸的な呼び名をこれに与えている。これは権力にあるものが高潔な原則を高く掲げたまま、実際の行動ではまったく逆を行うことを可能にする最も効果的な仕組みである。また、近代の全体主義国家におけるより露骨な形態には、オーウェルが「ニュースピーク」という呼び名を与えている。(★41) 外交上の提案が簡単に武力によって覆される事態は、インドシナや中米での最近の例からも、われわれには馴染み深い。

インドシナ戦争当時も、見え透いた武力の行使が外交を後退させたり方向を決定したりするという問題が論議されていた。(★42) 一九七三年一月、戦争終結のために結ばれたパリ和平協定☆において、武力行使は見え透いたというよりも紛れもないものになった。一九七二年十月、米国と北ベトナムとの間で秘密合意が結ばれたが、米国政府は合意を取り消し、代わりにベトナムを非難した。一九七二年十二月のクリスマス爆撃は、北ベトナム政府に十月の合意を破棄して米国により有利な条件に歩み寄らせようという目的で行われた。この戦術が失敗し、米国は一九七三年一月、ほぼ同じ条件に合意する。しかしこれは表向きのものであった。キッシンジャーを始めとする政府高官は、すぐさま、きわめて明快に、合意に署名はせず、その主な点はことごとく破ると発表し、まったく別の諸条件を発表した。その後の報道や論評では、こちらの見解が用いられることとなった。

米国は、合意を自分たちにより有利なものに再編するために、大規模な武力行使をすぐに開始した。米国とその雇われ政権による深刻な合意違反にベトナム側が反応した時、北ベトナムは再び制裁を加えられねばならぬ度し難い侵略者と報じられた。状況に応じて言い訳は変わっていったが、インドシナ全土で、その後今日にいたるまで何年にもわたり、きびしい制裁が加えられた。そして、知識人階層の中では、権力者によって作られた解釈が、事実を完全に駆逐してしまった。まさに「解釈の利便性」の勝利である。(★43)

同様の悲劇／茶番劇は一九八〇年代、中米の紛争でも繰り返された。レーガン政権は紛争を解決しようという度重なる外交的努力を頓挫させようとしたが、政府や報道機関はそれを「和平プロセスの促進」と呼んでいた。和解を頓挫させる必要性は、米国の強い反対を押し切って、一九八七年八月に中米諸国の大統領たちがエスキプラス協定（アリアス・プラン☆とも呼ばれている）に合意したことにより急速に高まった。米国政府はすぐさま協定の「不可欠重要事項」の一つに違反して戦闘行為を激化させたが、メディアの協力によって非難を免れた。同時に、米国は武力や威嚇によって他の合意事項も崩壊させようとし、それは数カ月のうちに成功を収めた。一九八八年一月に協定は完全に崩れ、米国の提唱するものに取って代わられてしまう。米国政府は、その後も、この荒廃した中米全域で勝利を収めるまで「取るに足らない場所」の人びとのさらなる外交努力を妨害しつづけた。米国政府の提示した協定の解釈は重要な点で協定の本文と異なっていたが、米国版解釈が一般に受け入れられるようになっていった。そのため、これにより得られた結果は、「米フェアプレーの勝利」という見出しで新聞に現れ、任務完了を誰もが喜び、米国国民は廃墟と血の海の上で「歓喜の中に手を結び合い」、評論家は「夢のような時代になった」と語ることができた。(★44)

すでに言及したが、もう一つ関連する例をあげるとすれば、それは米国が後押ししたイスラエルによる一九八二年のレバノン侵攻である。この侵攻は、外交的な解決が、イスラエルの占領地の一部をイスラエルに組み込もうとする米国とイスラエルの計画の障害になることを嫌って行われた。イスラエル国内の研究者や政治家、評論家たちによって、この問題は当初から広く討議されていた。しかし、自由世界のより統制の効いた指導者たちの間では、公の席で語られることはなかった。その代わりに、米国の雇われ国家が国際テロからの自衛のためにやったという話が語られていた。(★45)

パリ和平協定

第二章89頁訳注「ベトナム」を参照。

エスキプラス協定（アリアス・プラン）

一九八七年二月、コスタリカのオスカル・アリアス大統領が「中米紛争に関する和平案」を提出。その後一九八七年にグアテマラのエスキプラスで開かれた中米五カ国首脳会議で和平の枠組みが合意された。ニカラグアはこの合意に従ったが、米国とその中米における雇われ国家はこれを無視した。

これら多くの事例が、その後、どういう結末に至ったかをいちいち見る必要はないだろう。今回の件に関しても、話が異なってくるとは考えにくい。ただし、われわれがそうなるままに任せるならば、という重要な付帯条件をつけた上ではあるが。

コソボ和平合意が交わされてインクもほとんど乾かぬうちに、この伝統的な手法が実行に移された。NATO側が提示した「交渉の余地のない」要求をセルビア側が避けようとするのを受けてNATOは「爆撃を激化させる」と発表した。一方、新聞の見出しには「セルビア、詳細に尻込み」とか「セルビア、国連の役割強化を求める」などの文字が躍った。「(ユーゴスラビアの外相代理は)きっぱりと、ユーゴスラビアは、「国連の承認による国際的な治安部隊の展開もしくは安保理の委託によって創設される部隊」を合意が定めていると解釈していると述べた」。同じ事実を別の言い方で表すならば、「ユーゴスラビアは、きっぱりと、コソボ和平合意の実際の文言すなわち国連安保理で「決定された通りの機能を果たす、国連のもとでの国際的な文民ならびに治安部隊のコソボへの展開」の遵守を求め、今や米国が無関係と見なすに至った和平合意そのものに反するNATO側の「交渉の余地のない」要求を拒否した」ということになる。一方、権力者側に言わせれば、次のようになるだろう。ミロシェビッチは、命令に従わずに、ユーゴスラビア軍部が「NATOではなく国連にコソボの指揮権を渡そう」とする間、人目を欺くために合意の遵守を呼びかけたり「国連の関与を求め」たりして「時間稼ぎをしている」。[★46]

続報の見出しはこうである。「セルビア側に難問:国連の役割への言及なし」。ここでの暗黙の了解は、「国連の役割に言及」しているだけでなくそれを和平プロセスの中心に据える公式合意は、米国政府が署名してすぐ破棄してしまったことからもわかるように、単なる紙切れにすぎないので、米国やその報道機関には難問はないということである。米国政府のこの行為は、大国が、正式な条約や国連のみならず、国際秩序上の慣例一般を伝統的に軽視してきたことの一例である。かくして、コソボ和平合意から「抽出された」という六ページにわたるNATO側の「交渉の余地のない」要求——条約の主要な条項をNATO側の求めるまったく相反する要求に差し替えたもの

――への合意を渋って、セルビア側交渉団が「コソボの治安部隊に国連が関与するという言及が抜けていることに尻込み」すると、それはセルビア側の「時間稼ぎ」にされてしまう。

特派員のエリザベス・ベッカーがいみじくも書いたように「政治家たちが国連の問題をいかに解決しようとも」、治安維持部隊を「NATOが指揮するという図式は変わらない」。まさにその通りである。そしてこれは、新しい人道主義やそれに先行した名高い諸思想――世界は力に支配されており、力は教養階級の作りだす道徳的な目的のベールをまとっている――の一具体例である。知識階級は、今も昔も、「国際関係上の画期的な事件」だの、文明諸国（偶然にも自分たちの国のことである）の勇気ある指導により正義と公正の「新時代」が来ただのと熱く語る。(★17)

「時間稼ぎ」やごまかしは、セルビア人のみならず、スラブ民族一般の特性であるらしい。ロシアもまた、政治的、軍事的な指揮権を安保理に与える国連決議を盾にとって、進展を妨げていると報じられた。コソボ合意と安保理決議で決った通り「国連が何らかのかたちで平和維持に関与すること」、より正確に言えば、指導的な立場で関与することをロシアが求めているのがいけないというのである。しかし、セルビア人と違って、ロシア人は全面的に悪いわけではない。署名された文書の条項遵守を要求して進展を乱暴に妨害していたとは言え、「それでも、ロシアは先週ユーゴスラビアとの合意形成を援助した」のである。

ある「米国政府高官」による次のような発言を聞いて、われわれは現実に引き戻される――決議によれば、国連の承諾によって、NATOのもとで「われわれは統一的な指揮系統を持つことになる」。「NATOという言葉は決議には出てこないかも知れないが、原案の一節には「加盟国および関連する国際機関」によって作戦が遂行されるとあると政府高官は述べた」。その通りであるが、ここではNATOに特別な役割は与えられておらず、責任は国連のものとされている。また、決議には「NATOは、この合意がNATOによる統一的な指揮系統と政治的指導を意味すると考える」とする「消えた脚注」――表向きだけにしろNATOが放棄したランブイエ合意の条件

――も含まれてはいない。公式合意の世界とは異なり、現実世界では、国務省のジェームズ・ルービン報道官が説明したように、「部隊が国連によって運営されないという方向でわれわれの物事はすでに動き出している」のである。ジョン・ブローダーが「撤退交渉に楽観論、現実論」という見出しをつけた記事で報じるように、文言はどうであれ、米英にとって決議は「NATOの指揮下に五万人の兵力を投入する」ことを意味した。(★48)

英国国防相のジョージ・ロバートソンは「ミロシェビッチは敗北の中に、少しでも勝利と呼べる要素を探そうとしている」と述べ、ミロシェビッチの「背信」と「手続き上のごまかし」を非難した。また、「ユーゴスラビア軍司令部がNATOの軍事的な要求――合意文書の文面がどうであれ、NATOがコソボを占領するという「交渉の余地のない」要求――を拒否していることに米英は憤慨している」と述べた。報道各社は、フィンランドのマルッティ・アハティサーリ大統領がG8の要求を提示した際、「ベオグラードで示された原則と政治的合意とに基づいて」新ユーゴ連邦に「駐留する国際部隊の規模、様式および委任を担う唯一の機関は安保理である」とロシアが主張しつづけていることをとりあげ、ロシアは依然として、セルビアが「合意を覆そう」とするのに「同調しているように見られる」と報じた。(★49)

コソボ合意を繰り返している補遺の部分以外に安保理決議にNATOへの言及がなくても、米国政府の一方的決定によれば、どちらの文書の意味も明らかである。決議(および国務省提供の合意文)から省略されたコソボ合意の「脚注」は、すでに見たように、「NATOの見解である」という部分を省くことによって、内容的にも格上げされた。「脚注の最も重要な部分」は、今や「これはNAC(北大西洋評議会)の政治的な管理のもとにおかれたNATOの統一的な指揮系統を意味する」という点となった。元の(削除された)原文では、これは「NATOの見解」に過ぎないものであった。ずるいミロシェビッチが、「このように詳細が欠けていることを利用して合意に明記されていない事項すべてを妨害しようとするかもしれないが」、今では、これは事実にまで昇格されたわけである。NATOのある高官は、セルビアが「安保理合意よりも踏み込んだ点には何も合意しないかもしれない」危険性を指摘した。ヨーロッパ協調が教化活動をしていた時代と同様、セルビア人は「東洋人、すなわち嘘つき、ペテン師、言い逃れの名人」なのである。[★50]

事態は予定通り進み、「NATOの治安維持部隊がチヌーク・ヘリコプターで英国兵とグルカ兵を運んでコソボに入った」。あとには重火器と兵士の輸送車隊が続いた。恥じらいもなくまた何らためらいもなくチヌーク☆やグルカ兵☆に言及したことは、大英帝国の暴力と民族浄化を美化するものに他ならない。しかし、「先週、国連安保理で承認されたNATO主導の治安維持活動」は激しい衝撃を受けることになる。というのも、「またもロシアが反抗し西側に挑戦」して数時間前に少数部隊を派遣したのである。「（ロシアの）国防省高官が、もしNATOがすべての部隊を指揮すると言い続けるならば」──つまり、NATOが和平合意と安保理決議を守らないつもりならば──、「ロシアは一方的に兵力をコソボに派遣するかもしれないと公式に警告したことにより動揺が広がった」。ロシアは公式の合意通りに、しかし正しい解釈には反して、「治安維持部隊が国連の旗の下に活動するべきだというユーゴスラビア政府の姿勢を支持した」。この事態によって、ロシアでは「だれが権力を掌握しているのか」、そして、いまだに危険なこのロシアという熊が、世界を牛耳る詭弁家たちの解釈に沿って十分にその責務を果たすことができるのかという重大な疑問が表面化した。[★51]

ここまでの経緯を簡単にまとめれば、すべては予定通りに機能しており、過去の同じような事例からも予想できるように迅速に推移していたことになる。米国とNATOの要求は「事実」となった。もっとも、セルビア側が同

チヌーク
チヌークは米国北西部のコロンビア川河口北岸付近に住んで暮らしていた先住民。一八〇五年に白人入植者に「発見」されて以降、文化と社会は完全に破壊された。

グルカ兵
グルカ人はネパールに住む民族で、一七六八年にグルカ王朝を創設。一八一四年から一六年まではインドで植民地を拡大していた英国と闘った（グルカ戦争）。グルカ兵は、英国の外人部隊のこと。

じょうなゲームを行わないと言っているのではない。ただ、暴力行使の力も手段もない状態では、主人に逆らう他の者たちと同様、成功しないのである。

報道の自由

報道機関は、「かつては世論をコソボでの戦争支持にかりたて」、今は「セルビア国民に和平交渉への心の準備をさせている」セルビアの「プロパガンダ機関」を非難し続けた。これはそれなりに的を射たものであろう。「メディアが国家統制された社会では政府のレトリックと現実の間には大きな差」がある。[★52] 確かにその通りであるが、次の二点を確認する必要がある。

(一)自由社会においても、レトリックと現実の間に差があるということはないのか?

(二)空爆以前のセルビアではどのような状況だったのか?

(一)は保留にして、まず(二)を見てみると、空爆以前にも政府のレトリックと現実の間には差があったが、外国のラジオやテレビ放送を受信できたため、それはかなり軽減されていたことがわかる。また、「民主化運動」が「戦争の犠牲」になる前には、英国ヘルシンキ人権グループが記すように「反体制の新聞やラジオ、テレビ」もいくつか存在した。「国外から資金援助を受けた反ミロシェビッチのNGOも数多く活動していた」が、これらのほとんどは空爆後活動を停止した。コソボでは、アルバニア系分離主義者の報道機関やハンガリー語の報道機関が一九九九年二月のランブイエ交渉まで公然と活動を続けていて、セルビア側の残虐行為を報道したり、NATOが「武力の行使も辞さず」「コソボに戦車や歩兵隊を投入する覚悟」であることを賞賛し、そうなれば「セルビアが主権を失うかもしれない」と報じたりしていた。[★53]

米国政府とメディアが戦争中——といっても、米国は敵からの攻撃を受ける危険がまったくなかったのであるが——にどのような行動をとったかを思いだすのは有意義であろう。あるいは、米国の雇われ国家のうちで最も自由で民主的なイスラエルを見てもよい。イスラエルのメディアは米国よりはるかにましであるが、それでもかなり抑圧的である。イスラエルは、例えば、米国の激しい攻撃を受けていたニカラグアなどよりもずっと抑圧的である。中米の米国の雇われ国家（凶暴な弾圧が行われたが、米国のメディアではほとんどとりあげられることがなかった）、イスラエル（米国のメディアでは高く評価され、抑圧についてはほとんど報道されない）、およびニカラグアにおける一九八〇年代の報道の自由に関して、米国のメディアや評論がどのようにとりあげたかを考察することは示唆的である。ニカラグア［の左翼サンディニスタ政権は、報道の自由を認めていないとして］激しく非難されていたが、公然とニカラグアへの攻撃を支持しその増強を主張した有力紙ラ・プレンサは自由に発行を許されていた。米国の雇われ国家や米国自体では、ニカラグアほど切迫していない状況でも考えられないことである。文明国家の間ではこれは理解不能で、オーウェルが述べた沈黙の壁を破りこれが伝えられることは決してないであろう。(★54)

セルビアの報道におけるレトリックと現実の差は、四月八日以降NATOがセルビアのラジオ局やテレビ局を爆撃する理由として使われた。四月二十三日のミサイル攻撃により、テレビ局は壊滅的な打撃を受けた。これは、フィナンシャル・タイムズ紙が書いたように、「NATO創設五十周年の前夜」に起こった。先の疑問（一）に関係しそうではあるが、ここでは遠慮してそれを考えないことにしよう。NATOの軍事報道官であるデビッド・ウィルビー空軍提督は、NATOは初めミロシェビッチが「毎日六時間西側のニュースに放送時間を与える」ならメディアが「これ以上の罰を受けないですむ」ようにしようと考えていたが、セルビアのメディアが(★55)「何年にもわたり電波を敵意や虚偽で埋め尽くしてきた」ので攻撃対象として適当であると述べ攻撃を正当化した。毎日六時間海外の放送に電波を提供することが米国では普通に行われているとでも言いたいらしい。

同様の理由で、ボスニアのNATO軍はスルプスカ共和国――ボスニア内のセルビア系住民の国家――のセルビア・ラジオ・テレビ（SRT）に閉鎖その他の威圧をかけた。具体的な理由としては、SRTがマドレーヌ・オルブライトの発言から、彼女が「セルビア人に対する好感を語っている」三十秒の場面を削除したこと、「NATO

軍のユーゴスラビア爆撃がコソボでの民族浄化を止めるためであることを説明しなかったこと、空爆に世界が反対しているような印象を与えたこと」があげられている。言ってみれば、SRTはNATOによる明らかに虚偽のプロパガンダを放送することを拒み、大まかに言って正しい印象を与えていたわけであるが、その点はほとんど考慮されなかった。もう一つ問題点としてあげられたのは、SRTがNATOにとっての優先事項ではなく、視聴者であるボスニアのセルビア系住民にとって重要な事項に焦点をあてていたことである。一九九七年にEUのボスニア駐在代表カルロス・ウェステンドープは「SRTの放送機材を押収し」「放送局を西側とのより良好な関係を望む政治家たちの手に渡した」が、そのディレクターの一人は現在不従順を非難されている。一九九九年四月七日、ウェステンドープはさらにNATOにベオグラードの放送局を爆撃して「不快な報道を元から絶やす」よう要望した。攻撃はその翌日に行われた。(★56)

情報源の統制は、はるかに一般的な計画の一つである。例えば、米国は、世界の大多数に何らかのアクセスを許すよう国際的なメディア・システムを民主化するという提案を考慮し始めたUNESCOを事実上破壊してしまった。UNESCOの提案は、米国政府やメディアから異常なまでの憎悪を引き起こした。それは、虚偽や虚言に満ちたもので、反論(ほとんどその機会は与えられてはいなかった)を受けたあとも変わることなく繰り返された。米国とUNESCOの関係に関する歴史の研究家は「このことの大きな皮肉は、米国が、思想の自由市場というものが存在しないことを証明した上で、思想の自由市場の破壊を計画したとしてUNESCOを攻撃したことである」と述べている。メディアと政府の虚偽に関する詳細な考察がある大学出版局から発行されたが、(★57)無視された。これらの出来事もまた、自由と民主主義の基本原則に対する態度を考察する際に非常に参考になる。

UNESCO
国連教育科学文化機関。パリに本部を置く国連の専門機関。加盟国は約一九〇。一九四六年に設立されて以来、識字教育、生物圏保全、人権促進、平和教育、情報流通促進などの活動計画をたて遂行してきた。米国はUNESCOの活動を政治的であると非難し一九八四年末に脱退。英国もこれに追従した。事務局長交代後英国は一九九七年に復帰を決めたが米国は復帰していない。

原注

★1　Roger Cohen, May 27; Susan Milligan and Kevin Cullen, *BG*, May 27; Susan Milligan, *BG*, May 28; Erlanger, *NYT*, May 27; Milligan, "NATO launches heaviest raids," *BG*, May 28, 1999.

★2　*WP*, May 27, 1999.

★3　Jane Perlez, *NYT*, Feb. 11, 1999. Jonathan Landay, "How a NATO strike on Serbs could set precedent," *CSM*, Jan. 21, 1999. に引用されたブッシュ政権の元国家安全保障委員会委員 Richard Haas の発言。

★4　Kevin Cullen, "U. S. Europeans in Discord over Kosovo," *BG*, Feb. 22, 1999.

★5　Weller の前掲書を参照。コソバ（コソボのアルバニア系住民）代表団に法律顧問として参加した、事情によく通じた編者 Weller による詳細な評論がある。ランブイエ代表団の主席はKLAの指導者ハシム・タチであった。

★6　*Interim Agreement for Peace and Self-Government in Kosovo*, インターネットを通じて個人的に配布された文書。

★7　一つだけ注記がつけられている。ユーゴスラビア軍および警察の撤退を監督するというOSCEの施行使節団長の責務に関してはOSCEの施行施設団長が「最終的な権威」である。

★8　Steven Erlanger, *NYT*, June 5 に条項の文言が引用されている。同じ日の Blaine Harden, *NYT* にも間接的な言及がある。Dinmore, "Belgrade may still secure better deal," *FT*, June 6, 1999.

★9　社説、*BG* June 18, 1999. ボストン・グローブ紙の社説は、最初、空爆に賛成したが、後に戦術上の理由で、空爆に懐疑的な姿勢に転じた。最終的には、クリントンの勝利という認識を示して、自らの過ちを認めた。

★10　AFP, March 23; Inter Press Service, March 23; Deutsche Presse-Agentur, March 23; Tass, March 23. 同日の UPI (George Nash) や AP (Robert Reid) では報じられなかったが、APでは三月二四日、ベオグラード発の Dusan Stojanovic の記事がこれを伝えている。総じて報道がほとんどない中、*Detroit Free Press* は通信社の記事の中心的な部分を伝えている。BBCは決議文について伝えた（第一章、注41）が、通信社が伝えたような「外国勢力の駐留」に関しての言及はないようである。米国の主流報道機関での初出と見られるのは Steven Erlanger によるベオグラード発の記事（*NYT*, April 8）である。ただし、Erlanger の記事の最後の段落で示唆している決議内容は実際よりも誇張されている。

★11　FAIR Action Alertに "Was a Peaceful Kosovo Solution Rejected by U. S.?" April 14, 1999.

★12　Craig Whitney, *NYT*, April 11, 1999. Whitney の三月二六日、四月七日、六月六日の記事にもほとんど同じ文言があるのを引用して、David Peterson が「よく言われること」と指摘している。

★13　米国の新聞の中で唯一、一連の経過を詳しく的確に報じたのは *Newsday* である。政府の高レベルからの情報がニューヨーク・タイムズ紙ではなくニューヨーク郊外の新聞に漏らされるというのは驚くべきことかもしれないが、ニューヨーク市内の売店ならどこにでも

Newsday が置いてある——特に、今回の場合は、華々しい見出しとともに——ことは、この新聞が選ばれた理由を示唆している。状況進展に応じた定期的な検討としては、*Z Magazine* の私の記事を参照。また、*Deterring Democracy*（第六章と「あとがき」）、Cynthia Peters 編 *Collateral Damage* (South End, 1992) の私の論文に詳しい観察がある。Douglas Kellner, *The Persian Gulf TV War* (Westview, 1992) も参照のこと。この問題は一般的な歴史書の中では最も良質な Dilip Hiro, *Desert Shield to Desert Storm* (Harper Collins, 1992) では考察されているが、他の類書では無視されている。例えば、Lawrence Freedman and Efraim Karsh, *The Gulf Conflict 1990-1991 : Diplomacy and War in the New World Order* (Princeton, 1992) は評価が高い研究で、「入手可能な情報源すべてからの証拠」を用いた自分たちの「分析の範囲と独創性」を自賛し、単なるジャーナリズムとは異なると述べているが、実際には重要な文書記録や他の情報源をことごとく無視している。見逃しや間違いもあり、不愉快な擁護論となっている。詳しくは私の“World Order and its Rules: Variations on Some Themes,”*Journal of Law and Society* (Cardiff Law School), Summer 1993. を参照。

★14 Steven Erlanger, *NYT*, April 23; Bob Hohler, *BG*, April 23; Chronology, *WSJ*, June 4.

★15 Steven Erlanger, *NYT*, May 1, 1999. Erlanger は事実に気が付いていたに違いない。記事の中で彼は「空爆以前でさえ、セルビア議会はコソボにおける国連部隊の駐留という考えを受け入れていた」と繰り返している。原注10を参照。

★16 インタビュー, *NYT*, May 1; Jane Perlez, *NYT* May 1.

★17 “Group of Eight's Kosovo Statement” *NYT*, May 7, 1999.

★18 Yemma, *BG*, May 7, 1999.

★19 Jane Perlez, *NYT*, May 8, 1999.

★20 Steven Erlanger, *NYT*, May 29; Anne Kornblut, *BG*, May 30, 31, 1999.

★21 Charles Madigan, *Chicago Tribune*, June 2, 1999.

★22 国務省の原文 “Kosovo Peace Accord” text, *NYT*, June 4, 1999. セルビア議会で承認された文面（APによる翻訳）は AP, June 3. この二つの文面は若干異なっている。セルビア側で承認された文面には、地雷源に標識を設置するという点には言及があるが、地雷の撤去に関しては言及がない。また「撤退のための速やかかつ正確な予定」については国務省版よりも細かい。決議案 “UN Resolution on Kosovo: Establishing the Principles of a Political Solution” AP, *NYT* June 9, 1999.

★23 *FT*, June 4, 1999. トップ記事、および Guy Dinmore の記事。

★24 “A Missing Footnote: ‘NATO at the Core’” *NYT*, June 9, 1999. この後、原注23で *FT*, June 4 から引用したロシアの立場が繰り返されている。

★25 Katherine Seelye, *NYT*, June 12, 1999.

★26 “Key Points” トップ記事見出し、オルブライト国務長官へのインタビューの質問。Stephen Lee Myers with Craig Whitney, *NYT*, June 4. 無署名記事 *WSJ*, June 4. Kevin Cullen, *BG*, June 6; Michael Gordon, *NYT*, June 11, 1999. この妥協が以前の提案よりも「悪い」ことを示す理由として、駐留する国際部隊がランブイエ合意のNATO占領軍より大きいことがあげられる。それは確かであるが、セルビアにとっては関係ないことだと考えられる。占領は占領である。軍が大きいだけNATOにも負担がかかるが、それも空爆とそれに続くセルビア側の暴力行為の「膨大なコスト」の一部である。

★27　これらの問題については、*Towards a New Cold War, Deterring Democracy* およびそれらに示された情報源を参照。

★28　Steven Pearlstein, "Jamie Shea, NATO's Persuasive Force," *WP*, June 10, 1999.

★29　社説、*NYT*, June 4, 8 ; Blaine Harden "Surprising Lesson : Bombing Can Work," *NYT*, June 5 ; Elizabeth Becker and David Rohde, Harden, *NYT*, June 6, 1999.

★30　*NYT*, June 11, 1999.

★31　社説、*BG*, "Summing up Kosovo" June 8 ; David Nyhan "NATO wins the war" *BG*, June 8 ; Fred Kaplan, *BG*, June 6, 1999.

★32　Lewis, "When Praise is Due" *NYT*, June 12, 1999 ; *NYT*, April 21, 24, 1975 ; Dec 27, 1979. テト攻勢以後タカ派が急に「長年の戦争反対論者」に変わったことでビジネス街が戦争を続ける意味はもうないと納得した点、及びケネディ回顧録著者たちが以前の記述を著しく修正した点については、*Rethinking Camelot* 第三章を参照。

★33　John Rielly, *American Public Opinion and U.S. Foreign Policy 1999* (Chicago Council on Foreign Relations, 1999). これは定期的に刊行されている。一九九九年の時点で、(戦争が誤りであり非道徳的であるという意見の) 数字は六十三パーセントとなっている。何年もの間、この数字は七十パーセント前後を行き来していたが、これは、自由記入形式の質問であること、また特にオーウェルの原則によればこのような概念は表現したり考えたりしがたいものであるため回答者一人一人がほぼ自分一人でそのような結論を下していることを考えれば、驚異的な数字である。きつい教条的な枠組みを打ち破ることができれば、この数字がどうなるか、推して知るべしである。

★34　Keegan, *Daily Telegraph*, June 4, 1999 ; Richard Hudson, *WSJ*, Feb. 5, 1991.

★35　第三章注47および本文参照。

★36　*FT*, June 4, 1999.

★37　Stuart Chreighton Miller, *"Benevolent Assimilation"* (Yale 1992)

★38　Yemma, "Reclaiming of Kosovo will be a complex task" *BG*, June 10 1999.

★39　Human Rights Watch, *Palestinian Self-Rule Areas : Human Rights Under the Palestinian Authority*, Sept. 1997 に、性格を変えたPLOによる「広範囲にわたる恣意的かつ腐敗した振舞い」が詳しく紹介されている。尋問の際、「拷問を受けることはよくあり」、拘束中に死に至ることも多い。非公開で下される略式判決、報道機関への干渉、その他の不正行為が報告されている。この本の出版後も、さらに状態は悪くなっており、パレスチナおよびイスラエルの人権団体が詳細な考察を行っている。

★40　Deborah Sontag, "Indispensable Man" *NYT*, Dec. 14, 1998. 現実に関しては、Norman Finkelstein, "Security Occupation : the Real Meaning of the Wye River Memorandum," *New Left Review* (Nov./Dec. 1998) および Feb. 1999 に出版されたその改訂版を参照。Nasser Aruri, "The Wye Memorandum : Netanyahu's Oslo and Unreciprocal Reciprocity," *Journal of Palestine Studies* XXVIII. 2 (Winter 1999). David Sharrock, *Guardian Weekly*, Jan. 17, 1999 も参照。*Fateful Triangle* の一九九九年版に考

察が掲載されている。

★41 パスカル流の手法およびその現代における応用例に関しては、*Necessary Illusions* 第四章を参照。

★42 Franz Schurmann, Peter Dale Scott, and Reginald Zelnick, *The Politics of Escalation in Vietnam* (Fawcett World Library, 1966). Scott, *The War Conspiracy* (Bobbs-Merrill, 1972).

★43 *Towards a New Cold War* に再録された私の一九七三年の論考を参照。より広い文脈における整理については *Manufacturing Consent* を参照。

★44 ニューヨークタイムズ紙掲載の Anthony Lewis による記事の見出し。状況の進展と同時に記された詳細な考察については、*Culture of Terrorism* (1988). *Necessary Illusions* (1989). *Deterring Democracy* (1991) を参照。

★45 第一章注33、第二章注21および本文を参照。

★46 Elizabeth Becker, "Kosovo Talks Break Down as Serbs Balk Over Details: NATO Will Step Up Bombing," *NYT*, June 7, 1999. 同日の Craig Whitney, *NYT* も参照。Kevin Cullen "Serbs seen pressing for role by UN," June 8, 1999.

★47 Becker, *NYT*, June 8, 1999.

★48 Jane Perlez, "Russians Balking as Gains are Made on Kosovo Talks" *NYT*, June 8; John Broder, *NYT*, June 8.

★49 Craig Whitney, *NYT*, June 8.

★50 R. W. Apple, *NYT*, June 8, 1999. 同時に掲載された Jane Perlez の記事でも、「消えた脚注」はNATOが望むことから事実へと格上げされている。第三章注81を参照。

★51 Anne Kornblut and David Filipov, Filipov, *BG*, June 12, 1999. John Kifner and Steven Lee Meyers, Steven Erlanger, Michael Gordon, *NYT*, June 12, 1999.

★52 Blaine Harden, *NYT*, June 8; Kevin Cullen, *BG*, June 11, 1999.

★53 Kevin Cullen, "Democracy activism: a war casualty," *BG*, May 26 は、「民主運動」を空爆の最初の犠牲の一つと呼んだ「親西側活動家」の言葉を引用している。英国ヘルシンキ人権グループの一九九九年五月二三日の分析記事。"Media Focus" (Feb. 17, 1999. London) は、FRYのメディアの定期的な観察を報告している。ミロシェビッチとその抑圧や残虐行為に強く批判的である。

★54 詳しい考察と比較については *Necessary Illusions* 付録 V. 6-8 を参照。自由世界での状況とはきわめて対照的に、旧ソビエト連邦内で独立系ニュース情報源や反体制派の発行物への非常に強い依存傾向があったことについては、James Miller and Peter Donhowe, *Washington Post Weekly*, Feb. 17, 1986 を参照。より一般的な文脈での論考は *Letters from Lexington* 第一七章を参照。

★55 Guy Dinmore, *FT*, April 10/11; April 24. 四月二三日の攻撃は国際ジャーナリスト連盟その他のメディア機関に非難された。上掲記事の他、Kevin Cullen, *BG*, April 24, 1999. NATOの爆撃により中国人ジャーナリスト三人が死亡したことに関する中国側の反応については、中国政府が反米感情を煽るのではないかという懸念以外はほとんど報道されなかった。*WP Weekly*, May 31, 1999. 広告版に掲載された *China Daily* の報道を参照。

★56 Daniel Pearl, "Propaganda War: A Bosnian TV Station Staffed by Serbs, Runs Afoul of U. S., NATO," *WSJ*, May 13,

1999. トップ記事。皮肉であると思われる。
★57　William Preston, Edward Herman, and Herbert Schiller, *Hope & Folly : the United States and UNESCO 1945-1985* (Minnesota, 1989).

第六章

なぜ武力か？

本章では、十分確証があり異論もない事実から推測に目を転じ、なぜ、一連の出来事がこのような展開を見せたのかを考えてみよう。特に米国政府の計画立案者たちが下した決定に焦点をあてる。これは基本道徳の見地からも最も大きな関心事であるし、権力に関する基本的な考察においても決定的ではないにせよ主要な要素である。

まず、「ミロシェビッチに敬意を表して」コソボの民主運動家たちが放逐されたのは、ほとんど驚きに値しないことに注目しよう。これは伝統的なパターンである。ごく最近の例をあげるとすれば、一九八八年、サダム・フセインが繰り返しクルド人に毒ガス攻撃を行った後、米国はサダムを友人、同盟国だとして、クルド人指導者たちやイラクの反体制民主運動家たちとの公式接触を拒否した（米国との接触を拒否されたこれらの人びと自らの説明による）。この禁止令は、一九九一年三月、湾岸戦争後すぐ、南部で反抗を続けるシーア派と北部のクルド人をサダムが虐殺することが暗黙のうちに了承された時、公式に更新された。この虐殺は湾岸戦争の司令官ノーマン・シュワルツコフが見守る中で行われたが、シュワルツコフは、サダムに「いっぱい食わされた」、米国政府が使用を許可した軍用ヘリコプターを軍用目的に使うとは思わなかったと説明している。ブッシュ政権は「安定」を保つためにサダムへの支援が必要だと説明した。ブッシュ政権は、サダムのように「鉄拳」をもってイラクを統治する軍事独裁政権を好んだが、この態度には思慮深い米国の有力評論家たちも支持を表明した。

過去の政策を暗に認めてオルブライト国務長官は一九九八年十二月に「われわれは、イラク国民が自分たちを真に代表する政府を持つべきであるという結論に達した」と発表した。これをさかのぼること数カ月、五月二十日に、オルブライトはインドネシアのスハルト大統領に、統制を失いＩＭＦの命令にも従わない以上もう「われわれが望むような人物ではない」と告げ、辞任して「民主化」への道を開かねばならないと告げた。数時間後、スハルトは自らが選んだ副大統領に権力を委譲した。インドネシアの民主化は続き、一九九九年六月には約四十年ぶりの民主選挙ともてはやされた選挙が行われたが、この四十年あまりの間になぜ選挙が行われなかったのかが問われることはなかった。その理由は、一九五八年に米国が大規模な地下軍事活動によってインドネシアの議会制度を破壊したからである。☆この作戦は、主として、当時のインドネシアの民主主義が米国からすれば容認できないほど開かれており、「革命党としてではなく現体制の中で貧しい者の利益を守る」ことをうたい「貧農の利益を積極的に守る」ことによって「彼らの間に大きな支持」を広げていた政党（インドネシア共産党：PKI）の参加さえも許すようなものであったために、実行された。数年後PKIは、何十万人もの小作農家やその他の異端者とともに一掃された。CIAは、この虐殺をヒトラーやスターリン、毛沢東の行った大量殺人と並ぶものとしているが、文明諸国は、「インドネシアの穏健派」が社会の浄化に成功したとして手離しで賞賛し、一九九八年初頭にスハルトが初めて罪に問われるまで、インドネシアを自由世界の一員として迎え入れた。(★1)

これもまた、「非人道的な行いを終わらせるために精力を傾ける、理想主義的な新世界」の考えが、ついに何カ国かのヨーロッパ諸国の支持を取り付けた中で、「言及するのは作法にかなわない」とされた周辺的な事柄の一つである。

米国政府がなぜ一九九八年になって民主主義に利点があると発見したかを長々と述べる必要はないだろう。インドネシアに関する上のような言葉がそもそも発せられ、それに対するコメントもないという事実が事態を雄弁に語っている。とにかく、コソボの非暴力的な民主勢力を軽視し、そして爆撃をすればベオグラードの勇敢な民主勢力を傷つける可能性が高いことがわかっていたにもかかわらず爆撃を敢行したことは驚くにはあたらない。セルビアの民主勢力が著しく衰退したことは、爆撃の直後から、繰り返し報道された通りである。ユーゴスラビアの反体制活動家ミロバン・ジラスの息子で歴史家であるアレクサ・ジラスの言葉を借りれば、セルビア人は「天国で一つとなった。ただし、それは神によってではなく、爆撃のおかげである」。セルビアの反体制活動家ベラン・マティッチによれば、「空爆は一千万人もの人びとの生活に障害をもたらしただけでなく、コソボとセルビアで生まれつつあった民主勢力に打撃を与えた。芽を出そうとしていた種を破壊し、これから長い間、芽を出すことができないようにしてしまった」のである。マティッチは、空爆後に放送禁止処分を受けた独立ラジオ局ラジオB—92を主催し、空爆の直前（一九九九年一月三十日）に民主主義の発展に多大な貢献をしたとしてスウェーデン政府からオロフ・パルメ賞を受賞した人物である。すでに述べたように、空爆は、コソボから遠く離れた反体制勢力の強いボイボディナで特に激しく、そこでも民主勢力が衰退してしまった。ボストン・グローブ紙の元編集委員ランドルフ・ライアンは長年バルカン半島で仕事をしベオグラードに住んでいたが、「NATOのおかげで、セルビアは一夜にして全体主義国家に様変わりして有事動員にやっきになってしまった」と書いている。こうなることをNATOは知っていたはずである。また、「ミロシェビッチがすぐに報復に出て、コソボに対する攻撃を激化することも分かっていたはずである」(★2)。そして、NATOにはそれを防ぐ手立てがなかったのである。

「威信」のために

これらの基本的な事実を確認した上で、米国政府の最近の方針がどのように決定されたか推測してみよう。直接的な証拠があまりないので、できるのは推測のみである。

バルカン半島の社会的動揺は専門的な意味での「人道的危機」の名に値する。シエラレオネやアンゴラ☆での大量

インドネシア選挙・一九五八年
インドネシアは一九四五年八月十七日に独立を宣言。議会制民主主義体制がしかれ、スカルノが大統領に就任。一九五五年の総選挙でスカルノの国民党が二十二パーセント、イスラム系のマシュミとナフダトゥール・ウラマが二十パーセントと十八パーセント、共産党が十六パーセントという四党並立となった。また、一九五七年のジャワや南スマトラ地方選挙で共産党が躍進した。こうした中、米軍から武器や資金を得ていた国軍が反共を旗印に各地で「評議会」を結成し反スカルノ・クーデターを試みるが失敗。不穏な状況に対処するため、スカルノは「指導民主主義」を提唱し議会制民主主義を実質上廃止した。

アンゴラ
ポルトガル植民地だったアンゴラでは、アンゴラ解放人民運動（MPLA）が一九七五年独立を宣言し社会主義路線をとったが、その後特に南アフリカ及び米国の援助を受けたアンゴラ全面独立民族同盟（UNITA）との内戦が勃発。一九八八年和平協定が締結され、九二年八月には選挙でMPLAが第一党となった。それを不満としたUNITAは戦闘を継続した。一九九七年にはMPLAとUNITAの連立政権が成立したが、その後もUNITAは武装解除せず戦闘行為を続けている。

殺人や、われわれ自身が支持したり指揮したりする犯罪とは異なり、金持ちや特権階級の利益を損ないかねないからである。それゆえ、ここで問題となるのは、真の危機にいかに対処するかである。

このような事態に対して普通とられるのは、好ましくない動揺を鎮圧するために、国の治安部隊に武器を供与したり訓練を行ったりする方法である。トルコやコロンビア、エルサルバドルを初めとして、多くの国でこの方法がとられた。しかしながら、これは、その国が従順な雇われ国家である場合にのみ可能な方法である。セルビアは、異論はあるかもしれないが、ヨーロッパの独自性を主張する抵抗組の生き残りであるから、この方法はとれなかった。標準的な手法がとれないとすると、次に出てくるのが、「地上の最高法」たる正式な条約上の義務に従い世界秩序の慣例に訴えるという手段であるが、これは米国政府が許容するものではない。その次の策が、米国が少なくとも支配的な地位を占めているNATOである。NATO内に意見の対立はあるのだろうが、米国は兵力を握っている点で優位に立つ。これは、弟分の英国についてもある程度当てはまる。あらゆるかけひきにおいて、強い手をうってみてどうなるか見るというのは、ありそうなことだ。ここで計画立案者たちが何を「心に描いて」いたかに目を転じると、カーンズ・ロードたちが表明した自信は理解しがたい。しかし、過去の行動の記録から察するところ、「重要ではない地域」に住んでいる人びとがこうむる結果は付随的なものにすぎないのだろう。[★3]

コソボ危機の間ずっと、NATOの指導者たちは、三月二十四日の爆撃が必須であることの理由として二つの点を強調していた。第一は、NATOの空爆によって予想通り激化した民族浄化を止めるため、第二は、「NATOの威信」を確立するためである。前者はないにしても、後者はありうることである。

「NATOの威信」を保証することが必要であると政府や評論家たちは強く繰り返した。空爆以外の「ほとんどの手段が望ましくない点は、NATOや米国が屈辱を味わうことである」[★4]と「コソボ対立に至る出来事」を総括したワシントン・ポスト紙の記事でバートン・ゲルマンは書いている。サミュエル・バーガー国家安全保障担当大統領補佐官は、「空爆の主な目的の中に「NATOが真剣であることを示す」ことをあげている」。ヨーロッパのある国の外交官も同様の意見を述べている――「何もしなければ、「特にNATOの五十周年記念サミットが近づいている昨今では、威信を著しく傷つけることになる」」。トニー・ブレア英首相も国会の答弁で「今、やらなければNATOの威信を破壊することになる」と語っている。クリントン大統領の立場は、次の「ホワイトハウス高官」の発言から知ることができる。

初めから、これに勝たなければならないと彼は言っていた。これは非常に明確な点だ。米国とNATO、そして総司令官としての自らの責任に及ぼされる影響を考えれば、勝たなければならないのだ。

「それゆえNATOに残された唯一の選択肢は激しく爆撃を行うことだった」と米国政府の政策決定を振り返るタイムズ紙の長い論評の中でブレーヌ・ハーデンは書いている。(★5)

米国政府がどのようにまたなぜ戦争を決意したかを詳細に記したタイムズ紙の別の記事は、ウィリアム・コーエン国防相が一九九八年十月にNATOの国防担当相の非公式の会合で行った発言を掲載している。セルビアの残虐行為が再び派手になったことについて、双方に責任があると報告したり、比較的平穏だった直前の数カ月の間にKLAがコソボの四十パーセントを制圧したことに対する報復であろうという解釈を示していた時期である。コーエンはクリントンの空爆計画の概要を示し、「NATOの新しい役割を受け入れるよう各国の担当相に促した。もしNATOがこの状況下でミロシェビッチ氏に脅威を与えられないとしたら同盟を組んでいることに何の意味があるだろうかと問いかけた」。爆撃をちらつかせることが「急速にNATOの威信を試すこととなり」、四月末に「NATOの五十周年が迫っていることも重圧となった」。(★6)一方、計算違いやホワイトハウスのスキャンダルによって注意がそがれたこともあり、外交は「脱線」してしまう。

英国の軍事史家ジョン・キーガンはブレア首相たちが「英国民の同情に訴えよう」とする「心情」を批判して次

のように言った。確かにこれは危機であるが、「過去五十年間、われわれの生存が依存していた同盟の威信の危機」なのである。米国の評論家たちも概ね同意見であった。ウィリアム・ファフは早い時期に「介入に関する議論はもはや目標達成のためにどのような手段を用いるかについてではなく、NATOを見捨て米国が国際社会の指導者だという主張を捨てるかどうかについてである」と述べていた。「セルビアでNATOが勝たなければNATOはもはや存在し得ない」のであるから、「唯一の解決策」はNATO軍が「コソボからセルビア軍を駆逐し、セルビア軍と現在のセルビア政府を破壊することである」[★7]。

六月三日の和平合意のあと、指導者や分析家は、この合意が十分満足の行くものではないと気づいたが、「NATOの威信を保つという目標が達成された」という決定的な成功については意見の一致を見ていた[★8]。

首尾よくやった仕事への賞賛の言葉を解釈するためには、例のごとく、翻訳が必要である。クリントンやブレアたちが「NATOの威信」と言う時、彼らはイタリアやノルウェーの威信を心配しているのではない。彼らが心配しているのは、君臨する超大国米国と、その命令一つでいつでも攻撃に出る犬、英国である。「威信」という言葉の意味は、マフィアのボスに聞けばよくわかるだろう。店の主人が用心棒代を払わないならば、ごろつきがやってきて、お金を取っていくだけでなく、他の人への見せしめのためにめった打ちにしてしまう。国際社会のマフィアのボスも同じように考えるのは当然であろう。

もちろん、ボスにとってその店の主人のお金が必要なわけではない。コソボには目立った資源も少なく西側に役に立つものも少ないので、この介入は人道的な理由によるに違いないという議論がよく聞かれるが、これは政策や現代史の基本的な事柄への重大な誤解によるものである。グレナダでビショップ政権を倒そうとすぐさま行動を起こし、後に侵攻[☆]までしたのは、ナツメグ貿易の成り行きを心配してのことだったろうか。最近武力攻撃の対象となったグアテマラやインドシナ、キューバ、ニカラグア、その他多くの国々の資源を米国は大切にしていたであろうか。確かに、支持を得るために、そうした主張がなされたこともある（例えばインドシナのスズやゴム）が、それが真面目な理由と考えられたことはない。また、時には特定の業界の利益が政策を左右することもある（グアテマラにおけるユナイテッド・フルーツ社など）。しかし、それが政策決定の第一の要因になることはまれである。常に、それらとは別のことが問題となっているのである。

いつも問題となる一つの点は、「威信」をいかに確立するかである。政策立案にあたる高官たちの言葉を借りれば、「腐ったリンゴ」は「樽全体を駄目にする」とか「独立の「ウイルス」が他の国にも「感染」するかもしれない」といった危険が感じられる時には、なおさら強く「威信」が求められる。ケネディ政権時代の知識人が「状況を自らの手で扱うというカストロ流の考えが広まる」ことを心配したのはその一例で、その時々の状況によって若干の調整はなされるものの、一九一七年以来の冷戦そのものを含むさまざまな介入や対立の根底には常にこの問題があった。冷戦時代には、ロシアは巨大な「腐ったリンゴ」と考えられており、少なくとも一九六〇年代にソビエト経済が停滞するまで（結局ソビエト経済が回復することはなかった）、その脅威は西側諸国の政策を決定する重要な要因であり続けた。資源の管理などの利益が争点となったことはあるが、攻撃の標的となった地域自体でそれがことさら問題とされることはまれであった（一九五八年のインドネシアなどを含め石油産出国の場合など例外もある）。

さらに言うならば、介入において、冷戦の諸問題は概ね重要ではなかった。だからこそ冷戦前も、冷戦中も、冷戦後も、介入のパターンはほとんど変わることなく続いているのである。このことを強調する内部記録も存在する。例えば、一九五八年、アイゼンハワーとダレスが国家安全保障委員会で三つの世界危機としてインドネシアと北アフリカ、中東をあげたときである。この三地域はいずれもイスラム圏であるが、より重要なことは、いずれも石油

グレナダ
グレナダでは一九七九年にモーリス・ビショップがゲーリー独裁政権を倒して社会改革を進めていたが、親ソ派の司令官に暗殺された。これを機に米国は一九八三年グレナダを侵略し、親米派の政権を擁立した。

産出地域であることである。秘密書類によれば、舞台裏においてさえロシアの関与はなかったということをアイゼンハワーはことさら強調していた。(★9)

武力行使がすぐに成功しないこともあるが、政策立案者は常にさらなる武力行使が可能であるということに自信を持っていた。必要ならば、カルタゴ風の解決法を採用して徹底破壊を行うこともできる。疑問がある人はインドシナを歩いて見て回ればよい。直接攻撃の対象にされた者や盾突こうという考えを持った者にはこのことを認識させなければならない。このためにも威信が必要とされる。

バルカン紛争の効用と「戦争の真の勝者」

この一貫した事実の他にも、バルカン半島で武力を行使することには副次的な効用がある。その一つは、すでに述べたが、セルビアは米国による実質的なヨーロッパ乗っ取りの障害となるやっかいものであったことである。バルカン半島の資源には大して興味がないとしても、その戦略上の位置は東欧と西欧というだけでなく中東戦略の関連でも重要である。第二次世界大戦後最初の大規模な対ゲリラ作戦はギリシャで行われたが☆、主な動機は中東石油確保への懸念であった。同じころ米国はイタリアの民主主義を転覆したが、これも同様の理由によるものであった。(★10)二十五年前に米国の支援を受けたファシスト政権が倒れるまでギリシャは国務省近東部門の担当だった。二次的ではあるが、同様の関心は現在中央アジアにも向けられている。また、イスラエルとともにこの地域での米国の最大級の軍事基地であるトルコに近いことも政策に影響を与えているだろう。セルビアが米国の支配域に組み込まれない限り、その不従順に罰を与えること、しかも同様の行動をとろうとするかもしれない他の国への警告となるようにあからさまなかたちで罰を与えることは道理にかなっている。一九九八年のコソボ危機はまさにそのための絶好の機会であった。これは、キューバその他の米国の言うことを聞かない国々に対してと同様、セルビアが屈服するか壊滅させられるまで続くと考えて間違いない。

国内での「世論対策」には、状況に応じて別の話が流布された（ロシアの触手が……とか「われわれは民主主義を渇望する」など）。しかし、われわれが「意図的な無知」を強く信奉するのでない限り、これらを相手にする必要はなかろう。

セルビア攻撃のもう一つの付加的効用は、軍需生産と取引の活性化である。「全体として戦争は防衛関係の支出一般を増大させる」とウォール・ストリート・ジャーナル紙は伝えている。特にハイテク軍事システムへの支出である。レイセオン社だけでもトマホーク巡航ミサイルその他の「バルカン半島で攻撃目標の破壊に使われた」武器の補充のために十億ドルの受注を見込んでいた。この数字には、米国以外のNATO加盟国からの新たな受注は入っていない。フィナンシャル・タイムズ紙の見出しが伝えるように「戦争の真の勝者」は軍需産業である。同記事には航空産業、特により高性能で高価な技術部門の業績予想が「まあまあ上向き」だとある。新しい戦闘機費用の半分はミサイル用電子工学機器やソフトウェアの費用であるためハイテク産業一般に経済効果が期待される。(★11)

ビジネス紙の読者には、この話の残りの部分まで書き尽くす必要はなかろう。軍事支出はハイテク産業における巨大な公共投資の隠れ蓑であり、コンピュータやエレクトロニクス分野一般、オートメーション、情報通信やインターネット、その他経済のほとんどの活発な部門で米国が世界をリードしていることの大きな理由は軍事支出にある。ことの始まりは米国の工業発展の初期における大量生産の誕生にあるが、それらが巨大化したのは第二次世界大戦以降である。公共投資の役割は、農業生産の基盤でもあるほか、現在はバイオ産業にも広がっている。この分野も、ハイテク産業と同様、コストとリスクの社会による負担及び国家権力による経済戦略手段（例えば知的所有権施行などの大企業を優先した市場介入）に依存している。軍需産業の隠れ蓑については、一九四八年一月に空軍

ギリシャ
ギリシャは第二次世界大戦中の英ソ交渉で英国の「勢力圏」と認められた。戦後英国がギリシャに押しつけたファシスト協力者をも含む政府に反対した人々は抵抗運動を開始し、一九四七年には政府との内戦が激化した。戦後の疲弊に悩む英国に代わって米国が内戦に介入し、抵抗運動を粉砕した。

省長官スチュアート・シミングトンが率直に「「補助金」と呼ぶのではなく、「安全保障」と呼ぼう」と述べている。(★12)「真の勝者」はハイテク産業にとどまらない。米国の大建設会社(ブラウン・アンド・ルート、ハリバートン、ベクテル)は、同じ米国のハイテク産業によって破壊された「道路や橋の再建に意欲があることをすでに明らかにした」。また、西側の電力会社も「電力流通網の再建」に期待している。英国では、湾岸戦争後と同様、米国や他のヨーロッパ諸国に押しのけられて、また「好機を逸する」のではないかと心配している。英国通産省は「コソボ再建」へ参入しようとする自国企業の足並みを調整しようとしている。(★13)コソボ再建は今後三年間に二十億ドルないし三十五億ドルにものぼると推測されるおいしい話なのである。

ランドルフ・バーンが言うように、戦争とは「国家の健康」なのかもしれないが、ここでいう「国家」とは、単なる政府の機関よりもはるかに広い範囲を示すものと考えなければならないだろう。

NATOがより攻撃的な姿勢をとれるようになったことも利点としてあげられよう。むろんこれは、ヨーロッパがうまく統制されている限りにおいてであるが、その点はまったく定かではない。紛争後、EUが「より統合された防衛政策」をとって、米国から離れて自立的に「治安維持や治安維持作戦」を行えるようにしようと決めたことについて、米国の政策立案者たちは複雑な思いを抱いているに違いない。(★14)ここで「防衛」とか「治安維持」というのはお決まりの翻訳が必要な単語である。

世界は米英をどう見ているか

この最後の点に留意しながら、軍事史家/分析家であるジョン・キーガンの観察に戻ろう。キーガンは、この戦争の結果は、「湾岸戦争の終結後にジョージ・ブッシュによって提唱され」た「新世界秩序の勝利」であり、バルカン半島での空軍力の勝利のあと、「世界秩序はよりよく守られている」ように見えると語った。クリントン大統領もこの点には同感で、その勝利宣言の中で彼は「われわれは、より安全な世界をもたらす勝利をあげたと米国国民

に」語った。[★15]

これらの評価は、彼らの言う「世界」が世界のほとんどを除外したものであるという暗黙の了解の上でなら正しいかも知れない。守られているのは、専門的な意味での「国際社会」、つまり、西側工業社会の富裕特権階級とその他の国々にいるその仲間や協力者たちである。

湾岸戦争に関するキーガンのコメントも、同様の注釈を必要としている。湾岸戦争もまた、「国際社会」の勝利としてもてはやされた。この偉大な勝利は国際道徳の新しい時代の到来を示すものとして華々しく謳われた。しかし、少なくとも西側の若干の評論家も述べたように、米英はその戦争政策によって「世界の超少数者」――現実世界のである――になってしまった。[★16]

裕福な工業社会の外の一般的な雰囲気は、ブラジル・サンパウロのパウロ・エバリスト・アルンス枢機卿の次の言葉によく現れている。一九九一年、彼はアラブ諸国について「金持ちたちは米国政府を支持したが、何百万もの貧しい市民は軍事侵攻を糾弾した」と記している。第三世界を通じて、「憎悪と恐怖が感じられる。いつ、われわれの国に侵攻してくるのだろうか」。侵攻はどんな名目で行われるのだろうか。

好戦的な米英二カ国がイラクを再び攻撃すると決めた一九九八年十二月、米英の孤立はさらに明らかになっていた。米英はこの道徳的な戦いに多少の支持を取り付けることに成功したが、世界の人びとの大部分はアルンス枢機卿と同じ問いを思い浮かべていたであろう。

事実上の雇われ国家においてさえ雰囲気は明るいわけではなかった。半官営のエジプトの報道機関は、バルカン半島での戦争が激しく続けられる中、四月のＮＡＴＯの五十周年に発表された「新しい戦略概念」に懸念を示した。カリム・エル・ガウハリはこれを「世界のどこに介入してもいいという考えを許すもの」だと見ている。ヨーロッパの善意というものを十分すぎるほど知っている者にとって、ＮＡＴＯが「「ヨーロッパ・大西洋の平和と安定」に対する新たな危険」を発見したというのは不吉なことである。美徳を語りながら米英が再び破壊行為に走るのを見て「きわめておなじみの帝国的な響き」を感じとるのは英国人だけではない。NATOの防衛概念が歴史を再現して「地中海の平和と安定」やさらに遠くにまで及ぼうとしている中で、「国際社会」を形作る文明諸国の外では、その豊富な経験から、「同盟の周縁、例えばアラブ世界から見た時、この文書は悪夢の処方箋のように見える」ことを理解しているのである。(★17)

米英の言う「重要資源の供給」や「安定」に関する懸念というのは確かに「聞き覚えのある」事柄だとアル・アハラム紙の分析は続く。先にも述べたように、そのような懸念がもとで、戦後初期、米国はギリシャやさらにはイタリアにさえ介入したのである。しかし「この文書の新しくかつ過激な点」は、ワシントンで作られたにもかかわらず、「米国以外のNATO参加十八カ国すべてによって署名されており」、「ヨーロッパ・大西洋地域の周辺に反抗的な国があれば、NATOの名のもとに」その国に対する行動がとれるようになったことである。これによって、少なくともヨーロッパが米国に従いつづける限り、米国による世界支配に新たな次元が加わったことになる。「重要ではない地域」で広く言われていることであるが、エル・ガウハリは「国際平和を守る機関である国連安保理がこのNATOの文書ではほんのおざなりにしか言及されていない」ことに注目している。このことは、「実質上、自分の利益にあうように国際法を解釈する権利を強大な国に与える」戦略的概念のもとで、将来NATOが「ますます自らの手で問題を解決しようとするようになる」ことを意味する。これもまた、独善的な新しい人道主義のもとでの伝統的な「習慣と実践」の固定化や拡大と並んで「聞き覚えのある」話である。

近隣のイスラエルでは、軍事や治安問題などについての中道的な評論家である元軍諜報部員アモス・ギルボアが、根拠こそ異なるが、「NATOと米国が愚かしくも新しいルール作りをしようとしている」とさらに激しい意見を述べている。彼の現実味のある指摘によると、この新しいルールは「核兵器開発競争を激化させる可能性が強い」。理由は明らかである。人びとは、「もしセルビアが大量破壊兵器を使用することができると分かっていたら、NATOはユーゴスラビアの空爆などしようと思ったであろうか」という当然の疑問を抱くだろう。そして、その答えを知ったなら、襲い来る超大国から身を守るために強力な抑止力の開発を行おうとするだろう。ユーゴスラビアで明らかになったように、米国とその「裕福な西側同盟国」の「新たな規則」は、「自分たちにとって正しいと思えることを貫徹するために武力介入を行う権利」に基づいている。「植民地時代同様、今も、武力行使は道徳的な装いの下に隠されている」。NATOの報道官たちが冷静に一般の市民社会の破壊を報告する時、「それらの言葉が「啓蒙された」といわれる国々の政府の口から発せられているのは信じがたいことである」。もちろん、植民地時代やその後の歴史を通じてそうであるように、自分たちを「文明諸国」と呼んでいる国々が自分たちについて抱いている印象はずいぶん違うのであろう。二十世紀は新たな「砲艦の威嚇による戦争」で終わろうとしている。それは、前世紀が「技術的に圧倒的優位に立った西側植民地主義国家が、未開民族や自らを守るすべも持たない無力な国々を屈服させる戦争」で終わったのと同様である。[★18]

世界の他の国々に「選択の余地はない」とギルボアは結論している。「彼らは大量破壊兵器を手に入れなくてはならない。コソボでの戦争は」自衛のための「大量破壊兵器の拡散競争であることが今後明らかになるだろう」。

イスラエルの有力な軍事史家ゼエブ・シフもこれらの分析を支持している。エル・ガウハリと同じように、シフも、NATO五十周年の際にトニー・ブレアが明らかにした「NATOの新思考」が国連憲章の原則を軽視しているため、「世界中で不安を掻き立てることは間違いない」と述べている。軍事的な勝利からNATOが引き出した教訓は「外交のかたちを変え、危険な領域に向かっていく」かもしれない。そして、「自らの残虐行為を「擁護」するため」、「国際エネルギー資源への重大な脅威に対応しようとする」NATOの「意欲」の手から自らを守るため、あるいは世界の支配者のいかなる手からも自らを守るために、攻撃目標となりかねない他の国々が核武装することを助長しかねない。[★19]

「国際社会」からさらに数歩離れてみると、インド政府も「ヨーロッパ・大西洋地域を越えて、同盟の領域外でも作戦を行えるとするNATOの新方針に重大な懸念を示しており、インド政府の報道官は、そのような行動は国際法や各国と国連憲章の平和的な共存のための規範に反することになると述べた」ことがわかる。インド政府は「NATOが、国連安保理の権力と機能を侵害しようとする傾向をますます強めていることを遺憾に思っている」。「NATOがその作戦範囲を拡大しようとしていることは、大国、小国を問わず、世界中の懸念材料になっている」。この公式見解はまた、「NATOを国際舞台での不良集団になりつつあるとするさまざまな非公式見解に見られる強い非難に近い」ものであった。インド政府は、ユーゴスラビアでのNATOの武力行使に反対するインドの立場を再度表明し、一九九八年後半以来の「問題は対立ではなく話し合いによって解決されるべきだ」という立場を繰り返した。この件に関して、インドは実質的にロシアや中国、そしておそらく世界の残りの国々の多くと同意見であったが、「重要ではない地域」についての報道が欠如している状況では、確信をもって断言することはできない。[★20]

タイムズ・オブ・インディア紙も「交渉による解決の可能性を尽くす前」に武力に訴えることに対して非常に批判的であり、「核兵器管理という重要問題に重大な影響を与える」ことを懸念している。もう一つの有力全国紙ヒンドゥーは、「NATOが、国連の公式な支持があるか否かにかかわらず、米国の友人であると任ずる国や宗教に手を貸し、「国連の代わりに世界の治安維持部隊となろうとする」中、NATOの作戦の特徴は「不法行為、自己利益、傲慢と無法性」であると糾弾した。「われわれには人類に対する残虐行為を止めさせる仕組みが必要である。しかし、NATOを通じた米国の利己的な介入をもとにそのようなシステムを形成することはできない」。特にニカラグアへの介入で、世界法廷から一方的な軍事介入を明示的に「禁止」された米国がそれを行うのは言語道断である。米国は「世界法廷にせよ、国連決議にせよ、自分の利益に合わないときは何度でも国際的な裁定を破る一番の不良国家」[★21]になったのであり、現在の米国の行動は「法的、道徳的、政治的な正当化」をまったく欠いていると断じている。

インドの報道機関[★22]はまた、安保理決議に従い、コソボ問題の解決において国連が「その権威を主張し直接責任を負う」ことを要求した。この解決案は、米国とNATOが合意と安保理決議の自分たちの解釈を押し付ける中で、お約束通り、すぐに人目に触れないところに追いやられてしまった。

元植民地諸国のこのような懸念は、洞察力のあるタカ派の政策評論家によっても察知されており、(違った観点からであるが)ある程度共有されている。有力な体制派の雑誌フォーリン・アフェアズの中で、サミュエル・ハンティントンは、米国政府が危険な道を歩もうとしていると警告している。世界の大多数、おそらくほとんどの人の目には、米国は「不良超大国になりつつあり、自らの社会への最大の外的脅威であると」考えられている。現実主義的な国際関係の理論からすると、このような不良超大国には、それに対抗する同盟が生まれることが予想される。それゆえ、功利主義的見地から、このような政策は再考されなくてはならない(★23)。

自国に関して異なったイメージを持とうとする米国国民は、また別の理由でこれらの傾向に懸念を持つかもしれないが、それらが、視野が狭くイデオロギーにどっぷりつかった政策立案者たちの興味をひくことはほとんどないであろう。

核兵器の問題は、南アジアで核拡散防止条約☆が崩壊した今日、特に重要である。もちろん、「核兵器廃絶という条約に明記された目的」の遵守を核大国が拒み、「条約が定める核武装解除条項の実行をまず図ろうという穏健な提案」にさえも抵抗している中では、核拡散防止条約の意味は薄いのかもしれないが(★24)。

STRATCOM報告書

こうした重要な問題に関する懸念や「不良超大国」とその仲間が再び拡張主義に傾いていることに対して高まりつつある警戒感は、現在行われている戦略決定の観点からみると、さらに恐ろしい色合いを見せる。「冷戦後の時

核拡散防止条約
核不拡散条約とも言う。核兵器保有国の増加防止を目的として核非保有国への核保有国からの核兵器やその技術の移転を禁じるもの。一九六八年七月に調印され、一九七〇年に発効した。現在加盟国は約一九〇カ国。

代における核兵器の役割に関する数年間の考察の結論」をまとめた「冷戦後の抑止力の基本」と呼ばれる一九九五年米国政府の戦略司令部（ＳＴＲＡＴＣＯＭ）の報告書が部分的に機密扱いを解かれたが、これを読むことによっていくつかの洞察を得ることができる。[★25]

中心的な結論は、核拡散防止条約の主眼点の拒否を含め、核兵器への依存は基本的に変わらないというものである。ただ、核兵器使用の対象範囲は、現在少なくとも部分的にはおとなしくなったとされる冷戦時の敵国以外にも広がっている。現在の攻撃目標のリストは、第三世界の「不良」国家にも広げられている。「不良」というのは、血なまぐさいことをやっているとか危険だというのではなく、ただ従順でないという意味である（例えば、キューバや、サダムが命令に従わなくなったあとのイラクがそれである。ただし、イラクについて言えば、米英の支援で大量破壊兵器を蓄積して、サダムが一番ひどい犯罪を犯していたころのことではない）。イスラエルはこの不良のリストには入っていないが、それは米国権力の取り巻きと目されているからである。ＳＴＲＡＴＣＯＭの元最高指揮官（一九九二〜九四）であったリー・バトラー将軍が

　中東という憎悪の渦巻く地域で一つの国があからさまに、おそらくは何百もの核兵器で武装したこと、そして回りの国々にもそうしようという気を起こさせていることは、危険極まりない。[★26]

と述べているにもかかわらずである。

ＳＴＲＡＴＣＯＭの報告書は、「威信」の必要性を強調し、米国政府の「抑止のための発言」は「説得力があり」「直ちに理解できる」ものでなければならないとしている。米国は「あらゆる種類の対抗手段」を持つべきであるが、中でも核兵器は最も重要である。なぜなら、「化学兵器や生物兵器と違って、核爆発による破壊は一瞬にして起こり、その効果を軽減させる方法はほとんど皆無」だからである。「米国にとって最大級に重要な問題や極端な

状況以外で核兵器を使う可能性はあまりない（ママ）が、核兵器は常に、どのような危機や対立にも影を落とすので、すぐにでも使えるように準備しておかなくてはならない。報告書のある節は「曖昧性の維持」と題されている。「立案者は、敵が何を一番重要であると考えているか決めるにあたって理性的すぎてはならない」。重要なものはすべて破壊しなくてはならない。「自分たちが完全に理性的でさめた頭でやっていると見せるのはよくない」。「米国は自らの重要な利益とみなすものが攻撃されたら非理性的になって報復に出かねないという印象を与えるべきである」。「何か「統制がきかなく」なりうるように見えれば」、戦略的な姿勢にとって「有益である」。

リチャード・ニクソン☆が唱えたとされる「狂人理論」が蘇ったようなものであるが、今回はその理論の存在を示す確固たる証拠がある。敵は、「不良超大国」が、危険かつ予測できない存在で、「彼らが一番大切にしている」ものを攻撃する準備ができていると認識すべきである。そうすれば、われわれが「非理性的で執念深い」ことやわれわれが持つ破壊力を知って、われわれの「威信」を恐れてわれわれの望みの前に屈するだろう。この考え方は一九五〇年代、イスラエルの与党労働党によって考えだされたものらしい。ハト派の首相だったモシェ・シャレットは、労働党の指導者たちが「狂気の行動をすべきだと説いている」と日記に記し、われわれは邪魔されたら「発狂する」と警告している。これは、当時あまり信頼することのできない後見人と考えられていた米国にも一部向けられた「秘密兵器」であった。自らを超法規的国家と考えていて国内のエリートから拘束されることもほとんどない世界唯一の超大国の手にかかっては、まじめな分析家が揶揄する「道徳的正義の装い」にひたる贅沢を手にしていない者が、こうした姿勢を懸念するのは当然である(★27)。

核兵器は「当分の間、米国の戦略的抑止力の中核を占めることになりそうである」とSTRATCOMの「冷戦後の抑止力」報告書は結んでいる。だから、われわれは核の「先行使用禁止政策」を拒否し、われわれが「攻撃に

リチャード・ニクソン
一九一三年〜一九九四年。一九六九年から一九七四年まで第三十七代米国大統領。ウォーターゲート事件で失脚、辞任。

対して」何かをすると言う時、それは攻撃に対する反応であるかもしれないが、先制攻撃であるかもしれないことを敵対国に対して明確にしておくべきである。また、核拡散防止条約の明確に規定された目標である核廃絶を拒否し、条約に加盟している核非保有国に対する核攻撃を禁止する「負の安全保障」にも賛成すべきではない。

実は、クリントン大統領は一九九五年に「負の安全保障」を発令したが、それはBASIC報告書（注25を参照）が示すように、「米国の核利用戦略」に覆されてしまった。その後一九九七年十一月にクリントンが出した大統領令は、標的を広げた他は冷戦時の計画をそのまま受け継いだものである。

STRATCOM報告書の別の段落は「創造的抑止力」を扱ったもので、次のような例があげられている。ソビエト市民がレバノンで誘拐され殺害された時、「ソビエトは革命運動の指導者に一つの小包を届けた。その小包には睾丸が一つだけ入っていた。その運動の指導者の長男の睾丸である」。「ある文化の中で価値があるとされているることに非常にうまく合わせ、それを抑止のメッセージに仕立てるようなやり方を、われわれも抑止の標的の何に照準をあわせるかを決める際に考えなければならない」。この例が示すように、標的は、自衛の手段も持たないような敵である。

抑止戦略の変化

一九八九年の冷戦終結後、大枠として、米国の「抑止戦略」は、ロシアと中国から第三世界全般に移行した。この変化は、膨大な軍事予算を求めて毎年議会に提出される説明の中によく現れている。[★28]一九九〇年三月の要求は、それ以前のものとよく似ていたが、ロシアが攻めてくるという理由のかわりに、第三世界諸国の技術革新という理由が使われていた。この新たな脅威のため、われわれは「防衛産業基盤」（すなわちハイテク産業）を維持し、強力な介入部隊を持たなければならない。介入部隊の主たる目的は依然として主に中東であるが、この地域で直接的な軍事行動を必要とする「われわれの利益への脅威」は「クレムリンのせいであるとは言えない」。当時、サダムはまだ友人で味方だったから、中東での脅威はイラクのせいであるとも言えなかった。

　ここに見る言葉遣いは冷戦の終結を反映したものである。少し前の一九八九年十月、国家安全保障指令はサダムへの援助継続を薦め、「ソ連や他のいかなる地域の強国からも、重要な利権」を守るため「必要かつ適切」に「米軍を用いる」ことを提唱していた。ベルリンの壁崩壊の一カ月前には、まだ、われわれの利権への脅威は「クレムリンのせい」でありうるとされていたのである。[★29]

「抑止戦略」のこうした変化により、世界は「「武器の多い世界」から「標的の多い世界」へと変質した」と国防省特殊武器庁は説明している。統合幕僚は議会報告と同じ時期、一九九〇年三月の査定で、ロシアは「武器が多」かったが、南の諸国は一般に「標的が多」く、そして、「どんどん実力をつけつつある第三世界からの脅威」が感じられるとしている。[★30] 米国の標的には今や大量破壊兵器を生産することができる国々が含まれることになったが、その範囲は非常に広く、実験施設や工業、インフラを持つ国はすべてそれに含まれてしまう。新しい「世界規模の能力」は「赤道の南」（比喩的に言っているのだと思うが）にまで広げられたのである。もう一つ新しい点は、過去においては無視されていた小国からの「自然発生的な脅威に対する」迅速な行動を可能にする「適応的計画」である。技術革新の中には、従順でない者（「不良国家」）に対して使われる「超小型核爆弾」が含まれている。

「冷戦の終結後も核兵器が米国の安全保障政策に占める位置は変わらない」というのがＳＴＲＡＴＣＯＭの立場である。しかし、「第三世界との核戦争を計画するというのは新しい展開である」とＢＡＳＩＣ報告書は述べている。また、「米国は、国際情勢の中で威信を確立したり、軍事的、政治的目的を達成したりするためには核兵器が重要だというメッセージを送って」おり、少なくとも米国に関する限り（おそらく他の核保有国もそうであろうが）、核拡散防止条約は死んだも同然だと述べている。

　ＢＡＳＩＣの分析によれば、冷戦終結の大きな影響は「重要な制約がなくなった」こと、つまりソビエトの抑止力がなくなったことである。これはベルリンの壁崩壊のはるか前から戦略分析家によって予想されており、それ以来、実際にも明らかにされてきた。壁崩壊の数週間後に行われたパナマ侵攻の際、米国政府の高官たちは特にこの新しい好機に言及していた。(★31)

冷戦終結の結果、ソビエト経済は崩壊し、何百万もの人びとが天命を全うせずに死んでいくままに放置され、外国の権力とのつながりを持つ裕福なエリートたちを除いて、社会は崩壊するがままとなった。ロシアが冷戦前の西洋の「第三世界」という状態に戻ったこと、他所でも壊滅的な結果をもたらした市場原理を西側に押し付けられそれに屈したことを考えれば、これは当然で、予想できたことであった。(★32) 文明諸国はより自由に軍事的な冒険に出られるようになった。冷戦崩壊のもう一つの帰結は非同盟の崩壊である。非同盟は、二人のマフィアのボスが野放しになっている間は選択肢の一つとなりえたが、「不良超大国」が一つだけになるとともに消えてしまった。これには他の要素も関与していた。その一つは第三世界のほとんどを襲った経済危機である。この経済危機は、金融の自由化や権力者の利益を守るためにとられた「国際化」の波が押し寄せて以来、より富んだ国にも影響を及ぼしている。

ソビエトの抑止力が取り除かれ第三世界の独立性(非同盟)が実質を失ってしまってから、核戦略から海外援助に至るあらゆる政策で明らかなように、また予想通りに、第三世界の利益が一般に軽視されるようになったが、これは驚くにあたらない。(★33)

第三世界蔑視は、裕福な工業国G7と、インド、メキシコ、チリ、ブラジル、アルゼンチン、インドネシア、エジプト、ナイジェリア、ベネズエラ、(会議開催国の)ジャマイカなどの重要ではない地域を代表するG15という、二つの重要な首脳会談が開かれた一九九九年二月に鮮やかに見ることができた。

G7は、専門的な意味で「危機」になりつつあった大規模な市場の崩壊——ほかならぬ金持ちと権力者の利益が脅かされていた——に対抗するための「新しい金融体系」に関する議題を中心に華々しく報道された。G15でも金融体系についての議論がなされたが、それは別の観点からであった。この会議では、投機的な資本が経済を勝手に破壊しないよう、金融の流れに制限を加える必要が強調された。経済破壊の背後にはＩＭＦが「貸し付け国側の用心棒」（ＩＭＦの現米国常務理事の言葉）として控えており、貸し付け国がリスクの大きい借款から高い利回りを得ると同時にリスクが社会全般で負担されるよう監視している。リスクは、まずＩＭＦの引き締め政策によって南側諸国の人びとが、そして副次的に西側の納税者がリスク保険として負担する。(★34) ＡＰ電によれば、Ｇ15の参加国は、「無制約の資本主義は途上国の独立そのものを脅かしかねない。途上国の経済は国際的な金融機関や巨大な外国企業の思うままになってしまう」と警告を発した。国連の経済調査機関であるＵＮＣＴＡＤ（国連貿易開発会議）の事務総長は、これらの問題に真剣に取り組まない限り、世界の大多数の人びとの「将来は荒涼としている」と予測した。主催国ジャマイカの首相は、伝統的な市場原理という諸刃の剣――貧しい者には自由市場を、富んだ者の必要に応じて市場介入を――は「多くの発展途上国の経済的な生存そのものを脅かしている」と述べている。他の参加者も、同様の危機感や懸念を表明した。(★35)

文明諸国がこれらの問題にどれだけ真剣に取り組む可能性があるかは、ニューヨーク・デイリー・ニュース、シカゴ・トリビューン、そしてミネアポリス・スター・トリビューンの三紙に短い記事が載っただけという報道の度合いから理解できるであろう。(★36) Ｇ15参加者たちにとってその理由は十分明らかであった。マレーシアのマハティール・モハマド大統領はその理由を次のように述べている。

逆説的にも、常に反共の立場をとってきたわれわれを襲った最大の災害は共産主義の崩壊である。冷戦の終結によって、われわれが唯一持っていた交渉材料――寝返るという選択肢――をわれわれは失ってしまった。今後、われわれは誰も頼りにすることができない。

これは逆説でも何でもない。何世紀にもわたる現実世界の啓蒙の自然な成り行きである。

この問題はここでの議論の範囲をはるかに超えてしまうが、その中心的な要素は、世界各地で感じられている「世界のどこに介入してもいいという考えを許す」ことになるのではないかという問題と密接に関連している。世界のほとんどの地域で、バルカン情勢とそれが意味するところは、文明諸国の規範とはまったく違ったかたちで解釈されているのである。

原注

★1 サダムとクルド人については、Randal の前掲書を参照。一九九一年の出来事と、それを米国政府筋がどう正当化したかは *Deterring Democracy* および、その後の私の出版物や改定版、*Powers and Prospects* などを参照。イラクに関するオルブライトの発言については Serge Schmemman, "The Critics Now Ask : After Missiles, What?," *NYT*, Dec. 18, 1998 ; インドネシアに関するオルブライトの発言については、私の "L'Indonésie" *Le Monde diplomatique*, June 1998. 一九五八年の事件については Kahin and Kahin 前掲書。PKI（インドネシア共産党）については Harold Crouch, *Army and Politics in Indonesia* (Cornell, 1978)。一九六五年の虐殺については *Year 501* の第五章。

★2 Steven Erlanger, "Belgrade 'Targets' Find Unity 'From Heaven'," *NYT*, March 30 ; Matic, Op-ed, *NYT*, April 3 ; 論評 (op. ed) ページ。Ryan, "NATO bombs raze dreams of democracy," *BG*, April 4, 1999. ボイボディナについては本書第二章注25、26および本文参照。マティッチの受賞に関しては、*Media Focus* （第五章注53）を参照。

★3 グアテマラに関する詳細な分析と豊富な資料に基づく具体例は Gleijeses 前掲書を参照。

★4 Gellman, William Drozdiak, *WP Weekly*, March 29, 1999 その他多数。

★5 Harden, "The Long Struggle That Led the Serbian Leader to Back Down," *NYT*, June 8, 1999.

★6 Elaine Sciolino and Ethan Bronner, "How a President, Distracted by Scandal, Entered Balkan War," *NYT*, April 18, 1999.

★7 Keegan, *Daily Telegraph*, May 21 ; Pfaff, *BG*, April 12, 1999. ファフのその後の解釈については本書148—150頁を参照。

★8 Jane Perlez, "For Albright's Mission, More Problems and Risk," *NYT*, June 7, 1999 に、オルブライト国務長官などの専門家による評価が紹介されている。

★9 Irwin Wall, "U.S., Algeria, and the Fourth French Republic," *Dimplomatic History*, Fall 1994.

★10 *World Orders* 第三章を参照。

★11 Thomas Ricks and Anne Marie Squeo, *WSJ*, June 4 ; Ross Kerber, *BG*, June 4 ; Peter Thal Larsen, "Kosovo conflict highlights real winners in wars" *FT*, June 1, 1999.

★12　Frank Kofsky, *Harry Truman and the War Scare of 1948* (St. Martin's Press, 1993) に引用されている。この問題に関しては、*World Orders* 及びそこで引用されている情報源を参照。主に専門的な研究のみで扱われている重要な問題で、*World Orders* ではそのほんの一部にしか触れていない。リスクの社会的負担その他の国際経済の主要な特徴については、Robin Hahnel, *Panic Rules!* (South End, 1999) を参照。一般的な背景については、Richard DuBoff, *Accumulation and Power* (M.E. Sharpe, 1989) を参照。

★13　Daniel Pearl, *WSJ*, June 4; Charles Pretzlik, *FT*, June 6, 1999.

★14　Craig Whitney, "European Union Vows to Become Military Power," *NYT*, June 4; Warren Hoge "Europeans Impressed by Their Own Unity," *NYT*, June 4, 1999.

★15　Mary Leonard "'Victory for a safer world'," トップ記事見出し。*BG*, June 11, 1999.

★16　Lloyd, *FT*, Jan. 19-20, 1991. 湾岸戦争後の世界の世論については、前掲 *Collateral Damage* の私の論文を参照。

★17　Karim El-Gawhary "NATO's bill of rights," *Al-Ahram Weekly*, May 27, 1999.

★18　Gilboa については、本書第一章注15を参照。

★19　Shiff, *Ha'aretz*, June 11, 1999.

★20　*The Hindu*, May 12, 1999.

★21　社説、*Times of India*, May 8, 1999. *Hindu*, April 9, April 22, 1999.

★22　社説、*Hindu*, June 7, 1999.

★23　Huntington, *FA*, March/April 1999.

★24　Rebecca Johnson, "Troubled Treaties: Is the NPT tottering?"　Michael Crepton, "CTBT [Comprehensive Test Ban Treaty] deadline nears" どちらも *Bulletin of the Atomic Scientists*, March/April 1999.

★25　Hans Kristensen (British American Security Information Council) (BASIC) による、*Nuclear Futures: Proliferation of Weapons of Mass Destruction and US Nuclear Strategy* の付録2。Basic Research Report 98. 2 として刊行。その抜粋は AP "Irrationality suggested to intimidate US enemnies," *BG*, March 2, 1998.および私の "Rogue States,", *Z Magazine*, April 1998.

★26　BASIC Research Report の付録1。

★27　Gilboa 前掲書。イスラエルについては、*Fateful Triangle* ４６４頁以降。

★28　*National Security Strategy of the United States*, the White House, March 1999. *Deterring Democracy* の第一章に抜粋が掲載されている。

★29　Phythian の前掲書41頁。

★30　以下の引用は BASIC 報告書に掲載されている計画用文書からのものである。

★31　有力な分析家による予想や認識については、*Deterring Democracy* 第三章と四章を参照。もう一つの予測は、今や第三世界の利益は自由に無視できるというものである。

★32　前掲書第七章に比較がある。
★33　前掲所第三章に例がある。
★34　Karen Lissakers, *Banks, Borrowers, and the Establishment* (Basic Books, 1993) ２０１頁。システムがどう機能するかについては Hahnel 前掲書。
★35　Michelle Faul, *AP*, Feb. 10. Dina Ezzat によるジャマイカからの報告は *Al-Ahram Weekly*, Feb. 11-17, 1999.
★36　David Peterson が一九九九年二月一日から二一日にかけて三週間にわたり NEXIS データベースを検索した結果。（会議は二月十日から十二日に開催された。）一方、南側諸国では、多くの報道がなされていたことがわかる。

第七章

世界秩序とその規則

セルジュ・シュメマンは、戦争の結果に関する長い分析記事の中で、「ユーゴ爆撃が主権と国際法に対するあからさまな侵害だという批判は、米国以外では広く真理として受け入れられているが、米国のマスコミではほとんど扱われなかった」と述べている。(★1)「意図的な無知」に耽ることのない人びとにとって、このような見解の違いが生じる理由を理解するのは容易である。いくつかの例はこれまでに述べてきた。

丸いものを四角いと証明しようとするイデオローグたちの必死に努力にもかかわらず、すでに相当弱体化していた国際法の機構がNATOの爆撃によってさらに弱くなったことは疑いようもない。米国が、NATOによる爆撃決定に至る議論の過程で、これを明らかにしたことは、これまでに述べてきた。NATO内でも（ギリシャとイタリアのように）紛争地域に近ければ近いほど、ワシントンの武力行使に対する反対は強かった。これは珍しい現象ではない。最近の例の一つは、米英による一九九八年十二月のイラク爆撃である。このとき両国は、安保理に対していつもよりさらに軽蔑的な態度を示した。この爆撃は、時期的にも、イラク危機を扱う緊急安保理会議と同時に行ったという点であからさまな安保理軽視であった。その数カ月前、クリントン大統領が、貧しいアフリカの国☆の医薬生産の半分を破壊したことはもう一つの例である。このような行為も、われわれの「道徳指針」が正義から逸れていることを示すことにはならなかった。米国でこの破壊はわずかしか関心をひかなかったが、イスラムのテロリストが米国の設備を同じように破壊したなら、かなり違った反応を引き起こすであろう。おそらくこれは、例えば簡単に治療できる病気で死んでゆく子どもたちの運命のように「ある文化の中で価値があるとされている」ものを標的とする、STRATCOMが提言している「創造的抑止力」の一例なのであろう。

「貧しいアフリカの国」

スーダンのこと。一九九八年八月七日、ケニアのナイロビとタンザニアのダルエスサラムの米国大使館が爆破された。米国は、これを、サウジアラビア出身のラディン氏の犯行と断定。八月二十日（日本時間八月二十一日午前二時半）、ラディン氏のグループの訓練施設を破壊すると称し、アフガニスタンとスーダン国内へ巡航ミサイルによる報復攻撃を行った。この攻撃の中で、スーダンの首都ハルツーム郊外にある製薬工場「シファア」が毒ガス生産に関わっているとして破壊されたが、その後の調査で毒ガス生産に関わっていたという証拠はあがっていない。

文明国家の代表たる米国には、武力を使って「正しいと思うことを行う」権利が与えられる――この考え方の論拠とされる「習慣と実践」を評価するために妥当なのは事実を観察することであると考えるならば、今すぐきちんと検討されるべき記録が、本書で検討してきたよりもはるかに沢山あるという点を強調する必要はなかろう。

一九三〇年代後半と同様、世界秩序の規則をこれ以上破壊しても大して問題ではないという議論には、それなりの説得力がある。議論の余地がほとんど失われてしまったほど、世界秩序の枠組みに対する世界一の強国の軽蔑的態度はあからさまになった。米国の政府内部文書を見ると、一九四七年に新設された国家安全保障委員会の最初のメモの段階から、こうした態度が存在していたことがわかる。ケネディ政権時代に、この態度は顕著になった、例えば著名な政治家でケネディ政権の顧問でもあったディーン・アチソンは、一九六三年のキューバ封鎖を正当化するために、「米国の権力と地位と威光への挑戦」に対する米国の反応の「正しさ」は「法的な問題ではない」と、米国国際法学会で述べている。「アチソンにとって、国際法を語る真の目的は、単に」、都合の良いときに「「法律上の学説に影響を与えたとても一般的な道徳原理から導かれた精神を利用してわれわれの立場をよく見せる」ことであった(★2)」。

レーガン／クリントン時代最大の革新は、国際法や正式の条約や義務をまったくあからさまに拒否するようになったことであり、こうした拒否が、西洋で、歴史上前例のない素晴しい新時代の「新しい国際主義」と賞賛すらされるようになったことである。けれども、これまでも述べたように、文明諸国家の伝統的な支配領域で暮らす人びとは、この新事態について異なった考えを持っているし、別の理由から、問題を憂慮する強硬派の政策アナリストも存在する。

冷戦が終わったため、アチソン的な皮肉をすら乗り越えることができるようになった。抑止力も世界の意見も気にせずにしたいことを行う文明諸国家にとって、世界秩序は、頭を下げる必要がないものであるどころか、軽蔑の対象ですらある。最近の出来事がはっきりと示したように、必要なのは、「とても一般的な道徳原理から導かれた精神を利用してわれわれの立場をよく見せる」ことだけである。権力者は、自らの特権に奉仕するための「革新的で正当な国際法の拡張」(★3)を勝手に行うことができる。最も顕著な例をあげるならば、爆撃によるコソボ介入は「人道的介入」である一方、NATO内部での民族浄化と国家テロに使われる武器の大規模な提供を停止する必要は認められていない。自由社会に関する(黙殺された)批評の中でオーウェルが述べたように、「少数派の見解が沈黙させられ、また不都合な事実が闇に葬られる」状況では、すべてが円滑に進むだろう。「非人間的な行いを終わらせるために精力を傾ける理想主義的な新世界」に導かれた「文明諸国」にとっては、何が起こったとしても、それは自らが「正しいと思う」限り武力に訴えることができるという「国際関係上の画期的な事件」であることになる。一方、他の人びとは、これを、「自分たちにとって正しいと思える」ときに「武力介入を行う権利」を手にするために文明諸国が発明した、「植民地時代同様」の「道徳的正義の装いをまとった」「ゲームの規則」であると見なしている(ギルボア)。

文明諸国の側から見るならば、このような解釈の違いは、「寛容という西洋的概念」を持たず、また文明世界にとって驚きかつ失望すべきことに「邪悪なことを行う人間の能力」をいまだに克服していない遅れた人びとと、自分たちの「正常な世界」との間を隔てる深い溝を反映している。

こうした状況で、一九〇八年に米国国際法学会が設立されてから、「国際法は、現在、おそらく他の如何なる時代よりも軽視されている」のは驚くに値しない。また、専門家向けの国際法に関する著名雑誌の編集長が、条約履行義務に対する米国政府の軽蔑が「恐るべきまでに悪化」していると警告しても、やはり驚くことではない(★4)。

ジェノサイド条約(集団殺害罪の防止及び処罰に関する条約☆)に基づいて、ユーゴスラビアがNATOを世界法廷に提訴した時には、世界秩序の機構に対する一般的態度は違ったかたちに描きだされた。法廷は、「当事者は全

ジェノサイド条約(集団殺害罪の防止及び処罰に関する条約)
一九四八年十二月の国連総会で採択され、一九五一年一月に発効した条約。一九九八年現在で一二六カ国が当事国であるが、日本は参加していない。

員が国連憲章で定められた義務を遵守して行動すべきである」と述べつつ（ちなみに国連憲章では爆撃は明確に禁止されている）、司法権がないという裁決を出した。ニューヨーク・タイムズ紙は、この表現は「爆撃が国際法違反であることを、ベールに包んで述べたもの」と報じた。(★5) とりわけ興味深いのは、自分の行為は世界法廷の司法権外だという非常に綿密な法的議論を米国政府が提出し、これが世界法廷に認められたことである。米国は、ジェノサイド条約を大幅に遅れて批准したが、批准の際、米国が告訴されるときには「米国による特定の同意が必要である」という保留を付けていた。この度は、米国が条件としている「特定の同意」を米国は拒否した。この件に関しては、ジョン・クルック弁護士が、法廷の規則は双方の当事者が法廷の司法権に合意することを要求していると法廷に指摘し、(★6) 一方、米国にはジェノサイド条約を適用できないという条件で米国は条約を批准していた。これで証明終了である。

米国が保留を付けている事柄はさらに広範にわたることを指摘しておこう。米国は、人権に関係する条約やそれに類する協定をほとんど批准していないし、批准したものについても、それらが（事実上）米国には適用されないよう保留を付けている。(★7)

なぜ米国が国際的義務を拒否するかの説明に持ちだされる議論は興味深い。もし正直さと人としての責任とが重要な価値であると思われているならば、その説明は新聞の第一面に掲載され、学校と大学のカリキュラムに大きくとりあげられているだろう。

米国の威光が圧倒的だった戦後すぐの時期のようには国際法と国際機関が米国政府の命令に従わなくなったので、最高権威を持つ米国は、これらの機関がもはや妥当なものではなくなったことを明確にした。世界法廷が、後に「不法な武力行使」と非難することになった米国のニカラグアに対する武力行為を検討している時、レーガン政権下のミスター潔癖として尊敬されたジョージ・シュルツ国務長官は、「方程式における力の要素を無視して、外からの仲介や国連、世界法廷などといった空想的で法的な方法」を主張する人びとに嘲りを表明した。これは明快かつ率直であるが、決して独創的なものではない。国務省法律顧問のアブラハム・ソファイアは、国連加盟諸国が「われわれの見解を共有することはもはや期待できず」、また、「重要な国際問題に関して大多数の加盟国がしばしば米国に反対する」ため、われわれ米国がどのように行動すべきか、また、何が「米国自らが決定する米国の国内司法裁量下」に入るかについて「自らで決定する権力を保留」しなければならないと説明した。この発言が対象としていたのは、ニカラグアに対する米国の「不法な武力行使」である。(★8)「人道的介入」の権利を創りだすために「革新的で正当な国際法の拡張」について抽象的に語ったり、「正しいと思う」ときに軍事力を行使する権利を文明諸国に与えたりするのは結構である。けれども、同時に、自らを文明国家だと自認する国々は、結局のところ、自らの思うままに行動する国家になることもまた、認識されてしかるべきである。これは、決して偶然ではない。同様に、現実世界には次の二つの選択肢があることもまた。

(一) 例えば国連憲章や国際司法裁判所その他の既存の機構、あるいは、新たに構想可能な、より良く、幅広く受け入れられるような、何らかの世界秩序の枠組み。

(二) 強者が、権力の特権である賞賛を受けることを予期しながら、自らの望むように振舞うこと。

大学院の哲学ゼミにおける抽象的な議論の中では、他の可能な世界も検討対象となるかもしれない。けれども、現在の所、選択肢の(一)か(二)のいずれかが、現実世界で人間に関する問題に影響する決定がなされる際の選択肢である。

現実的な選択肢が(一)と(二)に絞られることは、五十年前の世界法廷ですでに認識されていた。(★9)

世界法廷は、いわゆる介入権を、武力政策の現れであるとしか見なすことができない。これは、過去において非常に深刻な乱用を引き起こしたもので、国際機構にどのような欠陥があるにせよ、国際法の中にはその位置を持たないものである……。介入は、事の性質上、最も有力な諸国のものとなってしまい、容易に、正義の執行自体を阻害することになってしまいかねない。

人は、「意図的な無知」の立場をとって「習慣と実践」を無視したり、あるいは（「成り行きの変化」、「冷戦」その他お馴染みの）馬鹿げた理由を使って問題を忘れてしまうことができる。一方、習慣や実践や明示的な教理を人道的介入に関する実際の歴史とともに真面目に受け取って考えることもできる。後者の選択は、尊敬されるべき規範からは逸脱するが、少なくとも、世界で何が本当に行われているかを理解する可能性を開いてくれる。

それでは、ここから、コソボでは何をすべきだったと言えるのであろうか。この問題に対する答えは与えられない。抽象的な原理から回答を演繹することはできないし、敬虔な希望からはなおさらである。回答を得るためには、現実世界の状況に対して慎重に注目する必要がある。

米国は、（予想した通りに）残虐行為と暴力をエスカレートさせることとなった行為を選びとった。これが妥当な評価だと私には思える。これにより、略奪常習諸国からの攻撃に対する保護を多少なりとも弱者に与えていた国際秩序にはさらなる打撃が加えられ、ユーゴスラビアとおそらくはマケドニアの民主化は阻害された。また、軍備縮小と核兵器などの大量破壊兵器のある程度の統制可能性の見込みも後退した。実際、自衛のためには「大量破壊兵器を手に入れる」以外「選択の余地はない」状況に多くの国が追いやられるかも知れない。論理的に可能な選択肢の中で、米国は（一）破局を増大させるように行動することを選び、（二）何もしない、及び（三）破局を軽減しようとするという選択肢を却下した。選択肢（三）は現実的だったろうか。はっきりとは言えないが、現実的だったかも知れないことを示す出来事があったことは先にも述べた。

コソボ自体に関しては、初めから、「セルビアに落ちる爆弾の一つ一つ、そしてコソボでの一つ一つの民族殺害のすべてが、セルビア人とアルバニア人が何らかの平和の中で共存することはとてもできないことを示唆する」ものだというもっともらしい見解があった。(★10) 他のあり得る長期的帰結について考えるのは楽しいことではない。最もひかえめに言っても、NATO版公式合意のNATOによる即時実行は、片づけるべき「山積みの難問」を残した（中でも最も緊急なのは、爆撃の「影響」の問題である）。

われわれは何かしなければならなかったというのが標準的な議論である。残虐行為が続いていた間、何もしないわけにはいかなかったと言われてきた。武力に訴える以外に道はなかったとトニー・ブレアは述べ、沢山の人が冷静に合意して頷いた。「何もしないことは、ミロシェビッチの蛮行を認めたことを意味した」[★11]。暗黙に仮定されているように第三の選択肢（破局を軽減すること）を除外したとして、（一）破局を増大させるように行動することと（二）何もしないことという選択肢だけが残されたならば、われわれは（一）を選ぶべきである。このような議論が出てくること自体、爆撃支持者たちの救いがたい状態を示している。路上で犯罪に出会い、黙って何もしないわけにはいかないと思ったので、狙撃ライフルを手にして関係者を（犯罪者も被害者も傍観者も）皆殺しにしたとする。われわれは、ブレアが述べた原則に従い、この行為を合理的で道徳的な反応と考えるべきなのであろうか。

いつも選ぶことができる一つの選択肢は、ヒポクラテスの原理に従うことである。すなわち、「何よりもまず害悪をなさないこと」。その単純な原理にどうしても従えないときには、何もすべきでない。それは積極的に害悪をなすよりましである。コソボの場合、空爆が害悪を与えることは事前に「予想し」えたことであり、実際、予想された通りの結果となったことに注意しよう。平和的な手段がどうしても見つからず、何もしないかあるいは大きな害悪をなすかどちらかの選択肢しかないこともあるだろう。そのような時、わずかでも道徳を持っていると言い得る人ならば、ヒポクラテスの原理に従うだろう。もちろん、何も建設的なことはできないことがまず示されなくてはならない。コソボの場合には、別途述べたように、そして遅まきながら徐々に理解されはじめてきたように、外交的な解決への道が残っているように思われたし、それは実を結んだかも知れないのである。

抑止のシステムが崩壊し（このためより自由に行動できるようになった）、冷戦時代の口実が実効性を失った（したがって新たな口実が必要となった）ため、「人道的介入」の権利という説明は、今後もっと頻繁に持ちだされることになるだろう。それが正当化される場合もあれば、されない場合もあろう。このような時代には、介入と「人道的援助」に関して、米国に拒絶され主要点は報道すらされなかった採決を世界法廷が下したことを忘れないようにし、また、尊敬を集めている人びとの意見に注目することは大切かも知れない。

国際問題と国際法の領域で、ヘドリー・ブルとルイス・ヘンキンよりも尊敬を集めている人を探すのは難しいだろう。ブルは十五年前、「他の国の意見を無視し、世界の共同利益を判断する権威を持つ判事であると自称する国家や国家集団は、実は国際秩序にとっての脅威であり、また、国際秩序のための実効的な行動にとっても脅威である」と述べた。また、ヘンキンは、世界秩序についての必読書の中で次のように述べている。

武力行使の禁止を弱めようとする圧力は嘆かわしく、そうした中で武力行使を正当化しようとする議論は説得力がなく危険でもある……「人道的介入」すら、あまりに容易に侵略行為の機会と口実に使うことができる。実際のところ、人権侵害はとても日常的に起こっており、外からの武力行使によってそれを改善することが許されるならば、ほとんどすべての国によるほとんどすべての国に対する武力行使は法律では禁止できなくなってしまうだろう。人権の正当さを示しさまざまな不正を改善することは、侵略行為への門戸を開き、戦争の非合法化と武力行使の禁止という国際法の最も重要な進歩を破壊することによってではなく、それ以外の平和的な手段によって行われるべきであると私は信じている。(★12)

これらは、簡単に無視すべきでない見解である。

国際法と世界秩序の原則や条約の義務、世界法廷の裁決、尊敬を集めている人びとの重要な発言などから、特定の問題に関する一般原則や解決が自動的に得られるわけではない。それぞれの問題はそれぞれの性質に応じて考慮されるべきである。サダム・フセインの基準を採用しない人びとにとって、武力による威嚇や武力の行使には、重大な立証責任が伴う。立証可能な場合もあろうが、証明したと宣言するだけではなく、証明を示さなくてはならない。結果は、特にそれらが「予想できること」であった場合、慎重に評価すべきである。行動の理由についても理性的に評価する必要がある。そのとき、われわれの指導者に対する賞賛や、賛美者たちが指導者に与えた「原則と価値」に対する賞賛に基づいてではなく、歴史の事実と記録に注意して評価しなくてはならない。

原注

★1　Schmemann, "Now, Onward to the Next Kosovo. If There Is One," *NYT* "Week in Review," June 6, 1999.

★2　*Proceedings of the American Society of International Law* 13, 14 (1963) からのLouis Henkin, *How Nations Behave* (Council on Foreign Relations, Columbia, 1979), 333-4による引用；Trachtenberg, *op. cit.*, 1961年のAcheson Report (Kennedy Library) を引用して。

★3　Weller, *op. cit.*

★4　*ASIL Newsletter*, March-April 1999. Vagts, *op. cit.*

★5　Ian Bickerton, *FT*, June 3 ; Marlise Simons, *NYT*, June 3, 1999. この訴追における法的根拠も対象となっている期間も、ユーゴスラビアに対する逆訴追を避けるために作られたもので馬鹿げている。

★6　Crook, Assistant Legal Advisor for United Nations Affairs, U.S. Department of State, Counsel and Advocate ; Court Proceedings, May 30, 1999. に公表されたもの。

★7　*Human Rights Violations in the United States* (New York : HRW/ACLU, Dec. 1993). レビューとしては "The U.S. and the 'Challenge of Relativity'" を参照（第三章原注71）。

★8　Shultz, "Moral Principles and Strategic Interests," U.S. Department of State, *Current Policy* No. 820, ワシントンによるリビアへのテロ爆撃に合わせて行われた一九八六年四月十四日の講演。*Necessary Illusions*, App. V. 2. も参照。Sofaer, "The United States and the World Court," U. S. Department of State, Bureau of Public Affairs, *Current Policy* No. 769 (Dec. 1985). より包括的な解説としては、私の "'Consent without Consent': Reflections on the Theory and Practice of Democracy," *Cleveland State Law Review* 44. 4 (1996) を参照。

★9　一九四九年のコルフ海峡事件（英国とアルバニアとの間で争われた）を巡って。Haas, *op. cit.* の巻頭引用より。

★10　Kevin Done, *FT*, March 27/28, 1999.

★11　Blair, "A New Generation"（19頁を参照）

★12　Bull, "Justice in international relations," *1983 Hagey Lectures*, U. of Waterloo, Waterloo, Ont., 1983, 1-35. Henkin, *op. cit.*, 144-5; Murphy, *op. cit*, はこの部分を極めて重要なものとして引用している。

エピローグ

一九九九年を振り返って

コソボを巡る大騒ぎが収まった今、NATOの戦争をある程度冷静な目で振り返り分析することができる。この戦争が、西洋の知識人階級の間に過剰なまでの興奮を引き起こし、尊敬すべき人びとの口から、歴史上初めて「原則と価値の名のもとで」行われた戦争であるという称賛の波がもたらされ、また、世界秩序に関する古くさい概念の足枷から遂に自由になって「非人間的な行いを終わらせるために精力を傾ける理想主義的な新世界」の導きのもとで、「文明諸国」によりすべての人びとの人権が守られる「新しい時代」への大きな一歩であったと声高に言われていたことを思い起こすならば、(★1)一九九九年末に、コソボ空爆の話題が新千年紀の到来と関わって話題を独占したのではないかと期待するかもしれない。けれども、実際には、コソボ問題に言及されることはほとんどなかった。

例外的に、ウォール・ストリート・ジャーナル紙が、一九九九年十二月三十一日号の巻頭記事で、実際に何が起きたのか分析している。(★2)見出しは「コソボでの戦争は残忍で苦痛に満ち、野蛮だった。ジェノサイドではなかった」である。同記事の結論は、戦争中の宣伝とかなり鋭い対比をなしている。当時は、空爆開始後一週間に期間を絞って、コソボにおける「ジェノサイド」をデータベースで検索すると、上限の一千件に達して検索が打ち切られるほど大量に「ジェノサイド」という言葉が用いられていた。(★3)

NATO軍がコソボに進入したとき、戦争犯罪の証拠を発見するために莫大な努力がなされた。それは、証拠を一つでも失わずまた見逃さないための「速度と効率の見本」といえるほどであり、「過去の過ちから学んだ教訓の上に打ち立てられた」努力であり、また、「戦争犯罪者の責任をうやむやにしないことに関する国際社会の関心の増大」を反映したものであると言われた。さらに、ある分析によると、「犯罪の規模を証明することは、セルビア軍とセルビアの社会基盤に対する七十八日間の空爆がなぜ必要だったかを示すために、政治的な意味でも重要だった」。(★4)

この、広く受け入れられている論理は、非常に興味深い。セルビアによる大規模な犯罪が空爆開始後に起こったことについて議論の余地はない。大規模な犯罪は空爆の理由ではなく結果である。犯罪を増大させてしまった行動の遡及的正当化に、その行動の結果起こった犯罪を利用するのは、非常に厚顔である。

「学んだ教訓」の一つは、東チモールでの真剣な犯罪調査を避ける必要性であり、これは速やかに実行に移された。☆ 東チモールはまったく「速度と効率の見本」とはならなかった。国連平和維持団の要請にもかかわらず、検死の専門家はほとんど送られなかったし、送られたのは四カ月もたって、雨期に入り、雨が重要な証拠を洗い流してしまったあとであった。平和維持団の派遣自体も、東チモールがほとんど全面的に破壊され、人口のほとんどが追放されてからようやく実現した。コソボとの違いを理解するのは難しくない。東チモールで犯罪を行ったのはインドネシアの国家テロリストたちであり、西洋は虐殺の最後の最後までインドネシアを支持をしていた。それゆえ、抑止も責任明確化もほとんど議論の対象とならなかった。これとは対照的に、コソボでは、教条システムが確立した興味深い原理に従って、ひどい犯罪の証拠を、NATOによる戦争の正当化に使うことができた。

集中的な努力にもかかわらず、ウォール・ストリート・ジャーナル紙が「大量墓地に対する強迫観念」と呼んだ調査の結果は失望するほど貧しいものだった。見つかったのは、「調査者の何人かが予期していたような大規模な虐殺の地」ではなく、「あちこちに散らばった殺害というパターン」であった。「低度民族浄化」である。人権調査の研究家たちによると、「殺害と放火のほとんどは、分離主義のコソボ解放軍（KLA／UCK）が活動していた地域」あるいはKLA／UCKが侵入できた地域で起きており、それは、「選択的テロ、略奪、時によっては殺害という手段を用いてKLA支持地域を一掃しよう」という試みだった。このような結論は、一九九九年十二月に公開されたOSCEの報告書からも確認できる。同報告書も、「追放は、反乱軍により制圧された地域と可能な侵入路沿いに集中しており、軍事的な理由を見て取ることができる」としている。(★5)

ウォール・ストリート・ジャーナル紙の分析は、「疲れはてた報道陣が、市民はNATOの爆撃により殺されたという、正反対の捉え方に次第に傾いているのを見た」ため、NATOは、「セルビアの「虐殺の地」という主張を強化した」と結論している。NATOのジェーミー・シーア報道官は、KLA／UCKから出た「情報」を発表した。難民や他の情報源によるものとされた恐ろしい残虐行為の報告が広く伝えられたが、その多くは本当ではなかったとウォール・ストリート・ジャーナル紙は結論している。一方、NATOは自らの残虐行為を否定しようと試みていた。例えば、「昨年（一九九九年）四月、セルビアで、橋を渡ろうとしていた列車の少なくとも十四名を殺した」事件について、NATOは「三倍速で見せた」偽りのビデオテープを公表し、「列車があまりに速く走っていたためミサイルの軌跡を変えるのが間に合わなかった」ので、この事件を避けることができなかったと見せかけようとした。(★6)

それにもかかわらず、ウォール・ストリート・ジャーナル紙は、遡及的正当化の原則に従って、大規模な追放作戦を含む「憎んで余りある」犯罪行為がNATOによる爆撃を「正当化するに十分であるかも知れない」と結論している。

OSCEが発表した分析は、一九九九年五月に国務省がミロシェビッチとその同胞に対して行った訴追のための報告、そのすぐあとでユーゴスラビア戦争犯罪国際法廷に提出された公式の訴追文書に続く、セルビアの犯罪に関する第三の主要な情報源である。前二者はとても似通っているが、これはおそらく、国際法廷による「非常に迅速な訴追」が、「これまで西洋諸国政府が［法廷に対して］その存在を否定していた」米英の「諜報部やその他の情報」に基づいていることによる。東チモールに関する戦争犯罪法廷は開かれそうにないが、仮に開催されたとしても、こうした情報が提供されることを期待する人はほとんどいない。米国国務省は、一九九九年十二月、セルビアに対する訴追を更新したが、そこでは、空爆に対する決定的な正当化を意図して戦争後に難民や調査者たちから得

東チモール
二〇〇〇年六月、米国は九九年九月に一時停止したインドネシア国軍との協力関係・援助を再開すると発表した。インドネシアのNGO数団体はそれに抗議し、米国議会に手紙を送っているが、それによると、九九年八月まで米国はインドネシア国軍への援助や共同訓練を行っており、九九年八月に米国の訓練プログラムCARATに参加したインドネシア軍兵士の一部はその後すぐに東チモールに派遣され、九九年九月の虐殺と破壊に従事した。

たあらゆる情報が付け加えられている。[★7]

二つの国務省報告書でも、戦争犯罪国際法廷の訴追調査書でも、具体的な年代表記を伴う事件は、ほとんどすべて、一九九九年三月二十四日の空爆開始以後のものである。それゆえ、一九九九年十二月の国務省報告は、三月二十二日にNATOが発表した空爆を改めて公式に宣言した三月二十三日に起こった処刑についての難民の報告に言及している以外は、「三月後半」とか「三月以降」といった曖昧な言葉を使っている。[★8] ただ一つの重要な例外は、一月十五日のラチャクでの四十五人の虐殺である。けれども、これが爆撃の動機では有りえなかったことを示す十分な理由が二つある。第一に、OSCE監視団も他の国際的監視団も（NATOも）、ラチャク虐殺は孤立した事件であり、それ以後爆撃までの間これに類する事件は起きていないと報告している。これについては後に立ち戻ることにする。第二に、米国とその同盟者たちにとってこうした虐殺はそもそもほとんど関心の対象ではない。第二の点については膨大な証拠がある。ラチャク虐殺後まもなく、東チモールのリキサ村の教会にインドネシアのテロを避けて避難していた人びとが五十人以上インドネシア軍とその手先の準軍組織に虐殺された事件でも、このことは改めて証明された。孤立した事件であるラチャク虐殺とは違い、リキサ虐殺は当時東チモールで頻発していた多数の虐殺の一つであり、その犠牲者はミロシェビッチの手による犠牲者よりもはるかに多く、信頼できる教会からの一九九九年八月六日の情報では三千人から五千人が殺されたという。これは、NATOが発表した一九九八年一年間のコソボでの双方の死者の約二倍である。歴史家ジョン・テーラーは、東チモールにおける一九九九年一月から八月三十日投票日までの犠牲者を五千人から六千人と見積もっている。[★9]

米国と同盟諸国は東チモールでの虐殺にいつも通りの対応を示した。すなわち、殺害者インドネシアへの軍事援助やその他の援助を継続し、軍事協定を維持し、一九九九年八月に至るまで共同軍事訓練を続ける一方、東チモールの治安は「インドネシア政府が責任を負うものであり、われわれはその責任をインドネシア政府から取り去ることは望まない」[★10]と主張し続けたのである。

コソボの件に戻ると、要するに、米国国務省と国際法廷はいずれも、空爆キャンペーンについても、その準備のために三月二十日にOSCE監視団を撤退させたことについても、正当化のための真面目な努力を何ら行っていないのである。

OSCEの調査も、国務省報告や国際法廷の訴追調査書と大変似通っている。OSCE報告書は、「三月二十四日にNATOの空爆が始まってから起こった、住民の追放と強盗、殺害、強姦、誘拐、略奪の大規模な増加というパターン」を記録している[★11]。同報告書は三月二十四日に「NATOが最初の空爆を行ってから、事態に最も顕著な変化が起きた」としている。「一方では、殺害や家の略奪といった無法状態が支配する中で、事態はいかなる権威の統制をも離れてしまったかに見えた。その一方で、都市からの何千人もの住民の大規模な追放は、三月の最後の週と四月上旬にその大部分が起きたのであるが、これはある一定のパターンに従っており、事前によく計画されていたものと考えられる[★12]」。

「と考えられる」という表現は控え目に過ぎる。書かれた証拠がないにせよ、セルビアが住民追放の計画を準備していたこと、そしてNATO軍の直接侵攻も予見されたNATO空爆下で、その計画を実行に移す可能性が高かったことは、ほとんど疑いない。空爆に対する対応として実行に移された計画の存在により空爆を正当化するという議論はよく見られる。繰り返すが、この論理は非常に興味深い。同じ原則に従えば、米国には、核拡散防止条約に署名した核非保有国に対する攻撃を含む先制攻撃計画が存在するのであるから、米国を標的にしたテロ攻撃は、それが米国からの核攻撃を引き起こすならば、正当化される。同様に、イランがイスラエルにミサイル攻撃を加えることも、イスラエルがそれに対して――おそらく存在する――計画を実行に移し、パレスチナ人住民の追放を行うならば正当化されることになる。

OSCE調査報告書は、さらに「一九九九年三月二十日にOSCE―KVM（監視団）が撤退して以降、特に三月二十四日ユーゴスラビア共和国に対するNATOの爆撃が始まってから、セルビア警察及び／あるいはVJ（セルビア軍）は、しばしば準軍組織とともに、村から村を巡回し、また街では地域から地域を巡回し、コソボのアルバニア人を脅迫して追放していった」と報告している。[★13] 監視団の撤退は、また、KLA／UCKによるセルビア人警察官の待ち伏せ攻撃を加速し、それは警察の「強硬な反撃」を呼び起こした。状況は、「戦争前の状態、すなわち、セルビア人市民を誘拐し、[★14] 警察官や軍人を待ち伏せしていた反乱軍にセルビア軍が対決していた状況」からさらにエスカレートしたのである。

空爆前の状況

NATOが武力行使にでた理由を理解するためにもっとも重要なのは武力行使が決定される前の数カ月である。そして、当然のことながら、その期間についてNATOがどのような知識を持っていたかは、NATOが国連安保理の承認なしにユーゴスラビア爆撃を決定したことを真面目に評価するためには決定的に重要である。幸い、この期間について、われわれは詳細な直接の証拠を持っている。すなわち、KVM監視団や他の国際監視団の報告書である。残念ながらOSCEの調査はこの期間について簡単にすませており、ほとんど証拠をあげていない。むしろ、監視員たちが撤退してからの期間に調査は集中している。[★15] けれども、KVM報告のいくつか、そしてNATOの報告書や他の国際監視団の報告書は入手可能であり、これらは詳しい検討に値する。

検討を始める時期として妥当なのは、戦闘により移住させられた多くの人びとの帰還を実現した停戦協定が破棄された、一九九八年十二月である。[★16] それ以来撤退まで、監視員たちは、セルビア治安部隊やKLAの準軍組織から時により嫌がらせを受ける以外は、「人道活動家は概ね妨害されずにコソボ全域に行くことができた」と報告している。それゆえ、この期間の報告は包括的であると考えることができる。

国際赤十字（ICRC）の報告によると、一九九八年十二月の「最も深刻な衝突」は、FRYとアルバニアの国境で起こったもので、「市街地域の公共の場所で起こった最初の意図的攻撃のようであった」。国連機構間速報は、それらが、アルバニアからコソボに越境侵入しようとした武装アルバニア人たちによる試みであるとしている。武装した人びとの間に少なくとも三十六名の死者が出たほか、この衝突には、セルビア系住民が大多数を占める都市ペチのカフェで、覆面をした人物が発砲し、十代のセルビア人六名を殺害した事件も含まれている。次に起きた事件は、コソボポリエ市副市長の誘拐と殺害であった。NATOはこれをKLA／UCKによるものとしている。さらにもう一つ、「KLAによる誘拐」の報告が続いている。十二月二十四日の国連事務総長の報告は同じ証拠を検討しており、十二月七日までにKLAにより二八二名の市民と警察が誘拐されたというFRYの数値を引用している。このとき起こっていたのは、十月の停戦後、「コソボのアルバニア系準軍組織が戦闘の小康状態を利用して、コソボの多くの村を再び制圧し、都市部中心街や高速道路付近を制圧しようとし……その結果（セルビア当局から）、もし（KVMが）それら部隊を統制できないなら、政府がするという声明が出された」という事態である。

国連機構間速報一九九九年一月十一日報告も同様である。そこではセルビア治安部隊とKLAの戦闘が報告されている。加えて、「一九九八年十月の停戦宣言以来最も深刻な事件として、速報で扱っている期間に（おそらくKLAによって行われたとされる）殺害数の増加が観察され、それに対する政府治安部隊による復讐行動が加速している」。同速報は、過去十一日の間に「無差別暴力」で二十一名が殺されたとし、そのうち一件のみを次のように引用している。「プリシュティナのカフェ」の外で爆弾が爆発し、「三人のセルビア人青年が怪我をし、セルビア人市民によるアルバニア人への復讐が引き起こされた」。この手の事件としては、州都で起きた最初のものである。他に引用されている主な事件は、KLAによる八名の兵士の誘拐、セルビア人市民一人の殺害、三名のセルビア人警察官の殺害である。NATOによる同時期の報告も同様であるが、さらに事件が加わっている。セルビア軍（VJ）による市民とKLA設備への爆撃で「少なくとも十五名のコソボのアルバニア人」が殺された事件、KLAによるセルビア人判事一人、警察、市民の殺害等々である。

次に起きたのが一九九九年一月十五日のラチャク虐殺であり、その後はまた、それ以前と同様の状態に戻っていることが報告書からうかがえる。二月二十日のOSCE月報は、状況を「不安定な」ものと報告している。セルビア側とKLAとの「直接の交戦は……非常に減った」が、KLAによる警察署襲撃と「散発的な銃撃戦」は続き、「時によって、VJが重火器を用いることもあった」。「報告書が扱っている時期の終盤の主な特徴は、コソボ中の街で、公共の場所での一般市民に対する無差別爆撃や銃の掃射といった都市テロリズムが警戒を要するまでに増加したこと」である。これらは、「執行者を特定できず」、「犯罪目的か政治目的か」いずれかによるものである。次いで、同月報では警察とKLAの対立、KLAによる「五名の高齢のセルビア人」の誘拐、KLAとVJ双方の、安保理決議不遵守が扱われている。「都市部での暴力が非常に増加した」中で、五名の市民が殺害された。そのうち三人はアルバニア人経営の食料品店の外で爆発した爆弾によって殺された。さらに、「KLAがアルバニア人コミュニティーを「警備」し、セルビア人への協力者と告発された人びとに対して処罰を加えているという報告が増加し」、また、セルビアへの協力者と見なされた人びとやセルビア人警官の殺害や誘拐も行われた。「対立の循環は、一般的に言って」、KLAによるセルビア警察と市民への攻撃、それに対する「FRY当局によるはるかに大きな反撃」、そして「また別のところでのKLAの活動」というかたちをとっている。

一九九九年三月十七日の国連事務総長月例報告書で、事務総長は、セルビア治安部隊とKLAとの衝突は「比較的小規模に続いている」一方、一般市民が殺害や処刑、拷問や誘拐を含む「暴力的行為の主な標的へとますますなりつつある」と報告している。一月二十日から三月十七日までの間に、UNHCRは、アルバニア人とセルビア人（及びロマ人）「六十五名以上の暴力的な死を記録している」。これらは、カフェや商店への拳銃や爆弾による個別の殺害と報告されている。犠牲者の中にはセルビアへの協力者と見られたアルバニア人や「社会関係について開いた心を持ち、柔軟であることで知られていた市民」が含まれていた。

OSCEの三月二十日付月報でも同様の状況が報告されていた。それによると、「KLAによる、警察に対する、挑発されたものではない攻撃」があり、セルビア治安部隊員の負傷者が増加したと同時に、「一般市民を巻き込む軍事作戦」、「一般市民を標的とした無差別都市テロ攻撃」、犠牲のほとんどがアルバニア人である「執行者を特定できない殺害」、「中央からの指令に基づいて行動している」KLA「治安部隊」によるものとされるアルバニア市民の誘拐などが起こっている。次いで、個別の事件が報告されている。

NATOが出した最後の報告書（一九九九年一月十六日から三月二十二日までを扱う）では、「UCK部隊や司令部を駐留させていると疑われた村々に対する過酷なセルビアの攻撃」を含む半ダースほどのセルビア治安部隊による報復やKLAとの交戦に加えて、数十の事件があげられている。その約半数はKLA／UCKによるもので、半数はセルビア治安部隊によるものとされている。報告されている負傷者はほとんどが軍人で、その規模はそれ以前の月と同程度である。

こうした状況を相対的に判断するために、米国の支援を受けて、南レバノンに安保理の命令を無視して居座っていたイスラエル軍やその手先のレバノン人傭兵がレバノン人レジスタンスの攻撃を受けたときに、イスラエル軍がいつも行う軍事作戦による残虐行為と破壊を考えてみるのがよかろう。それ以前と同様に、一九九〇年代を通して行われたイスラエル軍による攻撃は、NATOが自らの領土と主張する場所で行われたFRY治安部隊によるどんな攻撃よりも大きい。

コソボでは、一九九八年十二月に停戦が破られてから一九九九年三月二十二日NATOが空爆を決定するまでの間、大きな変化は報告されていなかった。むろん、（孤立した事件であると考えられる）ラチャク虐殺を除いたとしても、FRY当局と治安部隊が深刻な犯罪に従事したことは疑いない。けれども、報告は、そうした犯罪がNATOによる爆撃の理由であるという主張に信憑性を与えるものではまったくない。同時期に起こっていた同規模のあるいはそれよりはるかにひどい残虐行為に対して、米国とその同盟諸国は何もしなかったか、より重要なことには、虐殺者への支援を維持し、増加させすらした。例を数えあげるのは非常に簡単である。まさに同じ時期の東チモールは、最も明らかな例である。

遡及的正当化・二重基準・歴史の書き換え

コソボからの大規模な人口流出は、三月二十四日の空爆開始直後から起こった。三月二十七日に国連難民高等弁務官事務所（UNHCR）は四千人がコソボから流出したと報告しており、四月一日からは、数が増加したため、UNHCRは流出者数を毎日報告し始めた。また四月五日からは人道的避難計画を開始している。三月の最終週から六月の戦争終了までの間に、「FRYとセルビアの部隊はコソボのアルバニア人八六万三〇〇〇人をコソボから強制退去させている」とOSCEは報告している。また、数十万人が国内で移動させられた他、セルビア人やジプシー等も逃げ出したが、その数は不明である。(★17)

米国と英国は空爆作戦を何カ月も前から計画しており、空爆が引き起こすであろうこうした結果を予測できなかったとは考えにくい。一九九九年三月上旬には、イタリア首相マッシモ・ダレーマがクリントンに、空爆が引き起こすであろう大規模な難民流出を警告しており、クリントンの国家安全保障アドバイザー、サンディ・バーガーは、これに答えて、その際には（さらに恐ろしい結果となるであろうが）「NATOは空爆を続ける」と述べている。米国の情報局も、欧州監視団の予測を繰り返して、「難民の爆発」と民族浄化キャンペーンが起こるだろうと警告していた。(★18)

空爆開始後、米国＝NATO司令官ウェスリー・クラークは、報道陣に対し、セルビアによるテロ行為が激化することは「完全に予想できること」だったと述べている。そのすぐあと、クラークは再び、「軍当局は、ミロシェビッチが行うであろう残虐な行動を、彼がそれを効果的に行うであろうこととともに、全面的に予想していた」と述べている。さらに彼はその数週間後に、「政治指導者たち」が計画したNATOの作戦は、「セルビア人による民族浄化を防ぐためのものではなかった。また、セルビアとコソボのMUP（内務省警察部隊）に対する戦争を行うためのものでもなかった。まったくそうではなかったのである。こうした意図はまったくなかったのだ。それが目的ではなかった」と説明している。クラーク司令官はさらに、空爆に対するセルビアの衝撃的な対応が起こってからNATOが喧伝し始めたセルビアによる強制追放計画について、その「蹄鉄作戦」の存在を「私は知らなかった」と言っている。[★19]

難民救援に対して第一に責任を負う国際機関はUNHCRである。「戦争終結時に、英国のトニー・ブレア首相は、個人的に、UNHCRの職務遂行に問題があることを批判した[★20]」。有力諸国の資金撤退がなければ、UNHCRの職務がより問題なく遂行されていたことは明らかである。大国が資金を引き揚げたため、UNHCRは一九九八年に十五パーセントの職員を削減しなくてはならなかった。一九九八年十月、空爆計画がたてられていた時期に、「文明国家」により引き起こされた財政難のため、UNHCRは、一九九九年一月までに残りの職員の五分の一を削減しなくてはならないと発表した。[★21]

要約すると、民族浄化等の残虐行為が急激に悪化することが予想される中、KVM監視員たちは撤退させられ、空爆が開始され、実際、直ちに残虐行為が悪化した。しかも、その前に、難民救援に責任を負う機関から資金が引き揚げられていたのである。遡及的正当化の教義のもとでは、空爆後に起こった極悪犯罪は、おそらく、NATOによる空爆を「正当化するに十分」であると考えられている。

犯罪を犯した人間はその犯罪に対して第一に責任がある。結果を予期しながらその人間を挑発した人びとには二次的な責任がある。そして、犠牲者の苦悩を増大させるように行動した場合、その責任が増加することはあっても減少することはない。犯罪を扇動する行為を正当化するために唯一の可能な議論は、もしそうしなければ、よりひどい犯罪が行われていたであろうというものである。国家による暴力を支持する議論として歴史上最も感嘆すべきものであるこうした主張を正当化するためには確固とした証拠が必要である。コソボの場合、証拠を探しても徒労に終わるばかりでなく、そもそも証拠が必要だという認識すら存在しない。

それにもかかわらず、この議論を真面目に考えてみよう。実は、この議論による行為の正当化は、その行為の結果起こった犯罪が大きければ大きいほど成り立たなくなる。もしNATOの空爆の結果被害を受けたコソボのアルバニア人が誰もいなかったならば、空爆決定は、彼らに対する犯罪を阻止できたと言うことで正当化され得るかもしれない。逆に、犯罪の規模が大きければ正当化できない。それゆえ、実は空爆支持者たちが、自らも責任を負っている犯罪が最悪のものであると主張しようと試みているのは奇妙なことである。本来は逆のはずである。この奇妙な態度は、NATOの爆撃により挑発された犯罪が爆撃に対する遡及的正当化となるという教義をうまく確立したことの反映であるように思われる。

教条操作の離れ業はこれだけではない。NATOが「二重基準」を採用しているという主張を巡る論議も、教条操作のもう一つの成功例である。これによると、他の人道的危機から「目をそらし」たり、それらを回避するためには「ほとんど何もしていない」ことが、二重基準の証拠である。この論議に参加する人たちは、NATOはコソボで人道的原則に導かれて行動したという点に合意していなくてはならないが、まさにこれこそが問題の焦点である。それを棚上げしたとしても、クリントン政権は東チモールやコロンビア、他の多くの場所で起こっている残虐行為に対して単に「目をそらし」たり「ほとんど何もしていない」わけではない。それどころか、同盟諸国と一緒になって、しばしば熱心に決定的なまでに残虐行為をエスカレートさせてきたのである。おそらく、トルコの事例――NATO内部であり、また欧州司法権の管轄下にある――はここで最も妥当な例であろう。クルド人に対してトルコが行っている民族浄化や他の犯罪行為は非常に大規模なものであり、クリントン政権からの莫大な軍事援助のもとで行われてきた。米国の援助は残虐行為の増大とともに増やされてきた。このことは実質的に歴史から消し去られた。コソボでの民族浄化の影のもとで一九九九年四月に行われたNATOの五十周年記念会で、参加者やコメンテータたちはコソボでの犯罪を許すことができないと熱弁した一方、トルコの残虐行為には言及しなかった。NATO内部で行われている犯罪は許すことができ、また奨励されるべきですらある。報道が言い訳めいたことを言うこともまれに例外的にはあったが、それでもコソボ作戦へのトルコ軍の参加は高く称賛されていた。「人道的介入」を巡るより最近の議論は、トルコによる残虐行為に対する米国の決定的な役割についての言及を避けるか、あるいはこの話題自体をまったく無視するかのどちらかである。[★22]

プロパガンダ・システムが、自らの教義を議論の前提として採用したことは、プロパガンダ・システムの類い稀な成功である。これらは、人道的意図のベールのもとで行われる将来の行為に適用されるべく「学んだ教訓」である。

遡及的正当化の原則が馬鹿げていることは、当然、多少なりとも認識されていた。それゆえ、NATOによる爆撃を正当化しようとする試みはさまざまなかたちをとった。典型的なものの一つは、「セルビアは、分離主義アルバニア人ゲリラ運動を潰すためにコソボを攻撃したが、一万人の一般市民を殺し七十万人の人びとをマケドニアとアルバニアでの難民生活へと追いやった。NATOは民族浄化からアルバニア人を守るという名目でセルビアを空から攻撃したが、セルビア人市民数百人を殺害し数万人もの人びとが都市部から田舎へ流出する結果となった」[★23]というものである。事態がこの順に起こったと仮定するならば、空爆を正当化する理屈を作ることができる。けれども実際の順序が逆であることに議論の余地はない。

このようなやり方はメディアで頻繁に用いられており、しばしば研究者も同じような立場を取る。戦争に関する評価の高い本のなかで、歴史家デビッド・フロムキンは、議論なしに、米国とその同盟諸国は「愛他主義」と「道徳的熱意」のみから行動を起こしたと確言しており、米国と同盟諸国が「百万人以上のコソボ住民が故郷から追放されようとする事態に対して」爆撃をもって「対応し」、「苦痛の恐怖や死から」彼らを救おうとしたとき、「世界政治において力の利用に関する新しいアプローチ」が展開されたと述べている。彼がここで言っているのは、空爆の結果、予想された通りに追放された人びとのことである。戦争を法的に根拠づける議論の中で、政治学教授ルス・ウェッジウッドは、検討なしに、NATOによる空爆の目的が「ベオグラードによるコソボからのアルバニア系住民追放を止める」ことであったと仮定している。この追放は爆撃により促進されたもので、また、ウェッジウッドが述べた目的は、NATO軍の司令官に知らされていなかったし、司令官自身強く否定しているものである。国際問題と治安の専門家アラン・クパーマンは、東チモールとコソボでは、「経済制裁と空爆の威嚇が悲劇的な反発を引き起こし」、「西洋の介入は広範にわたる虐殺を止めるには遅すぎた」と書いている。コソボでの空爆は、「広範にわたる虐殺を止めるには遅すぎた」のではなく、それより前に行われ、予想通り虐殺を刺激した。東チモールでは「悲劇的な反発を引き起こし」た西洋諸国の行為など存在しない。武力行使は提案されなかったし、経済制裁の威嚇も、虐殺が完了したあとまで引き延ばされた。国際法上ポルトガル統治下にあった東チモールには、国連平和維持軍が国連規約に従って「介入」したのであり、それは東チモールを侵略し大規模な虐殺行為を行ってきたインドネシアへの直接支援を西洋有力諸国が停止したあとであって、そのとき、インドネシア軍はすぐに撤退したのである。(★24)

事実に対するこうした改変は、至るところで見られる標準的なやり方である。例えば、早期に現れた例として、戦争終結時にニューヨーク・タイムズ紙外交政策専門家トマス・フリードマンは「難民追立てが始まって以降、コソボを無視するのは間違っており……それゆえ目的を限定した大規模な空中戦が唯一妥当な方策」であったと書いている。(★25)彼が言っている難民追立ては「大規模な空中戦」の後、予想された通りに起こったものである。再び、見慣れた事実関係の逆転である。こうせざるを得ないことは理解できる。さもなければ国家による暴力の正当化は本当に難しいからである。

後付けの正当化によく見られる議論の一つに、武力行使によってコソボのアルバニア人が家に戻れるようになったというものがある。ほとんど全員が空爆への仕返しに家から追放されたことを見ないならば、これはすばらしい成果である。この正当化の理屈を採用するならば、多少ましな選択肢として、セルビア人が威嚇したとされる内容が本当に実行されるかどうか見て、彼らが威嚇を実行したときに、FRYを爆撃し、コソボ住民の帰還を保証すればよかった。これはグロテスクではあるが、実際に行われた政策ほどグロテスクではなく、また、NATOの空爆下で追放されるよりも苦難ははるかに少なかったであろう。

こうした議論の興味深い変種が、ケンブリッジ大学法学教授マーク・ウェラーが編集したコソボに関する文書の序文に見られる。(★26) 彼は、自ら強く支持したNATOの空爆が明らかに国際法違反であることを認識しており、空爆が「人道的介入権」というものに基づいてのみ正当化されうると述べている。この正当化は、「コソボ問題に関する非常に詳細な解決（ランブイエ最後通告）の受け入れ」をFRYが拒否したことにより、「大きな人道的緊急事態が引き起こされる状況となるだろう」という仮説に依存することになる。けれども、彼によると、実際に起こったことにより「NATOはこの点に答える必要がなくなった」。すなわち、「一時はコソボのアルバニア系住民全体に対して行われているようにすら見えた、事前に計画された大規模な強制追放キャンペーンが空爆の直前から始まった」からである。

この議論には二つの問題がある。一つは、彼が編集した文書を含め、さまざまな文書記録は、決定的に重要な事実関係に関する彼の主張に対する証拠をまったく提供していないどころか、実際にそれに対立する事実を示していることである（証拠を見つけ出そうという多大な努力にもかかわらず証拠が不在であることを考えると殊にそうである）。二つめは、仮にあとになって追放が爆撃より前に始まっていたことが示されたとしても、それによって単純に武力行使が正当化されるわけではない点である。さらに、上で述べたように、仮に空爆前に強制追放が始まると知られていたとしても（けれどもこの点は謎のように文書から欠落している）、まず追放を行わせておいてから爆撃を開始して追放された人びとの帰還を保証するほうがはるかに望ましかったであろう。グロテスクではあるが、実際に行われたことよりははるかにましである。けれども、実際に存在する証拠に照らしてみるならば、これらすべては思弁的な議論であり、戦争を正当化しようという努力が絶望的であることを示しているに過ぎない。

よりグロテスクでない選択肢が一九九九年三月にあったのだろうか。むろん、立証責任は、国家暴力を提唱した人びとの側にある。これは大きな責任であるが、誰も真面目に果たそうとしていない。けれども、この問題はさておいて、ここでは可能だった選択肢を見ることにしよう。

あり得た選択肢

エリック・ルーローは、「セルビアの残虐行為が、コソボ住民を虐殺から救うために外交交渉を停止しなくてはならない規模に達していた」かどうかという重要な問題を提起している。「OSCEが(KVM監視団の一九九八年十一月から撤退までの)報告の公開を拒否し続けていることは、この主張の真実性に対する疑念を強めるだけである」と述べている。(★27) すでに述べたように、米国国務省も国際法廷訴追資料もこの主張に対する有効な証拠を提供していない。両報告とも最も強い告発を意図していたことを考えると、これは重大な事実である。ルーローが上記のように書いた後に公開されたOSCEの報告書はどうであろうか。OSCE報告書は、すでに述べたように、この主張の裏付けのための努力をするどころか、実際には決定的な期間についてほとんど情報を与えていない。報告書は、ルーローが引用しているフランスのKVM監視員ジャック・プロドムの証言を確認している。すなわち、「戦争に至るまでの数カ月間、彼はペチ地域を自由に動き回っていたが、彼も彼の同僚も、集団的あるいは個人的殺害や放火、追放といった体系的迫害と言える事態には出会わなかった」。OSCEの報告からは省略されたKVMや他の監視員による詳細な報告も、問題の主張の真実性をさらなる疑問に付している。

NATOの議論の中核をなしているにもかかわらず、上記の空爆正当化の核心的な主張には根拠がない。これは、例えばウェラーのような最も献身的な空爆擁護者すら認めていることである。改めて、これを立証する重い責任は、武力行使を正当化するためにこの主張を持ちだした人びとにあることを強調しておこう。正当化に必要なことと提示された証拠との間の乖離は非常に大きく、NATO軍司令官クラーク将軍の証言のような別の証拠も考慮するならば、「矛盾」という言葉を使った方が良いかも知れない。

一九九八年のコソボは非常に危険な場所だった。NATOによれば、約二千人が殺された。犠牲者のほとんどはアルバニア系で、米国が「テロリズム」と非難したKLAの行動とセルビアの残虐な報復とによって二月に始まった激しい闘争の中で殺された。夏までにKLAはコソボの四十パーセントを手中に収めたが、それは、セルビア治安部隊と準軍組織による、市民をも標的とした激しい反撃を引き起こした。アルバニア系コソボ住民の法律顧問マーク・ウェラーによると、一九九九年三月二十日に監視員が撤退してから「数日のうちに、撤去させられた人びとの数は再び二十万人以上に増加した」。この数字は米国情報局の報告とも一致している。(★28)

爆撃の準備のために監視員が撤退せず、外交努力が続けられたと仮定してみよう。この選択肢は現実的だったろうか。空爆よりもさらに悪い結果を引き起こしていただろうか。それとも良い結果を引き起こしていただろうか。NATOがこの可能性の追求を否定したため、われわれがそれを知ることはできない。けれども、少なくとも、知られている事実を検討しそれが何を示唆しているか考えることはできる。

KVM監視員が撤退せずに、できれば規模を拡大して滞在し続けることは可能だったろうか。特にセルビア国民議会がKVM撤退をすぐさま非難したことを考えると、これは可能だったように思える。KVM監視団の撤退後に報告された残虐行為の増加が、監視団が撤退しなくても起こっていたであろうことを示す議論はない。KVM撤退を一つの前兆とした上で開始された爆撃が引き起こすだろうと予期されていた残虐行為の激増についてはなおさらである。他の平和的手段についても、NATOは追求の努力をほとんどしなかった。真面目な経済封鎖の中核である石油の禁輸すら、空爆のあとになるまで考慮されなかった。

しかしながら、最も重要な問題は、外交手段に関する選択肢である。爆撃直前には、二つの提案が存在した。一つは、セルビアに対する最後通告として提示されたランブイエ合意である。(★29)二つめは、三月十五日の「改訂草案合意」及び三月二十三日のセルビア国民議会議決により規定されたセルビアの立場である。コソボ住民の安全を真剣に考えていたのであれば、他の選択肢が検討の対象となっていてもよかったであろう。例えば、一九九二年から九三年に当時のユーゴスラビア大統領ドブリツァ・チョシッチが提案した、「いくつかのセルビア人飛び地」以外をセルビアから分離するというコソボ分離案のようなものである。[★30] この提案は、当時、独立宣言を発布し並行政府を設立したイブラヒム・ルゴバのコソボ共和国により拒絶されたが、一九九九年初頭の異なった状況のもとでは交渉の出発点として利用できたかも知れない。けれども、ここでは、ランブイエ最後通告とセルビアの議決という、三月後半の二つの公式提案に話を絞ることにしよう。

わずかな例外を除いて、どちらの立場も、その基本的内容は、人びとの目から隠されていた。このことは重要でありまた意味深い。わずかな人しか目にしない反主流のメディアは例外である。

セルビア国民議会の議決は、通信社により直ちに配信されたにもかかわらず、実質的に秘密とされてきた。その内容については言うまでもなく、それが存在することすらほとんど示されてこなかった。同議決はOSCE監視員の撤退を非難すると同時に、国連とOSCEに交渉による外交的解決を支援するよう求めていた。すなわち、「すべての市民と民族集団の完全な平等の保証、及びセルビア共和国とユーゴスラビア連邦共和国の主権と領土的統一への尊重を伴う、コソボの広範にわたる自治を巡る政治的合意へ向けた」交渉への支援である。また、議決は、「コスメトに居住するすべての民族の代表によって合意され承認された自治に関する政治協定」を実行するために、適切な「規模と性質」の「国際的監視」の可能性も持ちだしている。「ランブイエで受け入れられる予定の合意を実行に移すために必要なコソボにおける国際的監視の範囲と性格について議論すること」に対するFRYの同意は、公式に二月二十三日の交渉に提出され、FRYはこれを同日、記者会見で発表した。[★31] これらの提案が実効性を持っていたかどうかについてはわからない。というのも、それらは検討されなかったし、黙殺されたからである。

おそらく、さらに驚くべきことに、ランブイエ最後通告も、これこそが和平提案であると広く言われているにもかかわらず、人びとには知らされていない。特に、セルビアが主な政治提案に合意を示したあと、三月のパリ和平会談の最終段階で追加され、それゆえセルビアの拒否を実質的に確実なものとしたと思われる条件規定についてはほとんど伝えられていない。とりわけ重要なのは、合意の執行に関わる付加条項で、そこでは、FRYの法律や当局の司法権による制限や義務、それに対する配慮なしに「FRY全土、その領空、領海における自由かつ無制限な通行」の権利をNATOに与えるとされている。一方、FRYは「優先的にかつすべての適切な手段をもって」NATOの命令に従うことが要求されている（付記B）。

ロバート・フィスクによると、付記は、ランブイエ及びパリ会談を取材していたジャーナリストにも知らされていなかった。「セルビア側は、パリでの最終記者会見――ユーゴスラビア大使館で三月十八日午前十一時に行われた、あまり人の来なかった記者会見――で、それを拒絶したと述べた」。交渉に参加したセルビア人反対派は、これらの付加条件をパリ会談の最終日に初めて手にしたと主張しており、ロシアもこれらについては知らなかったという。この条件規定が英国議会に届いたのは、議会が休会に入った初日の四月一日であり、そのときには爆撃が始まって一週間経っていた。[★32]

空爆開始後の交渉では、NATOはこれらの要求を、セルビアが反対した他の事項とともに全面的に取り下げた。最終的な和平合意にこれらに関する言及はまったくなかった。当然ながら、フィスクは次のような疑問を呈している。「NATOが最終段階で出した要求の本当の目的は何だったのか。トロイの木馬だったのだろうか。平和を救うためだったのだろうか。それとも平和を阻止するためだったのだろうか」。答えがどのようなものであれ、NATO側交渉者がコソボのアルバニア人の運命に配慮していたというのであれば、NATOの最も挑発的で不適切な要求を撤回し、監視員を撤退させる代りに増加させ、有意味な規模の経済封鎖の警告を行えば外交的解決が成功していたかどうか考えるべきであったろう。

こうした疑問が出されたとき、米国と英国の交渉団の代表たちは、後に撤回したこれらの過大な要求を取り下げる意志があったが、セルビア側が拒否したと主張している。この主張にはほとんど信憑性がない。もしこれが事実ならば、米英はこの事実をその時直ちに公表するあらゆる理由があったはずである。彼らがこの驚くべき行いに対して説明を求められていないことは興味深い。

爆撃を強く提唱した人びとも同様の主張を行った。重要な例として、ランブイエ合意に対するマーク・ウェラーの注釈がある。(★33) ウェラーは、合意の執行に関わる付加条項は「合意とともに公表された」もの、すなわち二月二十三日の合意草案とともに公表されたものであると主張し、これを巡る「誇張された主張」を馬鹿げたものとしている。けれども、彼は、付加条項がどこで公表されたか述べておらず、また、ランブイエとパリの会談を取材していた記者たちや英国議会がなぜこれに気付かなかったのかも説明していない。彼は、「有名な付記B」は、「KFOR（計画されていたNATO占領軍）のために軍の地位を巡る合意の基本条件」を定義していたものだと述べている。空爆開始後なぜNATOがこの要求を撤回したのか、また、NATO司令下で六月にコソボに進駐した軍が、ランブイエで計画されていたよりもはるかに大規模でありそれゆえ地位を巡る合意ははるかに重要であったろうにもかかわらず、それが求められていないのはなぜなのか、彼は説明していない。また、二月二十三日の合意草案に対するFRYの三月十五日付け回答についても説明していない。FRYの回答は、合意草案を節から節へと詳しく検討しており、全体にわたって詳細な変更や削除を提案しているにもかかわらず、付記にはまったく言及していない。ウェラーの指摘を信じるならば、付記が扱っていた合意執行に関わる付加条項は最も重要な部分であり、その時進められていたパリ交渉の主題であったにもかかわらずである。決定的な事実に対するウェラーのいい加減な態度や、彼自身が空爆を強く支持してきたことを除いて考えても、彼の説明には疑念が残る。現在のところ、こうした重要な問題は曖昧なままである。

何が起こっていたかについて人びとに知らせないよう公の努力がなされてはいたが、問題の追求を選択したメディアは資料を入手することができた。FRYを実質的にNATOが占領するという極端（かつ不適切）な主張について、米国では、四月二十六日のNATO報告の時に、質問への回答というかたちで最初の言及がなされたが、その可能性はすぐに否定されそれ以上は追求されなかった。事実関係は、こうした要求が撤回され、民主的な選択とは無関係になってからすぐに報道された。六月三日の和平協定のすぐあとで、報道は「受け入れるか否か」というランブイエ最後通告の決定的な文言を引用し、そこでは「純粋にNATOによって構成される軍隊がユーゴスラビア全土で通行の自由を保障され」ること、また、「NATO軍はコソボのみならずユーゴスラビア全土で実質上の通行の自由を保障されること」が要求されていたと述べている。[★34]

七十八日間にわたる爆撃の間中、交渉は続けられ、双方ともに妥協した。これは米国ではセルビアのペテンであるとか、空爆に対する降伏であると言われた。六月三日の和平合意は三月後半に議論されていた二つの立場の間の妥協であった。NATOは、三月の交渉を最終段階で決裂へと追いやった要求と独立のための住民投票と取れる文言を含む最も過激な要求を撤回した。セルビアは、「NATOによる相当の参加を伴う国際的な平和維持部隊」の派遣に合意した。コソボ和平協定でも、それを確認した安全保障理事会決議一二四四でも、これがNATOについて言及されている唯一の個所である。NATOは自ら署名した紙切れに従う意図はまったくなく、すぐさまそれに違反して、NATO司令下でコソボの軍事占領を行った。セルビアとロシアが公式合意の条件遵守を主張したときにはペテンであると非難し、彼らを従わせるために爆撃を再開した。六月七日に、NATO機が、ミロシェビッチに対する反対派の拠点であるノビサドとパンチェボの石油精製工場を爆撃した。パンチェボの精製工場は火柱をあげて爆発し、毒ガスを含む莫大な煙を放出した。ニューヨーク・タイムズ紙は七月十四日の記事にこの写真を記載し、深刻な経済上及び健康上の影響を述べた。けれども、ニュースの通信サービスで扱われていた爆撃自体については述べなかった。[★35]

三月に合意に至っていたならば、ミロシェビッチは合意の条件を守ろうとしなかっただろうといわれてきた。事実関係の記録はその結論を強く支持するものであるが、これはNATOについても当てはまる。しかも、NATOに関してはこの件だけではない。大国にとって、公式合意を力で反故にするのはいつものことである。[★36] 遅まきながら今になって認識されたように、これまでの記録からはまた、「ランブイエ会議でミロシェビッチに提示された米国による破滅的な強制通告ではない純粋な交渉を進める可能性があったかもしれず、また、アルバニア系及びセルビア系市民双方を守ることのできる大規模な外部からの監視団を派遣することが可能だったかもしれない」ことがわかる。(★37)

少なくともここまでは明らかである。NATOは外交的解決の選択肢が尽くされる前にそれを拒絶し、予期された通りの悲惨な結果をコソボのアルバニア人にもたらすこととなった軍事作戦を選んだ。その他の空爆の結果も西洋諸国にはほとんど関心を引き起こさなかった。例えば、戦争法に大きく違反する軍事作戦によって引き起こされたセルビア市民経済の破壊などである。この問題はかなり前に旧ユーゴスラビア戦争犯罪国際法廷に持ちだされたが、真面目にとりあげられることは想像しにくい。同様の理由で、一九九五年八月、米国の決定的な関与のもとで二十万人のセルビア人をクライナから追放したクロアチア軍の戦争犯罪をめぐる「嵐作戦に関する訴状：一応成立する事件」という一五〇ページからなる報告に戦争犯罪国際法廷が注意を払う可能性はほとんどない。この件は「米国報道陣にも米国議会にもほとんどまったく関心を引き起こさなかった」とニューヨーク・タイムズ紙のバルカン特派員デビッド・ビンダーは述べている。(★38)

その後

コソボ住民の苦難はNATO占領軍（KFOR）と国連使節団が到着した後も続いた。爆撃のためならばすぐさま数十億ドルを使うことができたにもかかわらず、一九九九年十月の時点で米国は「コソボでの国連文民活動立ちあげに要する費用として算出された三七九〇万ドルをまったく払っていなかった」。クリントンが小規模な平和維持部隊の規模をさらに縮小するよう求めた東チモールと同様である。十一月の段階で、コソボの冬季避難計画用の「災害対策耐久用具を米国海外災害援助局はまだ配布しておらず、ようやく木材を持ってきた」ところであった。

UNHCRとEU人道局ECHOも「遅延と見通しの欠如を批判されて」いた。現在の国連使節団の不足資金は「空爆半日分の値段」であると、ある上級国連職員は苦々しく述べた。そして、それがないと、ミロシェビッチにとって大変喜ばしいことに、「この場所は失敗する」であろうとも彼は述べている。西洋諸国により十一月に開催された援助国会議はコソボの国連使節団の予算として八八〇〇万ドルしか約束しなかった一方、次の年の再建のためには十億ドルの援助が約束された。どのように契約を配分するかについてNATO内部での論争が落ち着けば、これは、契約を受けた私企業に対する公的資金からの贈り物となる。一九九九年十二月半ば、国連使節団は再び、教師と警察官、その他の公務員のための資金を要請したが、効果はほとんどなかった。(★39)

公式の敵が行ったものとすることができ、また(奇妙な論拠に基づき)「セルビア軍とセルビアの社会基盤に対する七十八日間の空爆がなぜ必要だったかを示す」ために利用された破滅の後始末として提供された援助は、限られた額だったとはいえ、他の場所での援助を削減するに十分なものであった。米国上院はアフリカ関連プログラムから数千万ドルの削減を計画している。デンマークはコソボ以外の援助を二十六パーセント削減した。国際医療団は、コソボに対して五百万ドルの資金を得たが、移住させられた一六〇万人もの人びとが飢餓に直面しているアンゴラのために一五〇万ドルの資金を集めることができず、アンゴラでの計画を中断している。世界食糧計画は、要求した資金の二十パーセント以下しか得ることができなかったため、シエラレオネ、リベリア、ギニアでの二百万人の難民に対する計画を切り詰めなくてはならないと発表した。アフリカのグレート・レーク地域の四百万人に及ぶ飢餓に面した人びとにも同じ運命が待ち受けている。彼らがおかれた状況は西洋諸国の多年にわたる行為及び決定的な時期に行動を起こすことを西洋諸国が拒否したことと無関係ではない。バルカンでの難民一人当りのUNHCR支出はアフリカの十一倍である。バルカンから東アフリカの国連計画に移った「ランドルフ・ケントは、コソボ難民に費やされている数億ドルと、それを使おうと加熱している援助団体間の衝突は「ほとんど卑猥」であると述べている」。クリントン大統領は「コソボ援助に対する彼自身の熱狂を強調するために」、主要な援助団体との

会議を開催した。(★40)

これらすべては、米国における援助が急激に減らされた上でのことである。これらの国々が貧困層に対する援助国のリストから実質的に消し去られた中で、米国は「栄光の絶頂」(フロムキン)にあると言われ、指導者たちは歴史上例を見ない「愛他主義」の賛美に浸っているのである。

OSCEの調査はNATOの軍事占領下で行われた犯罪を詳細に記録している。それらの規模はNATO空爆下でセルビアが犯した犯罪とは比較にならないが、ささいなものでもない。OSCEによると、占領地域は「暴力の歯止めのない無法状態」に溢れる結果となった。暴力の多くはKLA/UCKによるものであり、「正義ではなく不処罰が支配している」。「UCK支配」下の「新秩序」に反対するアルバニア人は、「反乱軍の主要な政治的ライバル」たちも含め、誘拐され、殺害され、爆弾攻撃の標的とされ、あるいは嫌がらせを受け政治から身を引くよう命令された。ニューヨーク・タイムズ紙に現われたOSCE報告の一つはアルバニア国境近くの街プリズレンについてのものである。プリズレンは三月二十八日セルビアの攻撃を受けたが、「結果として、全体としては、戦争終結後に引き起こされた破壊のほうが戦争中の破壊よりもはるかに大きかった」。英国の軍事警察は、爆弾による攻撃や、「KLAの使いと自称する男たち」が高齢の女性を殺害するといったさまざまな犯罪に、アルバニア人マフィアが関与していると報告している。

セルビア人少数派のほとんどはコソボから追放された。ロバート・フィスクは、証拠が示すところによると、「戦争以来五カ月の間に殺されたセルビア人の数は、三月にNATOが空爆を開始する前の五カ月間にセルビア人に殺されたアルバニア人の数に近い」と述べている。監視員が撤退し空爆が開始される前の二カ月間に(主としてアルバニア人とセルビア人)「六十五人が暴力的状況下で死亡した」と国連が報告していたことを思い起こそう。国際法廷で働くセルビア人職員の殺害も含めて、殺人事件の調査は行われていない。クロアチア人たちは一九九九年十月に「集団退去」した。十一月には「プリシュティナの小さなユダヤ人共同体の代表チェドラ・プリンシェビッチは「非アルバニア系人口に対するポグロム」を非難した後ベオグラードに退去した」。アムネスティ・インターナショナルは一九九九年末、「コソボに住むセルビア人、ロマ人、イスラム教徒スラブ人、穏健派アルバニア人に対する暴力は先月激増した」と報告している。そうした暴力には、「毎日のように行われる殺害や誘拐、暴力的攻撃、脅迫、放火」の他、拷問や強姦、そして、独立系アルバニア・メディアや政治団体に対する「アルバニア民族共同体の穏健派の声を黙らせる組織的作戦」としての攻撃が含まれている。これらはすべて、NATO軍の目の前で行われている。(★42)

KFORの兵士たちは、犯罪を見逃せという命令を受けていると言っている。あるフランスの司令官は、「むしろこれは狂っている」が、「けれどもそれがNATOからの、上層部からの命令なのだ」と述べている。NATO軍はまた、セルビアとコソボの境界を越えて「武装アルバニア人襲撃者」たちが行っている、「境界地域の住人にテロを加え、木や家畜を盗み、場合によっては殺害する」といった攻撃行為に対しても「まったく無関心であるように見える」(★43)。こうした攻撃により、境界付近のいくつかの街は放棄された。

これら最近の出来事から、NATO占領下のコソボは、チトー死後の一九八〇年代初頭に戻ったかのような状況にあることがわかる。当時、アルバニア民族主義者の部隊は、「民族的に清いアルバニア人共和国」を作る計画に着手し、セルビア人の土地を占領し、教会を襲撃し、「民族的に純粋な」アルバニア人地域を作る目標を達成するために「引き延ばされた暴力」行為を続けていた。「ほとんど毎週のように、強姦や放火、略奪、生産サボタージュ」が起きており、それらは「ほとんどが、コソボに残っている生え抜きのスラブ人たちを同地域から追い出すためだったようである」。共同体同士の暴力の悲惨な歴史の一段階に位置づけられる「一見したところ手に負えない」この問題は、ミロシェビッチお得意の残忍な反応を触発した。ミロシェビッチはコソボから自治権を剝奪し、連邦補助金を停止し、コソボに「アパルトヘイト」体制(ビッカーズ)を敷いた。(★44)コソボは、また、経済が機能しない中で「泥棒と税金ごまかしが横行し」、「莫大な政治的影響力を行使し、税収入となるはずの数億ドルを自ら着服する裕福な犯罪者階級」が支配するボスニアのようになるかも知れない。[★45] コソボ独立が「大アルバニア」への圧力に巻き込まれるならば、さらに悪いことになるかも知れず、その将来は明るくはない。

ミロシェビッチに対する反対勢力の中心地の一つだったノビサドがNATOの爆撃を受けたことによってドナウ川の交通が妨害され、周辺の貧しい国々は多大な損害を被った。これらの国々はすでに「EU内での船による商売を禁止する」保護主義の障壁と「それらの国の輸出品に対する西洋の割り当て制限と関税の連発」により困難を強いられていた。一方、「(ドナウ川の)交通が妨害されたことは」、西洋、特にドイツにとっては「利益となった」。というのも、これにより、ライン川と大西洋岸の港での商業活動が増加したからである。[★46]

勝者は他にもいる。戦争終結時に、経済紙は「真の勝者」として西洋の軍事産業、すなわちハイテク産業一般をあげた。戦争中から予期されていたように、「NATOによるバルカンでの冒険後、世界が恐怖に駆られ」、抑止力を求めて「再軍備している」ため、モスクワは「ロシア製武器輸出の絶頂の年」が訪れることを期待している。[★47] さらに重要なことには、米国は戦略的に重要なバルカン地域に対する覇権を、少なくとも一時的にはEUから奪った。米国が、自らの傘下にあるNATOの手で作戦を遂行すべきと主張した第一の理由はここにある。困窮したセルビアは最後まで米国支配への従属に抵抗しているが、それも長くは続かないかも知れない。[★47]

コソボの戦争はまた、世界秩序の脆弱な原則に対するさらなる打撃となった。国連事務総長コフィ・アナンは一九九九年九月の国連への年次報告の中で、NATOの行為は国連憲章が打ち立てた「国際安全保障体制のまさに中心」に対する脅威となっていると述べた。[★48] 世界法廷の判決を拒絶し必要ならば安全保障理事会の決議に拒否権を発動する裕福で強大な米国のような国にとっては、それはほとんど問題ではない。ここで、一般に広められている神話とは逆に、テロや攻撃行為等に対するさまざまな安全保障理事会決議に対する拒否権発動数では米国が他の常任理事国をはるかに引き離して第一位であり、英国が第二位、フランスがはるか遅れた第三位であることを思い起こしておくのは有益である。一方、これまで犠牲となってきた国にとってこれは大きな問題である。このことは、コソボ戦争が世界中の国々に引き起こした反応からも見て取ることができる。

本質的な点は比較的明確である。すなわち、世界は武力行使に関して二つの選択肢に直面している。第一は、国連憲章あるいは正当性を得ることができるならより良い何らかの基準が規定する世界秩序に一応従ったものであり、第二は、以前と同様に、権力と利益の関心に従って、強大な国家が内部から行動を制限されない限り好きなようにやるものである。より良い世界のために奮闘することに意味はあるが、われわれが暮している世界に関する見せかけや幻想に浸るのは有害である。

バルカン半島における最も最近の戦争について、記録資料等から、多くの情報を得ることができる。現在の結論はどれもせいぜいが部分的かつ一時的なものであるが、今のところ、「学んだ教訓」が特に魅力的であるようには見えない。

原注

★1 これらの引用や情報源については、特に第一章を参照。

★2 Daniel Pearl and Robert Block, *WSJ*, Dec. 31, 1999.

★3 David Petersonとの会話による。NEXISデータベースを「すべてのニュース」というカテゴリーで検索した結果。

★4 Scott Peterson, *Christian Science Monitor*, Ang. 27, 1999.

★5 Steven Erlanger, *NYT*, Dec. 5,1999.

★6 AP, Jan. 6, 2000. "NATO used speeded-up film to excuse civilian deaths in Kosovo," *Frankfurter Rundschau*, Jan. 6.

★7 U.S. Department of State, "Erasing History : Ethnic Cleansing in Kosovo," State Department website, http//www.state.gov/index.html, May 1999. Roger Cohen, Jane Perlez, *New York Times*, May 28, 1999. まるまる1頁が「キーセクション」にあてられている。U. S. Department of State, "Ethnic Cleansing in Kosovo : An Accounting, "Dec. 1999 : http//www.state.gov/www/global/human_rights/kosovoii/intro.html.

★8 Marc Weller, ed., *International Documents & Analysis*, vol. 1, *The Crisis in Kosovo 1989-1999*. (Cambridge, UK : Documents & Analysis Publishing, Cambridge University Press, 1999) , p. 495.

★9　Taylor, *East Timor : The Price of Freedom* (London: Zed, 1999)
★10　私の "Timor-Orientale, l'Horreur et l'Amnesie," *Le Monde diplomatique*, Oct. 1999. を参照。
★11　Erlanger, *op. cit.*
★12　OSCE, *KOSOVO/KOSOVA As Seen, As Told*, PART III: The violation of human rights in Kosovo（第四章）。
★13　*Ibid.*
★14　Erlanger, *op. cit.*, OSCE 報告を引用して。
★15　Weller, *op. cit.* この有益な資料集に集められている資料はウェラーのコメントと区別しなくてはならない。ウェラーは空爆の強力な支持者であり「コソボ政府の法律顧問」でランブイエ交渉にもその資格で参加しており、そのコメントはしばしばほとんどあからさまな宣伝となっている。
★16　*Ibid.*, 313-346.
★17　*KOSOVO/KOSOVA*. Carlotta Gall, *NYT*, April 5, 1999.
★18　第1章注37～39を参照。
★19　第1章注37～39また第1章末尾を参照。Clark, "Overview," *NYT*, March 27 ; *Sunday Times* (London), March 28 を引用して。また、*Newsweek*, April 12, BBC "Panorama : War Room," April 19, 1999.
★20　Elizabeth Becker, *NYT*, Oct. 15, 1999.
★21　Frances Williams et. al., *Financial Times*, Oct. 7, 1998.
★22　本書第三・二「トルコ」を巡る議論及び注を参照。
★23　Daniel Williams, *International Herald Tribune/Washington Post*, Oct. 30, 1999.
★24　Fromkin, *Kosovo Crossing* (Free Press, 1999) ; Wedgewood, *American Journal of International Law* 93 : 4, Oct. 1999. Kuperman, *Foreign Affairs*, Jan./Feb. 2000.
★25　*NYT*, June 4, 1999.
★26　*International Documents*, 33　注8及び15も参照。
★27　Rouleau, *Le Monde diplomatique*, December 1999.
★28　Weller, "The Rambouillet Conference," *International Affairs* 75 : 2, April 1999. 注8も参照。
★29　ランブイエ合意については、*International Document*, 480ff を参照。また、セルビアの立場については第五章を参照。
★30　Miranda Vickers, *Between Serb and Albanian : A History of Kosovo* (Columbia, 1998).
★31　第四章を参照。*International Documents*, 470 ; Mark Littman, *Kosovo : Law and Diplomacy*, Centre for Policy Studies, London, Nov. 1999.
★32　Fisk, *Independent*, Nov. 26, 1999.; Littman, *op. cit.*
★33　Weller, *International Documents*, 411. すでに述べた通り、ウェラーの分析はほとんどあからさまな宣伝である。

★34　Steven Erlanger, *NYT*, June 5 ; Blaine Harden, *NYT*, 同日の間接引用 ; Guy Dinmore, *FT*, June 6, 1999. また，本書第四章も参照のこと。

★35　一九九九年六月七日及び八日の外電。Chris Hedges, *NYT*, July 14. また *Los Angeles Times*, July 6, 1999.

★36　本書第三章を参照のこと。

★37　社説，*Boston Globe*, Dec. 9, 1999.

★38　Binder, "The Role of the United States in the Krajina Issue," *Mediterranean Quarterly*, 1997. リークされたあと忘れ去られた訴追については，Ray Bonner, *NYT*, Marh 21, 1999. 法廷に関しては，Christopher Black and Edward Herman, *Z magazine*, Feb. 2000.

★39　*NYT*, Oct. 6 ; Joe Lauria, *BG*, Oct. 8 ; Carlotta Gall, *IHT-NYT*, Nov. 3 ; Steven Erlanger, *NYT*, Nov. 23 ; Barbara Borst, *BG*, Oct. 19 ; AP, *BG*, Dec. 17, 1999.

★40　John Donnelly, *BG*, July 8 ; Christian Miller and Ann Simmons, *LA Times*, May 21 ; Karen DeYoung, *IHT-WP*, Nov. 26, 1999.

★41　Jeffrey Smith, *WP Weekly*, Dec. 13 ; *NYT*, Dec. 5 ; Peter Beaumont, *Guardian*, 19 August, 1999.

★42　Fisk, *Independent*, 24 Nov.; AI News Ralease, 23 December, 1999.

★43　Tim Judah, *New York Review*, Aug. 21 ; Robert Block, *WSJ*, Dec. 17, 1999. Carlotta Gall, *NYT*, Jan. 15, 2000.

★44　Marvine Howe, *NYT*, July 12 ; David Binder, *NYT*, Nov. 9, 28, 1982. Binder, *NYT*, Nov. 1, 1987. 背景については Vickers, *op. cit*. を参照。

★45　Jeffrey Smith, *WP Weekly*, Jan. 3, 2000.

★46　Lucian Kim, *CSM*, Oct. 6 ; John Reed, *WSJ*, Sept. 20, 1999. バルカン周辺地域に及ぼした影響を評価しようとする試みについては，Ted Galen Carpenter, ed., *NATO's Empty Victory* (Washington : CATO Institute, 2000) を参照。

★47　*Moscow Times*, July 9, 1999. 空爆に対する反応については第六章を参照。

★48　Michael Littlejohns, *FT*, Sept. 9, 1999.

コソボ関連年表──一九四五年〜一九九九年

1945年11月　旧ユーゴスラビア成立。
1974年　ユーゴスラビア一九七四年憲法。コソボ及びボイボディナ自治州に共和国と実質上同等に近い地位が与えられる。
1980年 5月　チトー死去。
1981年　アルバニア系コソボ住民が蜂起。
1987年　スロボダン・ミロシェビッチがセルビア共和国幹部会議長に就任。
1989年 3月　セルビア共和国が憲法改正でコソボ自治州の権限縮小。
1990年 7月　ミロシェビッチがセルビア共和国大統領となる。セルビアは自治州政府と議会の解散を決定。
9月　コソボ自治州でアルバニア系のコソボ議会が独立宣言、「カチャニク憲法」採用。
この年、コソボ解放軍（KLA）設立。
1991年 6月　スロベニアとクロアチアが独立宣言。
9月　コソボ議会が「コソボの独立と主権に関する決議」を採択。マケドニア独立宣言。
10月　コソボ共和国独立宣言。アルバニア、アルバニア系のコソボ共和国を主権国家として承認。
12月　クロアチア共和国内のセルビア系住民がクライナ・セルビア共和国を宣言。
1992年 3月　ボスニア・ヘルツェゴビナ独立宣言。
4月　ボスニア・ヘルツェゴビナ内戦が始まる。ボスニア・ヘルツェゴビナ共和国内のセルビア系住民がボスニア・セルビア共和国を宣言。
旧ユーゴ解体。セルビアとモンテネグロがユーゴスラビア連邦共和国（新ユーゴ）創設。
5月　コソボ民主同盟のイブラヒム・ルゴバ議長が「コソボ共和国大統領」就任。
スロベニア、クロアチア、マケドニア、ボスニア・ヘルツェゴビナが国連に加盟。
1993年 5月　KLAが最初の武装攻撃を行う。
8月　ボスニア・ヘルツェゴビナ共和国内のクロアチア系住民がヘルゼグ・ボスナ・クロアチア共和国を宣言。
この年、KLAが体系的な攻撃を開始。
1995年 7月　ボスニア東部の国連安全地帯スレブレニツァをセルビアが攻撃して陥落。米国政府はムスリム人に対する大規模な虐殺があったと発表。

8月　クロアチア大統領フラニョ・トゥジマン、「嵐」作戦を決行。数十万のセルビア人がクライナから追放され、クライナ・セルビア共和国が崩壊。

12月　ボスニア和平協定（デイトン協定）調印。

1996年　2月　コソボ内のセルビア人難民キャンプ五カ所がKLAにより攻撃される。

1997年　12月　KLAが始めて公に姿を現す。

1998年　2月　戦闘が激化。KLAは一般市民をも攻撃対象に。米国バルカン特使ロバート・ゲルバード、KLAをテロリストと非難。セルビア軍・警察部隊がKLA掃討作戦を開始。

5月　欧州連合（EU）外相会談でNATO軍事介入を要請。NATOが空爆演習。

9月　この頃までにKLAはコソボの四十パーセントを支配下に。
国連安保理がコソボの停戦を求める決議。

10月　停戦合意。全欧州安全保障機構（OSCE）のコソボ検証使節団（KVM監視団）コソボへの派遣開始。

12月　セルビア側が攻撃開始。KLAも停戦を破棄。

1999年　1月　ラチャク虐殺。四十五名の死者。

2月　6日、米英仏独伊露の六カ国からなる連絡調整グループの仲介でランブイエ和平交渉開始。
23日、合意草案作成。

3月　10日、ミロシェビッチ大統領がNATO主導の多国籍軍コソボ駐留を拒否。
15日、和平交渉がパリで再開。ユーゴ側、2月23日付合意草案へ回答。
18日、アルバニア系住民代表が和平案に調印。
20日、KVMがコソボ撤退。
23日、セルビア議会議決と和平最終案への回答。ミロシェビッチとホルブルックの会談決裂。
24日、NATO空爆開始。

4月　NATOが旅客列車を誤爆。
22日、ロシア特使チェルノムイルジンとミロシェビッチの会談。セルビアが停戦提案。
23日、セルビア国営テレビ空爆。対ユーゴ石油禁輸決定。
28日、ヴーク・ドラシュコビッチ・ユーゴ副首相解任。

5月　6日、G8緊急外相会議公式声明。
24日、旧ユーゴ国際戦争犯罪法廷がミロシェビッチを起訴。

6月　3日、NATOとセルビア間でコソボを巡る和平合意。
7日、NATOがノビサド及びパンチェボの石油精製工場を爆撃。
8日、G8が安保理決議原案に合意。
10日、NATOが空爆停止。
11日、ロシア軍がコソボ入り。

12日、ＮＡＴＯの平和維持部隊がコソボ入り。
14日、アルバニア系住民帰還開始。
20日、ユーゴ軍コソボから撤退。
21日、コソボ解放軍が武装解除に合意。

訳者あとがき

本書は、ノーム・チョムスキー著 *New Military Humanism: Lessons from Kosovo* (Monroe, Common Courage Press, 1999)の全訳に、原著者の要請に従い、「一九九九年を振り返って」を補遺として加えたものである。著者ノーム・チョムスキーは、一九五〇年代に生成文法を唱えて言語学の世界に革新をもたらした世界的に著名な言語学者であると同時に、ベトナム戦争や中南米での人権侵害といった米国の犯罪行為を精力的に批判してきたことでも広く名を知られている。チョムスキーのこの二つの側面については、ロバート・F・バースキー著『チョムスキー：学問と政治』(土屋俊・土屋希和子訳、産業図書、一九九八年)に詳しい。

本書の焦点は、コソボ空爆を巡って喧伝された、米国を初めとする「文明諸国」の「人道的意図」が、実際には何であったのかである。この点を明らかにするために、同時代に起こっていた他の「人道的破局」に対する米国の対応(第三章)、米国の政策立案者やメディアが、実際に行われていたことをどのように隠してきたか(第四章)、そして、コソボ空爆を巡る政治的経緯(第五章)が詳しく検討される。具体的な事実関係の検討からオーソドックスな論理に従って示されるのは、プロパガンダのベールを取り払って理性的に事態を見るならば、NATOのセルビアに対する爆撃が、実は植民地時代さながらの一方的な力の政治の現れにほかならないという状況である。

セルビアによる残虐行為が激化したのは、「人道的破局」を救うと称してNATOが開始したセルビア爆撃の後であり、しかも、外交的な記録は、爆撃を避けて外交的解決を実現する可能性があったことを示している。一方、ほぼ同じ時期に東チモールで大規模な国家テロを行っていたインドネシア軍に対して、米国は軍事援助を与え続けた。インドネシアでは、米国企業のエクソンモービル石油やフリーポートマクモラン鉱山会社などが天然資源を採掘して巨額の利益を得ている。そして、これらの会社は、権益を確保し、採掘により引き起こされる環境破壊に対する地元の人々の反対の声を黙らせるために、インドネシア軍を傭兵的に雇用し、拷問や強姦、誘拐を含む弾圧を行っているのである。また、米国は、クルド人に対する虐殺を続けるトルコに対しても、巨額の支援を行ってきた。

必要に応じてテロや人権侵害を後押ししたり自らテロ行為を行う一方、都合の悪い相手が人権侵害やテロを行ったときには「正義」や「人道主義」の名のもとで暴力を使い目的を達成しようとする米国政府の体質を、本書は、具体例をあげながら、体系的に示している。

二〇〇一年九月一一日に起きたいわゆる「米国同時多発テロ」に対する米国の「報復」攻撃も、本書で分析されている米国政府の一貫した姿勢が、さらに一層あからさまな、そしてさらに悪化したかたちで繰り返されているものと見ることができる。米国ブッシュ政権は、「テロリズムに対する戦争」と称して、自らを「無限の正義」(後に宣伝上の理由でこの言葉は撤回されたが)を体現するものと位置づけ、アフガニスタン爆撃を開始した。本あとがき執筆の時点で、米国は、国際法を無視して、また、オサマ・ビンラディンが九月一一日のテロに関わったという明確な証拠もないまま(証拠があったとしても米国の攻撃は国際法に反するが)、世界で最も貧しい国の一つであるアフガニスタンの一般の人びとの間に多くの犠牲者を出しながら、攻撃を続けている。その間、いつの間にか、目的がタリバン政権の破壊にまで広げられていた。

その一方で、米国をはじめとする「大国」が手を染めるテロリズムは、イスラエルによるパレスチナへのテロやインドネシア軍によるアチェや西パプアでのテロのように、さらに激化している。また、米国やその同盟国が行ってきた過去のテロリズムは、都合良く忘却の闇へ葬り去られようとしている。例えば、本書でも言及されている東チモールに関して言うならば、インドネシア軍が一九九九年の撤退まで続けてきた凶悪なテロ行為を外交的・軍事的・経済的に支援し続けてきた米国は、「テロリズムに対する戦い」を叫ぶ陰で、インドネシアのテロリストたちに

「軍事援助」という褒美を与えるべく奔走している。同時に、東チモール人たちが求める国際的な法基準に従った実行者処罰を無視し続けている。また別の例として、最近、湾岸戦争時に米国が用い、それ以来現在に至るまで大きな被害を生み出している劣化ウラン弾の調査を行う提案が国連総会に提出されたが、米国は活発なロビー活動を行いこの提案の否決にこぎつけた。

冷静に現状を見つめるならば、現在、米国が進めている「テロリズムに対する戦争」、そしてその陰で進んでいるさまざまな事態は、（九月一一日の事件そのものを除けば）本書が分析している米国政府の姿勢ほぼそのままであることがわかる。異なることと言えば、少なくともマスメディアを介して政治状況を読みとる限り、批判的な見解が以前よりもはるかに少なくなっている点、そして、世界の「有力諸国」が、これまで以上に米国に同調しているように思われることであろう。日本の小泉政権に至っては、これを機に、嬉々として自衛隊派遣を進めようとしている。

「戦争の世紀」と言われることもあった二十世紀。けれども、その二十世紀は同時に、少なくとも、植民地支配を初めとする一方的な力の行使が悪しきことであるという点が、力を行使してきた側にも一応認識された世紀であった。例えば、コロンブスの「新」大陸「発見」五百周年記念は、コロンブスを讃える声一色というわけではなかった。けれども、二十世紀の終わりに出現した「人道主義」のプロパガンダ、そして二一世紀のはじめの今、執拗に繰り返されている「テロリズムに対する戦争」のプロパガンダのもとで、再び、我々は、力の行使が、力を保有し行使する側の独善的で一方的な語りにより正当化される世界に逆行しつつある。今や世界は、犯罪が犯罪であることが少しずつながら共有され始めた二十世紀のわずかばかりの正の遺産を破棄する方向へと突き進んでいる。

ＮＡＴＯのコソボへの介入は、「人道主義」の名のもとで正当化された。本あとがき執筆中の時点で米国が進めているアフガニスタンに対する戦争も、「正義」、「道徳」といった美辞麗句で飾られ正当であるかのように見せかけられている。

今、改めて思い起こそう。かつての植民地支配下での支配国による残虐行為が、やはり「正義」や「人道」、

「啓蒙」、「文明」といった耳に心地よい言葉を伴って実行されたことを。「聖戦」として今も西洋では正のイメージで伝えられる十字軍（米国ブッシュ大統領が当初使おうとしたが戦略的配慮から取り下げられた言葉）が、実態としては野蛮な侵略行為であったことを。そして、フランツ・ファノンの「ヨーロッパはそのあらゆる街角で、世界のいたるところで、人間に出会うたびごとに人間を殺戮しながら、しかも人間について語ることをやめようとしない」という言葉を（現状に合わせたしかるべき拡張とともに）。

本書が描き出している世界も、そして現在の世界の状態も、あまり明るいものではないし、本書ではあまり処方箋が与えられていないが、こうした暗惨たる無法な世界は、変更不可能な与件ではない。マスメディアから目を転じて、色々な人が発信している多様な情報源に目を向けるならば、二一世紀を、希望の世紀、平和と協調の世紀にしようとたくさんの人びとが活動していることがわかる。特に、インターネットでは、反戦集会や講演会の情報、「有力諸国」が手を染めているテロ行為の実状など、マスメディアが伝えない貴重な情報を、タイムリーかつ広範囲に入手することができる。また、何らかの行動を起こすための手がかりもたくさんある。世界の状況から目をそらさず、流れを良い方向へ変えてゆくために、できること、やるべきことは多い。

なお、チョムスキーの政治関係の著作としては、訳者の一人が、『アメリカが本当に望んでいること』（益岡賢訳、現代企画室、一九九四年）を翻訳している。米国の国際的位置づけに関するチョムスキーの批判的分析をコンパクトに整理したもので、チョムスキーの政治的立場と同時に、本書では扱われていない、第二次世界大戦後から一九九〇年くらいまでの米国の政策を把握するために便利である。また、最近出版された、『9.11　アメリカに報復する資格はない』（山崎淳訳、文藝春秋、二〇〇一年）は、米国の「同時多発テロ」とそれに対する米国と世界の対応について、チョムスキーのインタビューをまとめたものである。さらに、本書とほぼ同時期に出版された *Rogue State: The Use of Force in World Politics* の一部に最近のチョムスキーの講演を加えた『「ならずもの国家」と新たな戦争』（塚田幸三訳、荒竹出版）も、最近出版された。

本書は、具体的な状況を詳しく扱っており、最近翻訳出版された二点と比べ、多少読むのが手間かもしれない。ただ、訳者は、チョムスキーが議論で用いる論理自体は非常にオーソドックスなものであり、むしろ、チョムスキーの真骨頂は、出来事の経緯とそれを巡る見解に関する執拗な言及と分析にあると考えている。その意味で、本書は、現在日本語で読めるチョムスキーの政治的著作の中で最もチョムスキーらしさが現れていると思っている。

翻訳者のうち益岡とクープは、長年にわたり、東チモール連帯活動を行ってきた。大野と益岡、クープは、一九九九年、東チモール住民投票の監視プロジェクトを通して知り合った。

翻訳にあたっては、益岡が第一章から第四章及び第八章を、大野が第五・六章を、クープが第七章及び全体にわたる意味の取りにくい部分のチェックを担当し、訳文全体の統一を益岡が行った。また、注は主に益岡が作成した。

訳の過程で、いくつかの問題が生じた。特に大きいのは、本書で繰り返し用いられている Enlightened States である。そのまま訳すと「啓蒙諸国」となるが、「啓蒙」という言葉は多用されるにはいかにも重いため、あえて「文明」と訳した。また、異論・異見もあろうが、they は「彼（女）ら」、「彼ら彼女ら」、「これらの人びと」と訳すことも考えたが、簡潔さを考え「彼ら」とした。「インディアン」や「ジプシー」は原文に従い、チヌックやアパッチなど先住民族について「族」という言葉は避けた。現代企画室の太田昌国氏には、訳語や訳文の問題に対する丁寧な検討を含め、企画から出版まで大変お世話になった。ここに記して感謝の意を表する。

二〇〇二年二月二〇日　旧日本軍による東チモール侵攻から六〇周年の日に

訳者を代表して　益岡　賢

【訳者紹介】
益岡 賢（ますおか けん）
1964年生まれ。東京在住。マスメディア論・コミュニケーション論に関心を持つ。1991年より東京東チモール協会に所属し、ニューズレター編集を担当。著書に『東ティモール 奪われた独立・自由への闘い』（明石書店、1999年、共著）、『東ティモール２「住民投票」後の状況と「正義」の行方』（明石書店、2000年、共著）、訳書に『アメリカが本当に望んでいること』（ノーム・チョスキー著、現代企画室、1994年）がある。チモール・ロロサエ情報ページ（http://www.asahi-net.or.jp/~gc9n-tkhs/）の運営を共同で行っている。個人ページは、http://www.jca.apc.org/~kmasuoka/。

大野 裕（おおの ゆたか）
1961年生まれ。名古屋大学助教授。専門は言語学および日本語教育。著書：『初級日本語 げんき』（ジャパンタイムズ、1999年、共著）など。インターネットの図書館「青空文庫」の活動に参加して、黒島伝治、葉山嘉樹等のプロレタリア文学作品の電子化を行っている。

Stephanie Coop（ステファニー・クープ）
1969年オーストラリアのメルボルン生まれ。東京在住。1997年より東京東チモール協会所属。1999年国際東チモール連盟投票監視プロジェクトに参加、現地で東チモール住民投票監視活動を行う。

アメリカの「人道的」軍事主義　コソボの教訓

発行……二〇〇二年四月三〇日　初版第一刷
二〇〇二年六月一〇日　初版第二刷一〇〇〇部
定価……二八〇〇円＋税
著者……ノーム・チョムスキー
訳者……益岡　賢＋大野　裕＋ステファニー・クープ
装丁……有賀　強
発行者……北川フラム
発行所……現代企画室
101-0064　東京都千代田区猿楽町2-2-5　興新ビル302
電話03-3293-9539　FAX03-3293-2735
E-mail　gendai@jca.apc.org
URL　http://www.shohyo.co.jp/gendai/
振替　00120-1-116017
印刷所……中央精版印刷株式会社
ISBN4-7738-0104-2 C0031 ￥2800E